Engel weinen nicht

Engel weinen nicht
Omnec Onec

Neuveröffentlichung der ersten deutschen Ausgabe von 2000,
erschienen im Omega-Verlag

Webseite des Verlages: *https://discuspublishing.com*

Umschlaggestaltung und Satz: Anja Schäfer

Cover Design: Peter Holle

ISBN: 978-3-910804-06-7

Omnec Onec

Engel weinen nicht

Autobiographie

Bild 1: Omnec Onec, 2000

Dieses Bild war das Titelbild der Originalausgabe von „Engel weinen nicht“ im Omega-Verlag.

Der Schlüssel zur Schöpfung

Wir machen alle Fehler, damit wir aus ihnen lernen können.

Ebenso müssen wir lernen, unsere negativen Anteile und Probleme zu akzeptieren, über uns selbst zu lachen, an das Positive und Gute zu glauben und unsere ganze Aufmerksamkeit hierauf zu richten.

Wir dürfen nie vergessen, daß unsere Vorstellungskraft der Schlüssel zur Schöpfung ist.

Omnec Onec

Inhaltsverzeichnis

Vorwort der Herausgeberin

Die geistige Führung ist so genial und wundervoll, dass es mich immer wieder in Erstaunen versetzt, wenn ich mir die unglaublichen Zusammenhänge bewusstmache, wie alle Puzzleteilchen zusammenpassen und wie jeder einzelne Schritt, jede einzelne beteiligte Seele, ob inkarniert oder nicht inkarniert, an diesem Gesamtbild der Erfüllung von Schicksalen und Missionen mitwirkt.

In Omnecs Fall ist es offensichtlich so, dass es ihre Lebensaufgabe ist, sich den Menschen auf der Erde öffentlich zu zeigen und ihr Wissen und ihre Botschaften von einer höheren Seinsebene zu vermitteln – und daran beteiligt ist ein Geflecht von lichtvollen Kräften.

Die göttliche Liebe, die diese Frau mit auf die Erde gebracht hat und von Herz zu Herz sowie durch ihre Bücher und öffentlichen Veranstaltungen weitergibt, ist ein reiner Segen.

Es erfüllt mich mit unaussprechlicher Dankbarkeit, ein Teil dieses ganzen Wirkens und Wesens zu sein, das hier auf der Erde in dieser Zeit daran beteiligt ist, die gesamte Schwingung des Planeten mitsamt seinen Bewohnern in eine licht- und liebevolle Frequenz anzuheben.

Als Freundin und Begleiterin von Omnec Onec bin ich seit über 25 Jahren an ihrer Seite, teilweise physisch, doch vor allem spirituell, um die Verbreitung ihrer Botschaft zu unterstützen und sie auch selbst zu verkörpern.

Lange geschult und mit den Möglichkeiten ausgestattet, die mich befähigen, auch ihre Bücher zu bearbeiten und zu veröffentlichen, fühle ich mich heute im Herzen angehoben, auch für die Neuausgabe dieses zweiten Bandes von Omnecs Autobiographie sorgen zu dürfen.

Engel weinen nicht ist Omnecs Lebensgeschichte auf der Erde. Dieses Buch erschien erstmalig im Jahr 2000 durch Gisela Bongart und Martin Meier vom Omega-Verlag. Es war das dritte Buch der Venusierin, nachdem bereits die Autobiographie *Ich kam von der Venus* (1993) und das *Handbuch venusischer Spiritualität* (1997) erschienen waren.

Besonders in den Neunziger Jahren war Omnec im deutschsprachigen Raum sehr präsent in öffentlichen Medien und durch Vorträge und Workshops. Doch ihre Mission bestand nicht nur darin, gewissermaßen *linear* bekannter und größer zu werden, sondern auch darin, karmische Verbindungen und Verträge zu erfüllen, andere Seelen zu initiieren und zu schulen sowie ihre eigenen Erfahrungen zu machen, die sie sich selbst als Seele für ihren Evolutionsweg gewählt hat.

In diesem Zusammenhang gab es nach Beginn einer doch sehr aktiven Phase und relativ erfolgreicher Buchverkäufe eine Zeit, in der das äußere Wirken abnahm mit der Folge, dass ihre Bücher vergriffen waren und nicht nahtlos wieder veröffentlicht wurden.

Zu jener Zeit, das war gegen 2009, war ich schon intensiv mit Omnec verbunden und tat, was mir möglich war, um die Verbreitung ihrer Lehren zu unterstützen. Doch meine Möglichkeiten und Fähigkeiten waren noch begrenzt und außerdem war es ganz offensichtlich ein karmischer und höherer Wille, dass ich einen bestimmten neuen Verlag für Omnecs Bücher finden, jedoch noch nicht selbst in die Verantwortung der Neuveröffentlichungen gehen sollte.

So fügte es sich, dass ich mit dem Liechtensteiner Verlag DAS GUTE BUCH in Verbindung gebracht wurde und die neue Herausgabe von Omnecs Büchern als Vermittlerin und Mitarbeiterin unterstützte.

Hier kommt wieder ein Geflecht von Umständen ins Spiel, das einfach nur erstaunlich ist! Es war im Frühjahr 2009, als ich gerade in der guten Firma BERK in Stockach arbeitete und mich inspiriert fühlte, Omnec für kleinere Treffen und Vorträge nach Deutschland einzuladen. Sie selbst lebte zu jener Zeit seit einigen Jahren permanent bei einem guten alten Freund in Missouri, der ihr ein festes Zuhause angeboten hatte. Dies war für Omnec damals ein Segen, denn – wenn du ihre Lebensgeschichte liest, erfährst du auch genauer, warum – sie hatte bisher in ihrem physischen Leben sehr viel Turbulenz und wenig Sicherheit erfahren und war darum sehr froh darüber, in Ruhe einen festen Wohnsitz haben zu dürfen.

Im Herbst 2009 kam Omnec dann also wieder nach Deutschland und wir hatten einige kleine Workshops geplant, unter anderem im Haus von Susanne Berk, meiner damaligen Chefin. Doch zu diesem Treffen sollte es nicht mehr kommen, denn während unseres ersten kleinen Workshops in Hagnau am Bodensee am 21. November 2009 bekam Omnec einen Schlaganfall.

Ohne hier die vollständige Geschichte erzählen zu wollen, erwähne ich nur noch, dass Omnec in die Klinik in Allensbach am Bodensee eingeliefert wurde, wo es zur ersten Begegnung mit der neuen Verlegerin Kouki Wohlwend kam. Nur wenige Tage vorher war ich durch eine Bekannte auf den Verlag DAS GUTE BUCH in Liechtenstein als möglichen neuen Verlag für Omnec aufmerksam gemacht worden und hatte mit Kouki telefoniert. Nun kamen sie und ihre Tochter Andrea extra in die Klinik angefahren, um Omnec persönlich kennenzulernen und zu entscheiden, ob ein Vertrag für die Neuveröffentlichung ihrer Bücher infrage käme.

Das Faszinierende an diesen Zusammenhängen ist auch, das Allensbach und Liechtenstein nur etwa eine Autostunde voneinander entfernt liegen und die gesamten Umstände meines Suchens eines neuen Verlages, Omnecs Präsenz in Deutschland mit Einlieferung in die Klinik sowie meiner Bereitschaft, die Bücher gerne bearbeiten zu wollen und der Tatsache, dass die neue Verlegerin Omnecs Bücher kannte und schätzte und anderes mehr zu dieser ersten wichtigen Begegnung mit großer Tragweite führten. Ich weiß, dass diese physische Begegnung unabdingbar und wichtig für den weiteren Verlauf war.

Noch in der Klinik wurde der Verlagsvertrag zwischen DAS GUTE BUCH und Omnec unterschrieben. Bald danach entstand ein Arbeitsvertrag zwischen dem Verlag und mir, denn ich wurde beauftragt, in Heimarbeit von Deutschland aus die Bücher neu zu bearbeiten, Satz und Layout neu zu machen, die ganze Werbung zu unterstützen, die CDs auf Deutsch zu sprechen und letztlich im Jahr 2011 gemeinsam mit Omnec nach ihrer Rückkehr in Deutschland eine Lesereise durchzuführen.

Bild 2: Omnecs zweite Verlegerin Gertraud „Kouki“ Wohlwend

Frankfurter Buchmesse 2011. Kouki war bis zu ihrem plötzlichen Tod 2014 die Inhaberin von DAS GUTE BUCH in Liechtenstein und sorgte für die Veröffentlichung von Omnecs Büchern als VENUSISCHE TRILOGIE.

Jetzt, da ich diese Worte schreibe, neigt sich das Jahr 2023 dem Ende zu. So vieles hat sich in den letzten 12 Jahren ereignet! Omnecs Schlaganfall-Nachwirkungen hingegen haben sich kaum geändert, ihre linke Körperhälfte blieb teilweise gelähmt. Ihre öffentlichen Aktivitäten der letzten Jahre beschränkten sich auf drei Teilnahmen an der Mount Shasta Sommerkonferenz in den Jahren 2015, 2018 und 2023. Sie verwendet nach wie vor weder Handy noch Internet und lebt noch immer sehr zurückgezogen in Missouri bei ihrem guten alten Freund Bob.

Zu Beginn dieses Jahres gingen die Rechte vom Verlag aus Liechtenstein wieder zu Omnec zurück. Die bei DAS GUTE BUCH erschienenen Trilogien sind nun vergriffen und ich bin jetzt in der Lage, die Neuveröffentlichungen selbst durchzuführen.

Im Verlag DAS GUTE BUCH waren im Jahr 2011 die Bücher von Omnec als Trilogie zusammengefasst worden, die in zwei Ausführungen herauskamen. Auf Wunsch der Verlegerin wurden einige Änderungen vorgenommen, die sie für wichtig empfand, unter anderem im Hinblick ihrer innigen Verbundenheit mit der weltweiten Organisation Eckankar, die in den physischen Ursprüngen sowie im Spirituellen sehr eng mit Omnecs Lehren in Zusammenhang steht. Anders ausgedrückt, die geistigen Ursprünge sind dieselben – nur im Irdischen sind sie in zwei Manifestationen in den Ausdruck gegangen, in die organisierte Struktur durch Eckankar und in die individuelle Weitergabe der Lehren durch Omnec Onec, die stets vollkommen frei und unabhängig blieb und die sich nie tief mit den Strukturen und Bedingungen auf der Erde verband.

Ich erinnere mich gut an mein erstes Telefonat mit der Verlegerin Kouki, in dem ich sie fragte, ob sie Omnec Onec und ihre Bücher kenne und sie sagte: „Aber natürlich! Die gelten in den Kreisen von Eckankar als Geheimtip!“ Auch erinnere ich mich sehr gut an die Situation, als Kouki bei Omnec in der Klinik am Bett stand und ich beim Übersetzen ihrer dringlichen Frage helfen musste, wie Omnec zu Eckankar stünde und „ob sie ein Problem mit Eckankar hätte“. Omnecs liebevolle, allumfassende Antwort gab letztlich den Ausschlag für die Entscheidung der neuen Verlegerin, tatsächlich die Aufgabe der Neuveröffentlichung anzunehmen, so dass alles Weitere seinen Lauf nehmen konnte.

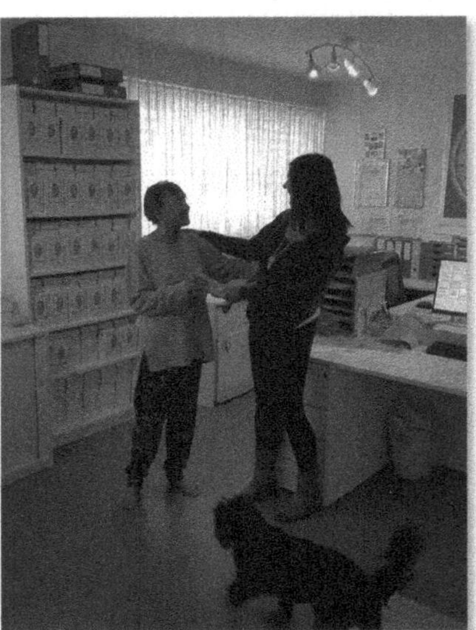

Bild 3: Beim Verlag in Liechtenstein

links: Sabine Wohlwend, Omnec Onec, Anja Schäfer und Andrea Wohlwend, 2014; rechts: Andrea Wohlwend und Anja Schäfer bei der Buchrechterückgabe, 2023

Aufgrund meiner seelischen Nähe und Verbundenheit mit Omnec habe ich mich dafür entschieden, jetzt die Urversionen der Originalübersetzungen von Gisela Bongart wieder herzustellen. Die Änderungen in der Trilogie sind Nuancen, die du nur bemerken würdest, wenn du dieses Buch ganz genau mit der Trilogie vergleichen würdest. Doch – ganz ehrlich – das ist aus meiner Sicht nicht nötig, es sei denn du möchtest tiefe Buchvergleichsstudien vornehmen. In Wahrheit geht es um die Verfügbarkeit von Omnec Onecs Geschichte und spirituellen Lehren, die sowohl in der Trilogie als auch in den Ursprungsbüchern absolut gleichwertig und vollständig wundervoll enthalten sind und durch die Energie der Worte vermittelt werden.

Ich wünsche allen Seelen auf der Erde, durch Omnec, durch andere Meister der Weisheit und durch die ihnen innewohnende ICH BIN Gegenwart und Gottpräsenz in ihre Seelenerinnerung und göttliche Anbindung zu finden. Mögen alle Menschen ihre Schöpferkraft realisieren und sich selbst und dem Juwel Erde dabei helfen, nach Jahrtausenden der Dunkelheit, Manipulation und Kontrolle in ihre wahre Bestimmung aufzusteigen. Ich sehe die Erde als einen heilen Ort lebendiger Vielfalt im Einklang mit dem Schöpfer, frei und kreativ, als ein wunderschönes Zuhause für erwachte Seelen in Verbindung mit ihren galaktischen Familien und Sternengeschwistern.

Anja Schäfer
Hohenfels am Bodensee im November 2023

Bild 4: Omnec Onec und Anja Schäfer

Das linke Foto zeigt uns in der Anfangszeit 1998 in meinem ehemaligen Geschäft in Landshut; auf dem rechten Foto sind wir in Mount Shasta im Juni 2023.

Vorwort zur Originalausgabe von Omnec Onec

In meiner Autobiographie *Ich kam von der Venus* habe ich mein Leben auf der Astralebene des Planeten Venus beschrieben, auf dem ich (nach irdischer Zeitrechnung) 1948 geboren wurde. Hier nun ist mein Bericht über mein Leben auf der Erde. Es steht in unvorstellbar großem Kontrast zu dem unbeschwerten Dasein in Frieden und Schönheit auf meinem Heimatplaneten. Onkel Odin und Tante Arena, bei denen ich meine ersten Lebensjahre auf der Venus verbrachte, hatten mir erzählt, daß einige Menschen auf der Erde glauben, die Venusier seien Engel.

Drei Jahre nach meiner Ankunft, als ich gerade zehn Erdenjahre alt war, sollte ich in der Weihnachtsaufführung der Schule einen Engel spielen. Meine Großmutter, bei der ich damals lebte, war Christin und schien eine Menge über Engel und die menschliche Vorstellung vom Himmel zu wissen. Sie erzählte mir alles, was sie darüber gelesen hatte, bis hin zu den Flügeln und dem Heiligenschein. Mein Interesse amüsierte sie. Ich saß zu ihren Füßen, während sie mir aus der Bibel vorlas, wie die Engel den Hirten erschienen.

Als ich sie fragte: „Oma, weinen Engel eigentlich manchmal?" sah sie überrascht auf und meinte: „Nein, ich glaube nicht. Es ist eher ihre Aufgabe, die Menschen vor Schmerz und Leid zu bewahren. Sie trocknen sozusagen die Tränen der Menschen." – „Oma, kann ich dann ein Engel sein, obwohl ich weine?" wollte ich wissen. Sie umarmte mich lächelnd und erwiderte: „Du wirst immer mein Engel sein, denn ich weiß, daß du nur weinst, wenn du nicht anders kannst, oder um andere Menschen."

Grund zum Weinen hatte ich in den folgenden Jahren immer wieder, während ich bis dato unbekannte Emotionen kennenlernte: Angst, Wut und Aggression. In den schlimmsten Zeiten flüsterte ich mir immer wieder zu: „Engel weinen nicht, Engel weinen nicht."

Beim Lesen meiner Lebensgeschichte könnte man meinen, sie sei unrealistisch, so wie eine dramatische Erfahrung oder Krise nach der anderen Tag für Tag auf mich einstürzte. Ich konnte kaum Atem holen, bis die nächste Katastrophe über mich hereinbrach und mich völlig verwirrte und verstörte.

Das hatten die Meister in Retz auf der Venus gemeint, als sie mir sagten, daß ich auf der Erde mit einer Menge Karma rechnen müsse, bedingt durch meine Wahl, Sheilas Weg des Leidens zu übernehmen. Dies wäre meine letzte physische Inkarnation, und als Seele hätte ich einige sehr schwierige Bedingungen geschaffen, die mich auf meine zukünftige Mission auf der Erde vorbereiten sollten. Sie versicherten mir, aus all diesen schlechten Erfahrungen werde Gutes entstehen. Irgendwann in der Zukunft würde ich dies verstehen.

Jahre später merkte ich, daß sie die Wahrheit gesagt hatten. Viele Menschen auf der Erde haben ähnlich Schlimmes durchgemacht wie ich, und durch meine schmerzhaften Erfahrungen erkennen sie mich als Mitmensch an und nicht als Fremde von einem anderen Stern. Meine Geschichte hilft ihnen vielleicht, ihre eigenen Schwierigkeiten zu akzeptieren und anders damit umzugehen.

Wir haben alle unsere besonderen Engel, die uns führen und beschützen. Einige leben sogar bei uns auf der Erde – als Freunde verkleidet, die uns trösten und unterstützen. DANKE an all meine besonderen Engel!

Amual Abactu Baraka Bashad
(Universelle Liebe, Licht und Segen)

Omnec

Was bisher geschah

Zusammenfassung von *Ich kam von der Venus*

In *Ich kam von der Venus*, dem ersten Teil von Omnecs Lebensgeschichte, schildert die Autorin ihre ersten Lebensjahre auf der Venus oder vielmehr auf der Astralebene ihres Heimatplaneten. Nachdem dessen Atmosphäre vor Tausenden von Jahren durch Umweltkatastrophen zerstört und der Planet somit unbewohnbar geworden war, waren die Venusier in diese Seinsdimension übergewechselt, die uns Irdischen wie ein Märchenland erscheint. Allein durch Gedankenkraft können dort zum Beispiel Dinge aus dem Nichts manifestiert werden oder die Bewohner sich von einem Ort zum anderen teleportieren. Außerdem werden die Menschen in der Regel viele Hundert Jahre alt.

Omnecs venusische Mutter Shawik-Echo Lei stirbt bei der Geburt, ihr Vater Deashar ist vor Kummer unfähig, sich um das Kind zu kümmern. Er gibt es in die Obhut von Arena, der Schwester seiner verstorbenen Frau, und deren Mann Odin, bei denen das Mädchen aufwächst und eine unbeschwerte Zeit verbringt. In Teutonia, einem Kulturzentrum auf der Venus, besucht Omnec die Tempel des Wissens und wird von Odin und Arena in die Gesetze der Höchsten Gottheit eingeweiht.

Nach einer Pilgerreise in die Stadt Retz eröffnet ein spiritueller Meister dem Mädchen, sie sei vom Rat der Bruderschaft der Planeten für eine wichtige Mission ausgewählt worden: Sie soll einen physischen Körper annehmen, zum Planeten Erde reisen und dort in einer irdischen Familie aufwachsen. Ziel dieser Mission ist es zum einen, durch Omnecs Leben dort erstmals aus erster Hand Einblick in das Leben der Erdenmenschen in all seinen Schattierungen zu nehmen. Dies soll die Venusier, die vor vielen Jahren daran mitbeteiligt waren, die Erde zu kolonisieren, befähigen, ihre irdischen Brüder und Schwestern besser zu verstehen und ihnen somit auch besser zu helfen, ihre Gesellschaft spirituell zu transformieren. Zum anderen soll Omnec die Menschen über ihre wahre Herkunft und Geschichte aufklären, auf daß sie irgendwann reif und bereit sind, in die Bruderschaft der Planeten aufgenommen zu werden – ein Verbund aus den spirituell höherstehenden Bewohnern unseres Sonnensystems. Nebenbei soll Omnec durch ihr Leben auf der Erde Gelegenheit erhalten, eigene karmische Verstrickungen aufzulösen.

Natürlich ist es ihr freigestellt, den Auftrag anzunehmen oder nicht. Neugierig, wie sie ist, willigt sie in dieses Abenteuer ein. Daraufhin wird sie von dem Lehrer Vonic intensiv auf ihr neues Leben auf der Erde vorbereitet.

Als es soweit ist, reist Omnec zunächst nach Retz, eine Stadt, die nicht nur auf der Astralebene, sondern unter einer Klimakuppel auch auf der physisch heißen Oberfläche der Venus existiert. Sie dient als Tor in verschiedene Dimensionen. Hier erhält das Mädchen durch Schwingungsveränderung einen physischen Körper und reist dann von dort, begleitet von ihrem Onkel Odin, in einem großen Raumschiff zur Erde. Es landet in einem verborgenen Tal in Kaschmir. In Agam Des, „der größten spirituellen Stadt auf dem Planeten Erde", verbringt sie zunächst ein Jahr in einem tibetischen Kloster. Seit Jahrhunderten landen hier Raumfahrer, um sich auf die gröberen Schwingungen der Erde einzustellen. Mühsam lernt Omnec dort, sich in einem physischen Körper zu bewegen, ihn zu ernähren und zu pflegen.

Nach Ablauf dieses Jahrs der Anpassung reist sie dann in einem kleineren Raumschiff mit ihrem Onkel und einem Begleiter in die USA, wo sie in der Wüste von Nevada landen. Ein Kontaktmann erwartet sie dort und befördert sie in einem Auto weiter. Fahrtziel ist ein Ort in Arkansas namens Little Rock. Dort warten die drei im Gebüsch auf einen Reisebus, in dem ein siebenjähriges Mädchen namens Sheila Gipson unterwegs von ihrer Mutter zu ihrer Oma in Tennessee ist, bei der sie von nun an leben soll. Die Meister auf der Venus hatten vorausgesehen, daß dieser Bus verunglücken und die kleine Sheila dabei sterben würde. Durch gemeinsame Inkarnationen in früheren Leben ist Omnec mit Sheila eng verbunden. Sie sieht ihr auch äußerlich ähnlich, ist gekleidet wie sie und soll nach deren Tod ihren Platz einnehmen.

Der Unfall ereignet sich wie vorausgesehen, und von den anderen Busreisenden unbemerkt wird Omnec gegen die tote Sheila ausgetauscht. Planmäßig kommt sie in Chattanooga bei der Oma an, die die Verwechslung nicht bemerkt, da sie ihr Enkelkind schon jahrelang nicht mehr gesehen hatte. Von ihrem Lehrer Vonic hatte Omnec auf der Venus alle relevanten Einzelheiten über Sheilas Leben gelernt, wie die Namen der nächsten Verwandten, so daß sie sich problemlos in ihre neue Familie einfügen kann. Allerdings bereiten ihr das vergleichsweise primitive Leben dort und vor allem die Rassenvorurteile der Südstaatler erhebliche Probleme.

Dennoch lebt sie in Tennessee dank der liebevollen Fürsorge der Großmutter ein weitgehend sorgloses und behütetes Leben. Allerdings sehnt sie sich danach, mit ihrer irdischen „Mutter“ Donna zusammenzusein, zu der sie sich unerklärlich stark hingezogen fühlt, die sie aber zunächst nur selten sieht. Denn Donna, die erst 15 Jahre alt war, als Sheila geboren wurde, führt mit einem Mann namens C.L. ein unstetes Leben und ist ständig unterwegs.

Ihre Sehnsucht wird gestillt, als Omnec alias Sheila von Donna eingeladen wird, sie auf der Insel Sanibel in Florida zu besuchen, wo sie mit C.L. als Manager eines Feriendorfs arbeitet...

Kapitel 1

Abschied von Chattanooga • Erinnerungen an meine Erlebnisse in Tennessee • Großmutter • Florida: eine neue Welt • Willkommen auf Sanibel Island

An einem warmen Sommertag im Juni 1962 bestieg ich den Bus nach Florida. Mein Leben hier auf der Erde hatte in einem Bus begonnen, und nun sollte eines dieser grauen Fahrzeuge mich zu meiner Mutter bringen. Ich war aufgeregt und freute mich sehr darauf, sie endlich wiederzusehen. Was würden wir gemeinsam erleben?

Unterwegs dachte ich auch daran, wie es mir bisher ergangen war. Die Zeit in Chattanooga bei meiner Großmutter war aufregend und verwirrend gewesen. Ich hatte unendlich viele Dinge über das Leben auf dem Planeten Erde gelernt. Nun freute ich mich auf neue Erfahrungen in einem anderen Teil des Landes. Die Wälder und Berge von Tennessee hatte ich geliebt, dennoch war ich erleichtert, die Bewußtseinsebene dieser Gegend hinter mir zu lassen. Die eingeschränkte Sichtweise der Menschen, die durch ihren christlichen Glauben und ihre Vorurteile entstanden war, hatte mich immer wieder sehr verwirrt. An ein Erlebnis erinnerte ich mich ganz besonders:

In einem der seltenen strengen Winter mit Schnee und Eis waren meine Großmutter und ich zusammen mit einigen Freunden und Nachbarn auf dem Weg zur Kirche. Dreimal in der Woche gingen wir zu verschiedenen Gottesdiensten. Montags war Gebetsstunde, und ich war eines der wenigen Kinder, die an diesem Abend teilnahmen.

Gegenüber der Kirche lebte eine schwarze Familie. Beim Näherkommen sahen wir Rauch und Flammen und hörten in der Ferne die Sirenen der Feuerwehr. Ich begann zu laufen, als ich sah, daß das Haus der schwarzen Familie brannte. Ich sah eine Frau, die aus dem Haus gerannt kam und ein Bündel in den Armen hielt. Sie rief laut um Hilfe, legte das Bündel auf den schneebedeckten Boden – es war ein Baby, nur mit einer Windel bekleidet! – und eilte zurück ins Haus, um weitere Kinder zu retten oder wichtige Dinge zu holen.

Niemand half. Alle sahen nur zu, wie die Frau in Panik hin und her lief und das Baby schrie. Ich rannte in den Hof, fiel auf die Knie und hob das Baby auf. Es war höchsten drei Monate alt. Ich öffnete meinen Mantel und drückte das Kind eng an meinen Körper, um es zu wärmen. Großmutter stand plötzlich neben mir. Dann hörten wir die Stimmen: „Was machst du denn da? Das ist ein Niggerbaby! Bist du etwa ein Niggerfreund?!"

Ich begann zu weinen. „Oma, warum sind die Leute so böse auf mich?" wollte ich wissen. „Wir können doch dieses Baby nicht erfrieren lassen, bloß weil wir Angst haben. Diese Menschen sind doch Christen!"

Schließlich kam die Mutter und nahm mir das Baby ab. Ich wurde einfach weiter geschoben zur Kirche und zum Gottesdienst.

Ich erinnere mich an viele solcher Vorfälle. Es lag nicht an meiner Großmutter, sie hatte mir beigebracht, die Menschen mit Liebe und Respekt zu behandeln. Sie hatte keine Rassenvorurteile. Sie besaß viel Liebe und Mitgefühl, sie war freundlich und großzügig zu jedem Menschen.

Sie stammte aus einer bekannten Familie. Es gab sogar eine Straße mit ihrem Namen. Sie hatte einen Bergmann irischer Abstammung geheiratet, der später an der Schwarzen Lunge starb, einer Krankheit, die viele Arbeiter in einem Kohlebergwerk bekommen. Nachdem die Familie ihr ganzes Geld während der Depression nach dem Krieg verloren hatte, stand sie mit elf Kindern mittellos da und mußte sich eine Arbeit suchen. Sie wurde Haushälterin in der Familie eines schwarzen Arztes. Damals war dies äußerst ungewöhnlich, aber sie setzte sich über alle Kritik hinweg und war diesen Menschen für ihre Hilfe immer sehr dankbar.

Ich würde meine Großmutter vermissen. Sie war der Mensch, der mich hier auf der Erde liebte, umsorgte und beschützte. Ich war traurig, daß ich sie verlassen mußte, andererseits freute ich mich darauf, mehr von der Erde zu sehen. Ich war davon überzeugt, daß die Menschen in anderen Teilen der Welt anders über sich und ihr Leben dachten und fühlten.

Ich schaute aus dem Busfenster und sah eine flache, sonnige Landschaft, überall wuchsen Palmen – ich war in Florida.

Bei unserer Ankunft in Fort Myers hielt ich vergeblich Ausschau nach Donna. Ich konnte sie nirgendwo entdecken. Ein großer Mann mit Hut kam auf mich zu und rief: „Sheila?“ Ich sah in C.L.s lächelndes Gesicht. Er war über ein Meter achtzig groß, hatte braune Augen, dunkle Haare und einen Schnurrbart. Ich war enttäuscht, denn ich hatte mich so auf Mom gefreut! Er nahm meinen Koffer, und ich folgte ihm zu seinem Wagen.

Jedes Mal, wenn ich mit C.L. zusammen war, beschlich mich ein sehr unangenehmes Gefühl, eine Art Warnung. Auf der Venus hatte ich gelernt, den Warnungen, die uns unsere Gefühle mitteilen, unbedingt Beachtung zu schenken. Wie sollte ich mich je an diesen Mann gewöhnen? Er machte mir Angst.

Schüchtern fragte ich ihn: „Wo ist Mom?“ – „Oh, sie ist auf der Insel. Wir nehmen die Fähre hinüber“, antwortete er. „Eine Fähre!“ rief ich und vergaß für einen Augenblick meine Furcht. Ich war noch nie mit einem Schiff gefahren.

Die Überfahrt war wirklich aufregend für mich. Am Horizont entdeckte ich einen schmalen grünen Streifen: Sanibel Island. Was für ein Anblick, als wir das Schiff verließen und durch den Urwald fuhren! Die Insel war eine einzige tropische Wildnis mit

Palmen und unzähligen exotischen Blumen und Pflanzen. Überall gab es Flamingos und wilde Kaninchen. Es war ein Paradies!

Wir bogen von der Hauptstraße ab auf einen Weg, der zu mehreren Sommerhäusern führte. Sie standen auf Holzpfählen inmitten von Orangenbüschen. Ganz in der Nähe hörte ich die Brandung des Meeres.

„Das sind die Sandcastle-Ferienhäuser", verkündete C.L. Der Wagen hielt auf einer Lichtung vor dem Büro der Anlage.

Sekunden später flog die Tür auf, und eine gutaussehende Frau in Shorts stürzte auf uns zu. Donna! Ihr langes blondes Haar wehte. Es reichte ihr fast bis zu den Hüften. Sie war braungebrannt und sprühte vor Lebensfreude. Sie umarmte mich stürmisch und drückte mich fest an sich. Es war wunderbar, sie endlich wiederzusehen.

Sie arbeite bis vier Uhr nachmittags, erzählte sie mir fröhlich, dann gehe sie im Pool der Anlage schwimmen oder zum Strand, um Muscheln zu sammeln. Sanibel Island sei berühmt für die vielen seltenen Muscheln, die man dort finden konnte.

Mit dem Auto fuhren wir zum Strand. Er war phantastisch! Graziöse Vögel trippelten hin und her und hüpften zurück, wenn eine Welle auf den Sand rollte. Sie hießen Strandläufer, und dieser Name paßte zu ihnen. Das Geräusch der Brandung, die salzige Luft, die unzähligen Muscheln, die wie Schmetterlinge aussahen, all das erinnerte mich an die Küsten von Thytania auf der Venus, an die Zeiten, als ich dort im Sand saß und auf das Meer hinausschaute. Was für ein wundervolles Leben hatte ich dort zurückgelassen! Es stand im krassen Gegensatz zu allem, was ich seit meiner Landung in der Wüste von Nevada erlebt hatte.

Ich genoß die Wärme der Nachmittagssonne, planschte mit den Füßen durch das flache Wasser und lief den Wellen entgegen. Eine wunderschöne bunte Blume schwebte auf mich zu, und ich wollte sie gerade aus dem Wasser heben, als die entsetzten Schreie meiner Mutter an mein Ohr drangen. Sie riß meine Hand zurück: „Vorsicht, das ist keine Blume. Das ist eine giftige Qualle!"

Sie zeigte zur anderen Seite der Bucht. Auf einer Sandbank lebten Hunderte von Flamingos – was für ein wundervoller Anblick. Wie eine rosa Wolke schwebten sie durch die Luft. Es war sehr ungewöhnlich, erklärte mir meine Mutter, daß sie hier brüteten. Normalerweise bevorzugen sie einsame Gegenden zur Aufzucht ihrer Jungen.

Die Sonne ging langsam unter, und Mom wollte zurück zum Haus. „Wir müssen uns beeilen, denn gleich kommen die Mücken, und die sind wirklich fürchterlich hier", sagte sie. Unser Sommerhaus lag mitten im Wald. „Steig' aus und lauf' so schnell du kannst", riet sie mir, „sonst fressen sie dich bei lebendigem Leib!" Ich glaubte, sie würde übertreiben, aber Sekunden später war mein Arm regelrecht schwarz vor Mücken. Ganze Wolken von ihnen waren in der Luft und stürzten sich auf jedes unbedeckte Stückchen Haut. Ich wischte eine Handvoll nach der anderen von meinem Körper.

Zum Abendessen gab es Krabben in Bier. Ich hatte noch nie Krabben gegessen und wußte nicht, daß man sie in Bier kochen kann. Ich war zunächst sehr skeptisch, aber sie schmeckten phantastisch! In Bier gekochte Krabben gehören seitdem zu meinen Lieblingsspeisen, ich finde, sie schmecken überirdisch gut!

Es war eine ganz neue und aufregende Erfahrung für mich. Nachts lag ich in meinem Bett und lauschte den Geräuschen, die alle möglichen Lebewesen im Urwald hervorbrachten, und schlief darüber ein.

Am nächsten Tag zeigte Mom mir eine große Kiste: „Das sind meine Kunstwerke. Ich habe Muscheln gesammelt und mache Bilder aus ihnen. Und seltene Exemplare, die mit dem Golfstrom aus fernen Ländern kommen und hier angeschwemmt werden, hebe ich auf." Sie zeigte mir ein fertiges Bild. Hinter einem Rahmen hatte sie ein Stück Sperrholz befestigt und beides schwarz gestrichen. Es war eine Strandszene: Am unteren Rand waren Sand und getrocknetes Seegras aufgeklebt, dazwischen vielfarbige Muscheln, und die kleinen Coquinas schwebten darüber wie

Schmetterlinge. Es war wunderschön, und sie erzählte mir, daß viele Touristen ihre Bilder kauften.

Sie zeigte mir ein Buch über Muscheln, und ich prägte mir die verschiedenen Namen ein. Es war herrlich, mit ihr zusammenzusein, bis plötzlich C.L. hereinpolterte, offensichtlich wütend und betrunken. Schnell packten wir alles zusammen.

Bei Vollmond gingen wir Muscheln sammeln. Normalerweise stand das Gebiet unter Wasser, nur in dieser Nacht zog sich das Meer besonders weit zurück Es war ein unglaubliches Erlebnis. Es war eigenartig ruhig, nur unsere fröhlichen Stimmen waren zu hören. Mom und ich gingen durch den feuchten Sand, auf dem es von lebenden Muscheln wimmelte. Sie bewegten sich unter unseren Füßen. Wir füllten sie in unsere Eimer und schleppten sie zurück.

C.L. wartete derweil im Büro auf uns. Muscheln waren ihm gleichgültig. Er war betrunken und ungeduldig. „Wurde aber auch Zeit", knurrte er, „machen wir, daß wir hier rauskommen." Mom stimmte hastig zu und meinte, wir könnten die Muscheln auch am nächsten Tag säubern. C.L. war jähzornig und hatte Mom schon häufiger geschlagen. Weil ich immer versuchte, sie zu beschützen, hatte ich auch schon Schläge abbekommen.

Am nächsten Morgen legten wir die Muscheln auf ein Gitter, nahmen einen Gartenschlauch und spülten den Sand ab. Die sauberen Muscheln taten wir in einen anderen Eimer. Mom erklärte mir, daß wir sie kochen müßten, um ihren Glanz zu konservieren. Außerdem müßten wir die toten Lebewesen entfernen, die wie Schnecken oder Krabben aussahen. Es waren einige wunderschöne seltene Exemplare dabei. Wir hatten sogar einige Sanddollars, die bei den Touristen besonders beliebt waren. Diese großen Muscheln sehen normalerweise merkwürdig braun aus und werden erst schön weiß und glänzend, wenn man sie lebendig in Chlor bleicht. Ich fand es entsetzlich, lebende Wesen so zu behandeln. Wie konnten die Menschen nur so etwas tun?

Von anderen Jugendlichen, meist Kindern der Verwalter der

anderen Ferienanlagen auf der Insel, wurde ich häufig zu Parties eingeladen. Ich durfte aber nie hingehen, weil C.L. sehr streng war. Ich hatte Angst vor ihm und vermied es, mit ihm allein zu sein. Er hatte schon häufiger versucht, mir Alkohol aufzuzwingen.

Ich liebte Sanibel Island, weil es hier so friedlich war. Es gab so viel zu sehen und zu lernen. Einmal wollte ich weit hinausschwimmen, als plötzlich zwei Flossen aus dem Wasser auftauchten und auf mich zukamen. Ich schrie entsetzt auf und schwamm, so schnell ich konnte, an den Strand zurück. Dort stand Mom und lachte. „Hilfe, da ist ein Hai!“ – „Nein, beruhige dich, das sind Delphine. Als ich sie zum ersten Mal sah, dachte ich das auch!“ Ich drehte mich um und sah den beiden Tieren zu, wie sie über die Wellen sprangen.

Ich war gern im Wasser. In kürzester Zeit hatte ich gelernt, von einem Ende des Pools zum anderen zu schwimmen. Unterwasserballett war da schon schwieriger, aber auch lustiger. Ich schwamm nicht gern im Meer, denn das Salzwasser roch zwar gut, brannte aber in den Augen und schmeckte fürchterlich. Oft saß ich einfach nur am Strand, schaute aufs Meer und dachte über mein neues Leben nach. Hier auf Sanibel Island fand ich langsam Geschmack an meinem Aufenthalt auf der Erde.

Kapitel 2

Probleme im Paradies • Abschied von der Insel • Zwischenspiel in Tampa • Leben mit dem Diktator • Illegale Schnapsgeschäfte • Schmerzliche Emotionen

In kurzer Zeit wurden Mom und ich Freundinnen. Bisher hatte ich sie immer nur für zwei oder drei Tage gesehen, wenn sie zu Besuch in Tennessee war. Jetzt waren wir jeden Tag zusammen. Liebend gern hätte ich den Rest meines Erdenlebens auf Sanibel Island verbracht. Begeistert schrieb ich Großmutter und der Familie, wie schön es hier war.

Obwohl ich nicht zu den Parties durfte, hatte ich viele Freunde. Ich spielte mit den Kindern, die bei uns Urlaub machten.

C.L. wurde immer unausstehlicher. Mom und er tranken viel und hatten häufig Streit. Ich fragte mich, ob ihr anfangs so freundliches Benehmen nicht nur dazu gedient hatte, mich von Großmutter wegzulocken. Dann erklärten sie mir plötzlich, daß ich nicht nach Hause zurückkehren würde. Sie hatten einen heftigen Streit darüber, ob ich im Herbst wieder zur Schule gehen würde. C.L. meinte: „Ich bezahle jedenfalls nicht dafür, daß irgendeine Rotznase zur Schule geht", und damit war die Sache entschieden.

Aufgeregt schrieb ich Großmutter diese Neuigkeit. Aber ihre Antwort fiel anders aus als erwartet: „Ich zwinge dich nicht zurückzukommen, Sheila, auch wenn ich das Sorgerecht für dich habe, bis du 18 wirst. Ich weiß, wie sehr du deine Mutter liebst." Das war alles, was sie dazu sagte.

Danach wurde es täglich schlimmer. Mom und C.L. waren ständig betrunken und stritten sich ununterbrochen. In einer stürmischen Regennacht fuhren wir drei mit unserem Kombi durch den Dschungel. C.L. war so betrunken, daß er den Wagen kaum auf der Straße halten konnte. Ich saß verängstigt zwischen Mom und C.L. Aus den fadenscheinigsten Gründen brach er immer irgendeinen Streit vom Zaun, sobald er trank. Über meinen Kopf hinweg schrien sie sich an, und C.L. versuchte, sie zu ohrfeigen. Ich bekam zwangsläufig meinen Teil ab, und in meiner Verzweiflung wünschte ich mir ein Unglück. Ich betete, daß wir einen Unfall hätten, bei dem C.L. ums Leben käme, bevor der Streit noch schlimmer würde.

Wir blieben bis Mitte August auf Sanibel. Kurz vor meinem 15. Geburtstag erfuhr ich, daß wir abreisen würden. C.L. hatte sich ganz plötzlich dazu entschlossen, weil von den Reservierungen für die Herbstsaison eine Menge Geld hereingekommen war. Der hohe Betrag war für C.L. ein so großer Anreiz, daß er das Geld nicht wie üblich zur Bank brachte, sondern für sich behielt. Außerdem ließ er alles mitgehen, was irgendwie wertvoll war. Ich beobachtete fassungslos, wie er Limonadeflaschen und Kleingeld aus den Automaten ins Auto lud, die Schreibmaschine und das Funkgerät und andere Dinge aus dem Büro holte und alles vorhandene Bargeld einsteckte. Ich war schockiert, jetzt sah ich zum ersten Mal mit eigenen Augen, was C.L. wirklich für ein Gauner war. Ohne Vorwarnung hieß es einpacken und abfahren.

Ich lief zum Strand hinunter. Der Sonnenuntergang war einfach herrlich. So möchte ich diese wunderschöne Insel immer in Erinnerung behalten, dachte ich. Es gab Gerüchte über den Bau einer Brücke von Fort Myers nach Sanibel, und ich wußte, daß dann der Tourismus mit großen Hotels, ausgebauten Straßen und vielen anderen Veränderungen diesem Naturparadies schnell ein Ende bereiten würde.

Mom rief nach mir. Mit einem letzten Blick über den Strand verabschiedete ich mich traurig von diesem Paradies, das ich in den letzten drei Monaten so liebgewonnen hatte. Langsam ging ich zurück zum Auto. Es war so vollgepackt mit allen möglichen Dingen, daß ich vorne bei Mom und C.L. sitzen mußte. Unsere Kiste mit den Muscheln war zum Glück auch dabei. In der Nacht fuhren wir noch einmal zu unserem Sommerhaus, um unsere Kleidung zu holen. Im Morgengrauen nahmen wir dann die erste Fähre zum Festland. C.L. wollte so schnell wie möglich über die Grenze nach Mexiko. Wo werden wir wohl an meinem Geburtstag sein? grübelte ich während der langen Fahrt. Ich hatte nicht einmal Großmutter von unserer Abreise informieren können. Ich mußte feststellen, daß mein Leben bei ihr zwar langweilig, aber sicher und überschaubar gewesen war. Ich durfte den Kontakt zu ihr auf keinen Fall abreißen lassen.

Wieder begann ein neuer Lebensabschnitt für mich. Als erstes zeigte Mom mir, wie man Drinks mixt. Sie saß in der Mitte neben C.L., der wie immer sehr schnell fuhr. Neben mir auf dem Wagenboden lagen Flaschen mit Wodka und Limonade. Ich mochte die Mischung aus Zitronensaft und Grapefruit, aber den Wodka verabscheute ich.

Da war ich nun auf dem Weg nach Mexiko und mixte Getränke. Dieses Leben war ganz bestimmt nicht langweilig.

Ich schloß die Augen und dachte noch einmal an den Ort, den wir gerade verlassen hatten. Die Insel erschien mir als der einzige paradiesische Platz auf der Erde, aber selbst Sanibel war mit der Venus nicht zu vergleichen. Das Leben dort war wie ein wunderschöner Traum!

Sanibel Island, ich werde dich nie vergessen: deinen weichen, warmen, weißen Sand, deine Palmen, durch deren Blätter der laue Wind streicht; das Rauschen des Ozeans, friedlich und kraftvoll zugleich; das Grün des Dschungels und die Strandläufer in den Wellen; die Rufe der Möwen, die Laute der Delphine; die Sonnenstrahlen, die die Haut wärmen und goldbraun werden lassen; die Sonnenaufgänge, die den Ozean in rosa- und goldfarbenes Licht tauchen; den Mond, der einen Weg aus Silber auf das

Wasser zu zeichnen scheint. Ich hatte mir immer vorgestellt, in meinem Astralkörper auf dem Lichtstrahl des Mondes zu tanzen.

Sogar die Gewitter auf der Insel waren herrlich. Das Meer nahm dann eine dunkelblau-graue Farbe an. Ich konnte sehen, wie die Wand aus Regen immer näher rückte, um kurz darauf in großen blaugrauen Wirbeln aus den schwarzen Wolken auf die Erde zu rauschen. Donnergrollen in der Ferne, dann plötzlich ohrenbetäubend nah, die Blitze, die in bizarren Mustern über den Himmel zuckten. Regentropfen, die aussahen, als seien sie aus Silber, und die Brillanten und viele kleine Kreise auf die vom Wind aufgewühlten Wellen zeichneten. Sie fielen zurück ins Meer, aus dem sie ursprünglich einmal hervorgegangen waren.

Ich liebte die Ruhe, wenn der Sturm vorüberzog und die Sonne wieder vom blauen Himmel strahlte, bemerkte dann die Wassertropfen, die von den Blättern herabfielen und blitzten wie kleine Edelsteine. Wie schnell der Sand den Regen aufsaugte. Die frische, klare Luft, durch den Regen von Staub und Dunst befreit. Mein Paradies voller Schönheit und immer neuen Überraschungen....

Quietschende Bremsen rissen mich aus meinen Träumen: Wir waren in Mexiko. Nach ein paar Tagen ging es zurück nach Florida. Wir mieteten einen Bungalow gleich hinter dem Haus von C.L.s Mutter.

Kein Mensch aus seiner Familie hatte etwas für C.L. übrig. Sogar Leslie, seine Tochter, konnte ihn nicht ausstehen. Sie erzählte Mom, daß sie ihm nicht über den Weg traue und ihn von ihren vier kleinen Mädchen fernhalte, und die ganze Familie wußte, daß Leslies Mutter von C.L. so verprügelt worden war, daß sie ein Baby verloren hatte. Also war Donna nicht die erste Frau, die C.L. mißhandelte, und die kleine Sheila nicht das erste Kind, daß er mißbraucht hatte.

Immer häufiger bekam ich die brutale Seite von C.L. zu spüren. Ich hatte keine Ahnung, warum er so jähzornig war. Ich erinnerte mich aber, daß C.L.'s Mutter einmal sagte, sie glaube, er sei von Dämonen besessen.

C.L. war sehr dominant, ein regelrechter Diktator. Ich hatte Angst vor ihm und wurde schrecklich nervös, sobald er auftauchte. Alles mußte genau so gemacht werden, wie er es vorschrieb, sonst wurde er gewalttätig. Wenn Mom und ich nicht zum gleichen Zeitpunkt dasselbe essen wollten wie er, schlug er uns beide. Er wurde wütend, wenn das Essen nicht genau so zubereitet war, wie er es wünschte. Es spielte überhaupt keine Rolle, was Mom und ich gern mochten. Als ich einmal um Ketchup für mein Würstchen bat, schrie C.L. mich an: „Ich esse mein Würstchen ohne Ketchup, alle Leute essen Würstchen ohne Ketchup, nur Idioten essen Würstchen mit Ketchup!" Bei einer anderen Gelegenheit stand Mom vom Tisch auf, um zur Toilette zu gehen. Sofort schlug C.L. sie auf den Kopf, weil sie ihn nicht um Erlaubnis gefragt hatte.

Schon damals saßen Mom und ich oft auf unserer Veranda und hofften, C.L. käme nie mehr nach Hause zurück. Einige Zeit später, als wir an der Westküste wohnten und C.L. als Bauunternehmer arbeitete, wünschten wir uns, daß er von einem Gerüst fallen und sich den Hals brechen möge, so schrecklich war es, mit ihm zusammenzuleben.

C.L. haßte Musik, außer natürlich, wenn er selbst sang. Und Radios haßte er natürlich auch. Mom und ich hörten abends gern Country-Musik. Da C.L. oft sehr früh zu Bett ging, warteten wir immer, bis er eingeschlafen war, bevor wir den Sender leise einstellten, aber oft hörte er es dennoch und brüllte: „Stell' sofort das verdammte Radio ab!" Wir lebten wie in einem Gefangenenlager oder schlimmer.

Onkel Odin hatte mir einmal gesagt, daß Menschen, die Musik nicht ausstehen können, sicherlich von negativen Kräften beeinflußt werden. C.L. interessierte sich auch nicht für Kultur. Seine einzigen Hobbys waren Geld und Alkohol.

Wenn er etwas reichlich mitbekommen hatte, dann war es logisches Denken. Da er mir oft genug seine Ansichten mit der Hand eingebleut hatte, lernte ich von ihm schnell, in entsprechenden Situationen logisch und praktisch zu denken und zu handeln.

Schuldgefühle über den Tod seines Kindes quälten C.L. immer wieder. Er sprach endlos darüber, wie er seine schwangere Frau verprügelt hatte. Das Baby war später ohne Nieren auf die Welt gekommen. C.L. war wirklich ein gemeiner und brutaler Mensch. Aber er hatte offenbar neben seinen Alkoholproblemen auch ein psychisches Trauma. Manchmal konnte er richtig nett sein, aber seine Laune änderte sich in Sekundenschnelle. Ich wußte nie, ob er im nächsten Moment freundlich oder bösartig sein würde.

C.L.s schlechter Gesundheitszustand kam vom Alkohol, besonders die offenen Leberflecken auf seinen Händen. Und er hatte immer eine Zeitung in Reichweite, auf die er spucken konnte. Obwohl ich ihn haßte, empfand ich auch Mitgefühl für diesen Mann. Innerlich litt er unter den Missetaten, die er in seinem Leben vollbracht hatte. Ich wußte, daß er sich für viele Dinge die Schuld gab und daß sein Gewissen ihn sehr lange nicht zur Ruhe kommen lassen würde.

Eines Tages verkündete C.L., er werde wieder einen normalen Beruf ausüben und in dem landwirtschaftlichen Betrieb seines Schwagers arbeiten. Ich wußte nicht, was er im Schilde führte, als er eines Tages ein großes Faß mit matschigem und angeschimmeltem Obst mit nach Hause brachte. Als am folgenden Tag die nächste Ladung mit Bananen, Apfelsinen und Weintrauben eintraf, wurde es mir klar: C.L. wollte ins illegale Schnapsgeschäft einsteigen, und Mom und ich waren seine ersten beiden (selbstverständlich unbezahlten) Arbeitskräfte.

Von da an verbrachten wir unsere Tage damit, das Obst in einer großen Wanne, die mitten im Wohnzimmer stand, zu zerkleinern und mit nackten Füßen zu zerstampfen. Ich kann nicht behaupten, daß es Mom und mir keinen Spaß gemacht hätte: Wir sprangen herum und lachten, wenn die Trauben zwischen unseren Zehen zerplatzten.

Täglich karrte C.L. neues Obst heran – und große Pakete mit Zucker. Wir bekamen die ersten Probleme mit den Nachbarn, die den Geruch bemerkten. Das Faß stand auf der Veranda, nur mit einem Tuch bedeckt. Sie fragten, ob wir das Obst einkochen wollten, was C.L. natürlich sofort bejahte. Als seine Mutter einmal zu Besuch kam und naserümpfend auf die Veranda marschierte, fiel mir auf, daß C.L. unsicher und besorgt war. Aber sogar sie war naiv genug, die Geschichte mit den eingemachten Früchten zu glauben.

Unser Wein war einfach köstlich. Einen ganzen Tag lang verbrachten Mom und ich auf der Veranda damit, die Mischung in große Krüge abzufüllen. Vorsichtig legten wir ein Tuch über die Öffnung und gossen die gegorene Masse hindurch. Dann wrangen wir das Tuch mit den Früchten darin gründlich aus. Nach einiger Zeit waren wir so berauscht von den Dämpfen, daß uns immer wieder Obststücken in die Krüge fielen und wir von vorn beginnen mußten.

Als C.L. nach Hause kam, war er mit unserer Arbeit zufrieden. Am nächsten Tag verkaufte er den Wein in der Firma an seine Kollegen. Das ging eine ganze Weile so weiter. Mom und ich machten zu Hause die ganze Arbeit.

Sein Schwager machte sich inzwischen Gedanken über seine Angestellten: „Ich weiß nicht, was die Leute in letzter Zeit haben", sagte er einmal, als wir zusammen zu Mittag aßen. „Sie benehmen sich in letzter Zeit ziemlich verrückt. Die Männer fahren beispielsweise zwischen den Maschinen Rennen auf ihren Handkarren."

Mit unschuldiger Miene fragte C.L. ihn: „Mann, das verstehe ich auch nicht. Glaubst du, daß sie bei der Arbeit trinken?" – „Normalerweise tun sie das nicht", erwiderte sein Bruder. Mom und ich sagten kein Wort dazu.

Als nächstes kam C.L. auf die Idee, aus den Bars überall in der Stadt Kästen mit leeren Flaschen zu besorgen. Bald betrieb er einen schwunghaften Handel. Mom und ich füllten den ganzen Tag unseren Wein in alle möglichen Flaschen, und C.L. fuhr herum und kassierte das Geld. Unser illegaler Weinhandel florierte.

Aber C.L. reichte es noch nicht. Nun verkaufte er den Wein

gleich kistenweise. Spät nachts stellte er eine oder zwei Kisten mit Wein neben unseren Briefkasten. Am frühen Morgen kam einer von C.L.s Kunden vorbei, steckte das Geld in den Briefkasten und nahm eine Kiste mit.

Tag für Tag waren wir nur mit dem Abfüllen beschäftigt. Durch die aufsteigenden Dämpfe waren wir ständig benebelt. Einmal war es so schlimm, daß wir nicht einmal mehr richtig sprechen konnten. Ausgerechnet an diesem Tag schaute zufällig unsere Vermieterin vorbei. Als C.L. schließlich nach Hause kam, lagen Mom und die Dame im Wohnzimmer auf dem Boden ausgestreckt. C.L. lachte, aber als die Dame schließlich nach Hause ging, ließ er seine Wut an Mom aus. Sie ging wieder einmal mit einer Tracht Prügel zu Bett.

Die Geschichte endete ebenso plötzlich, wie sie begonnen hatte. Irgendwie hatte die Polizei in Tampa Wind von der Sache bekommen. Eines frühen Morgens fuhr plötzlich ein Streifenwagen an unserem Haus vorbei und bremste genau neben dem Briefkasten, wo die Weinkiste stand. Wir waren vor Schreck wie erstarrt. Kaum waren sie außer Sicht, rannte C.L. hinaus, schnappte die Kiste und brachte sie auf den Hinterhof. Wenige Minuten später begannen wir, ein großes Loch zu graben. Wir schütteten die Reste aus den Fässern hinein und allen Wein, den Mom und ich so sorgfältig abgefüllt hatten. Dann wollten wir das Loch wieder mit Erde bedecken, doch es war so voll Wein, daß die Erde obenauf schwamm. Willi, der Wurm (so nannten wir den Hund unserer Nachbarn wegen seines dicken, wurstförmigen Körpers) wäre fast in dem Loch ertrunken. Der arme Kerl schwankte mehrere Tage völlig betrunken über unseren Hof. Und erst der Geruch! Tagelang hingen die Dämpfe wie eine Wolke über unserem Hinterhof.

Kurz darauf ergaben sich neue Schwierigkeiten in meinem Leben mit Mom und C.L. Es begann damit, daß C.L.s Vater zu Besuch kam und eine Zeitlang bei uns wohnte. Wir nannten ihn Pap. Er hatte die Angewohnheit, sich nackt aufs Bett zu legen, wenn er betrunken war. Mom schloß dann zwar die Tür zu seinem Zimmer, aber sein Verhalten und seine niederträchtige Art waren mir sehr zuwider. Immer wieder versuchte er, mich auf eindeutige Art zu berühren, und ich beschwerte mich bei Mom darüber. „Ach, weißt du, er ist alt", sagte sie nur, „ignoriere ihn einfach." Was ich auch tat – ich versuchte, ihm aus dem Weg zu gehen.

Er rächte sich auf seine Weise dafür, daß ich ihn nicht beachtete. Er erzählte meiner Mutter immer neue Lügen darüber, was C.L. und ich täten, wenn sie nicht dabei wäre. Ich hatte keine Ahnung, was er damit anrichtete, denn Mom sprach nie mit mir darüber. Aber immer, wenn sie sehr betrunken war, bekam sie sich mit C.L. deswegen in die Haare, und Pap saß daneben und lachte sich ins Fäustchen. Auch wenn sie uns nicht deutlich beschuldigte, ein sexuelles Verhältnis zu haben, so zielten die Bemerkungen, die sie im Rausch immer wieder lallte, doch in diese Richtung. C.L. nutzte die Gelegenheit schamlos aus. Sobald Mom aus dem Haus war, sagte er zu mir immer wieder: „Wenn wir sowieso schon beschuldigt werden, können wir es ja auch ruhig tun." – „Niemals!" war stets meine Antwort, bei der ich nur mühsam die Tränen zurückhalten konnte. Meist versuchte ich, ihn einfach zu ignorieren.

Es war ein Teufelskreis: Pap mit seinen Annäherungsversuchen und seinen Lügen, Mom mit ihren Vorwürfen an C.L. und mich, und schließlich C.L., der alles versuchte, um mich ins Bett zu kriegen.

Mein Magen verkrampfte sich sofort, sobald sie mit dem Trinken begannen. Bald würden sie wieder anfangen zu streiten, das wußte ich genau. Wenn ich darüber in Tränen ausbrach, nannten sie mich „albernes kleines Mädchen" und lachten. Ich verstand nicht, warum diese Menschen so gemein waren. Es war schlimm genug, mit jemandem wie C.L. unter einem Dach leben zu müssen, aber Mom's Grausamkeit brach mir das Herz. Und ich kannte keinen Menschen, den ich hätte um Hilfe bitten können.

Irgendwie brachte ich sogar Verständnis für sie auf: Sie war völlig verwirrt von Pap's Lügen und wußte um C.L.s Schwäche für junge Mädchen, deshalb sagte sie im Rausch Dinge, die sie normalerweise nie ausgesprochen hätte.

Ich wurde zu einem verstörten und unsicheren Kind. Ich hatte zu Hause kaum Freiheit und keine Freunde. Abends schlich ich manchmal im Badeanzug aus dem Haus, um durch den Rasensprenger unserer Nachbarn zu laufen. Aber das ging nur, wenn zu Hause alle betrunken waren. Ich hungerte nach Aufmerksamkeit und Freiheit, weil ich daheim so wenig Liebe und Zuneigung erfuhr.

Jede Nacht blickte ich zum Himmel hinauf in der Hoffnung, ein Raumschiff zu entdecken. Ich versuchte, telepathisch Kontakt zu meinen Leuten aufzunehmen, aber nichts geschah. Ich vermutete, daß sie den Kontakt mieden, damit sie nicht in die Versuchung gerieten, mir in meiner Not zu helfen. Aber immer, wenn mir aufmunternde Gedanken durch den Kopf gingen, wußte ich, daß sie sehr wohl wußten, was mit mir geschah. Dank ihrer inneren Führung verzweifelte ich nicht. Viele Dinge, die ich normalerweise in der Schule gelernt hätte, wurden mir auf die gleiche Weise übermittelt.

Oft überwältigten mich die Erinnerungen an meine Heimat in Teutonia, an Odin und Arena und die anderen wundervollen Menschen, die ich dort kannte. So einsam und unglücklich, wie ich war, dachte ich immer wieder darüber nach, was ich alles aufgegeben hatte für dieses Leben auf der Erde. Es wurde von Tag zu Tag schwieriger, mich selbst davon zu überzeugen, daß ich dieses Leben akzeptieren und durchleben mußte, um karmische Verpflichtungen auszugleichen.

Ich fühlte mich wie in einer Falle und erinnerte immer wieder Onkel Odins Worte: „Versuche auch im größten Leid die wertvollen Lektionen zu sehen, die sich in diesen unglücklichen Erfahrungen verbergen.“ Und mein Lehrer Rami Nuri hatte mir erklärt: „Durch all diese schrecklichen Erfahrungen wirst du wertvolle Erkenntnisse sammeln, die dir helfen, deine Mitmenschen und ihre Ansichten besser zu verstehen."

Diese Gedanken munterten mich immer nur für kurze Zeit auf. Je mehr mir bewußt wurde, wie grausam und entsetzlich mein Schicksal war, desto öfter saß ich irgendwo allein und weinte. Und es sollte noch viel schlimmer kommen...

Kapitel 3

Zigeunerleben • Wiedersehen mit Onkel Odin • Begegnung mit einem Indianerhäuptling • Mein erster Job • Zum ersten Mal verliebt • Leben in Boulder City

Ein weiteres Horrorerlebnis in meinem Leben war die Fahrt nach Tennessee, als wir Pap mit dem Auto nach Hause brachten. Die kurvenreichen Bergstraßen im Osten Tennessees sind schon für nüchterne Autofahrer keine Kleinigkeit. Mom und C.L. hatten seit dem frühen Morgen getrunken, und als wir schließlich die Gegend erreichten, wo Pap zu Hause war, hatte C.L. Probleme, den Wagen auf der Straße zu halten. An einer Seite ragten Felswände empor, auf der anderen ging es steil ins Tal hinunter.

Mom und ich waren ohnehin schon in Panik wegen der Autos, die uns überholten. Da tauchte in der nächsten Kurve plötzlich ein Lkw mit Anhänger auf und fuhr genau auf uns zu. „Oh Gott, oh Gott, daran kommst du nie vorbei", schrien wir entsetzt und warfen uns auf den Boden.

Nichts geschah. Der Lkw war bereits weit hinter uns, als wir es endlich wagten, aus dem Fenster zu sehen. Bis zum heutigen Tag können wir uns nicht erklären, wie C.L. es in seinem Rausch schaffte, an dem Laster vorbeizukommen, ohne anzuhalten oder gegen die Felswand zu fahren. Den Rest der Fahrt saßen wir auf glühenden Kohlen, ich ganz besonders, weil ich ja als einzige nüchtern war. Ich konnte mich keine Sekunde entspannen.

Da unser alter Wagen Probleme machte, bestand C.L. darauf,

unseren Koffer mit Muscheln in den Bergen zurückzulassen. Mom und ich retteten so viele wie möglich von unseren Lieblingsmuscheln sowie einige seltene Exemplare. Dann weinten wir über den Verlust unseres Schatzes aus Sanibel, begannen aber zu lachen bei der Vorstellung, daß die einfachen Leute aus der Gegend diesen großen Koffer voller Muscheln fänden. Wir malten uns aus, was sie wohl dächten, wenn sie ihn so weit vom Meer entfernt entdeckten. Die meisten wüßten nicht einmal, wie Muscheln aussähen. Vielleicht steht der Koffer ja nach all diesen Jahren immer noch dort, von Unkraut überwuchert.

C.L. schlug sich ständig mit der Hand in den Nacken, um wach zu bleiben. Dann begannen Mom und er auch noch zu streiten und sich anzuschreien. Ich war mit den Nerven am Ende. Zu guter Letzt rumpelten wir quer durch ein frisch mit Kuhmist gedüngtes Feld bis vor die Tür von Paps Behausung.

Bald drängte C.L. wieder zum Aufbruch, um woanders auf seine Art Geld zu verdienen. Vielleicht hatte er auch Angst, daß die Polizei ihm auf den Fersen war. Sein Schwager wollte jedenfalls nichts mehr mit ihm zu tun haben, nachdem er von C.L.s Nebenverdienst erfahren hatte.

Unser nächster Halt war in Virginia. Mom und C.L. übernahmen dort das „Barbecue Pit", eine Gaststätte für Fernfahrer. C.L. konnte leckere Saucen zubereiten und hatte die brillante Idee, vor dem Haus einen Grill aufzustellen. Darauf briet er Zwiebeln, um mit dem Geruch die Gäste anzulocken. Wir hatten keine Zeit, uns einzuleben, denn C.L. verspürte bald wieder den Drang weiterzuziehen.

Quer über den ganzen Kontinent ging es nach Kalifornien. Wir waren erschöpft und hatten das Autofahren gründlich satt, als wir schließlich San Diego erreichten. Ein Molkereifahrer zeigte uns, wo wir billig eine Wohnung mieten konnten. C.L. tischte ihm eine solche Jammergeschichte auf, daß der Mann uns am Ende sogar einige Flaschen Milch schenkte.

Mom hatte Glück. Sie fand sofort eine Stelle als Kellnerin auf einer der Inseln in der Bucht von San Diego. Sie bediente nur bei Familienfeiern und Festessen und wurde gut bezahlt. Es machte mir großen Spaß, jeden Abend mit der Fähre hinüberzufahren und sie abzuholen. Der Anblick von San Diego bei Nacht war wunderschön.

C.L. arbeitete derweil als Bauunternehmer. Seine Tätigkeit bestand darin, ohne jegliche Kalkulation Kostenvoranschläge zu machen und die Aufträge an Subunternehmer weiterzuleiten. Sobald ein Vertrag unterschrieben war, steckte C.L. den Vorschuß in seine Tasche, und die gutgläubigen Kunden sahen ihn nie wieder.

Einer seiner Kunden war Zahnarzt. Er wollte seine Praxis umbauen und vergrößern lassen. Dafür sollte er 1000 Dollar bezahlen und zusätzlich C.L. kostenlos behandeln: ihm alle Zähne ziehen und ein komplett neues Gebiß machen. C.L. war ja ohnehin schon ein Teufel, aber während dieser Zahnbehandlung gingen wir wirklich durch die Hölle mit ihm. Mom und ich fühlten uns wie Basketbälle, denn wir wurden erbarmungslos hin und her geschlagen.

Selbstverständlich dachte C.L. gar nicht daran, mit den Bauarbeiten zu beginnen. Mit 1000 Dollar in der Tasche und einem neuen Gebiß im Mund wollte er sich aus dem Staub machen. Mom und ich waren noch beim Packen, als im Radio die Fahndung nach ihm durchgegeben wurde. Er war offenbar früher schon einmal in San Diego gewesen und hatte eine Affäre mit einem jungen Mädchen gehabt. Als sie schwanger wurde, wollte er sie loswerden. Sie war seitdem unauffindbar. Die texanischen Behörden hatten den Verdacht, daß er sie nach Texas gebracht hatte, bevor sie verschwand.

Wir waren kaum auf dem Highway, als uns ein Polizeiwagen auf den Randstreifen winkte. Mom und ich beteten, daß C.L. verhaftet und abgeführt würde. Aber wir mußten vom Auto aus zusehen, wie sich C.L. lachend mit dem Polizisten unterhielt, als wären sie alte Freunde, während gleichzeitig über Funk C.L.s

Personenbeschreibung und unser Autokennzeichen durchgegeben wurde. C.L. hatte eine unglaubliche Art, mit Menschen umzugehen!

Er hatte auch jede Mengen Ideen, wie er ohne Arbeit zu Geld kommen konnte. Es schien ihm nicht das geringste auszumachen, daß er in San Diego nur ganz knapp einer Verhaftung entgangen war. In El Paso überquerten wir die Grenze nach Mexiko, beluden den Wagen mit Tequila und Whisky, und C.L. verkaufte den Schnaps in den Staaten zu weit höheren Preisen. Zusammen mit dem Geld, das er mit seiner „Arbeit" in San Diego ergaunert hatte, ergab das einen Betrag, von dem wir einige Zeit in einem Motel in Phönix, Arizona, leben konnten. Mom arbeitete als Kellnerin, und C.L. erholte sich daheim. Dann zogen wir in einen Wohnwagenpark, und C.L. betätigte sich wieder als „Bauunternehmer".

Eines Nachts gegen zwei Uhr hörte ich plötzlich Onkel Odin nach mir rufen und wachte auf. Mom und C.L. schliefen wieder einmal ihren Rausch aus. Ich war früh zu Bett gegangen, um ihre Trinkerei nicht miterleben zu müssen. Onkel Odin erklärte mir, daß bei einem Treffen der Bruderschaft der Planeten beschlossen worden sei, mich auf physische und psychische Veränderungen zu untersuchen, die durch mein Leben hier auf der Erde entstanden waren.

„Wie soll das gehen?" wollte ich wissen. „Wir kümmern uns um alles. Bitte zieh dich an und komm' zum Eingang der Anlage. Jemand wird dich dort abholen." – „Was ist, wenn sie aufwachen und ich bin nicht da?" – „Wir setzen unsere Energie ein, damit sie tief und fest schlafen. Mach' dir keine Sorgen, sie werden nicht aufwachen, bevor du zurück bist." – „Heißt das, daß ich dich tatsächlich wiedersehe?" Ich war plötzlich ganz aufgeregt. „Ja, mein Schatz! Aber bitte bleib' ruhig. Ich schlage vor, du meditierst erst einmal, damit ich problemlos mit dir zusammensein kann."

Also machte ich eine Meditationsübung, zog mich dann an und ging zur Straße. Der Wohnwagenpark lag am Stadtrand von

Phönix, dort begann die Wüste. Es war sehr ruhig, und ich sah nur wenige Lichter, während ich auf Onkel Odin wartete.

Plötzlich hielt ein großer Cadillac, das Fenster wurde heruntergedreht, und da war er tatsächlich! Nach all den Jahren sah ich endlich meinen geliebten Onkel Odin wieder! Meine Augen füllten sich mit Tränen, und ich weinte zum ersten Mal vor Freude und nicht aus Kummer. Wie sehr hatte ich sein liebevolles Lächeln vermißt. Er stieg aus dem Wagen und nahm mich in die Arme. Ich schluchzte. „Bitte, weine nicht, mein Engel", sagte er. „Ich weiß, was du durchgemacht hast. Ich wünschte, es gäbe eine andere Möglichkeit, aber wir haben ja keinen Einfluß auf das Schicksal. Du hast nicht nur das Karma von Sheila übernommen, sondern löst auch deine persönlichen karmischen Verbindlichkeiten ein. Ich bewundere deinen Mut! Ich glaube nicht, daß ich all diese Schmerzen aushalten könnte, die du physisch und psychisch durchleben mußt."

Wir stiegen ein, und er gab mir ein Glasfläschchen, das eine klare Flüssigkeit enthielt. Das Serum sollte mir helfen, mich zu entspannen, und gleichzeitig die negativen Energien auflösen, die sich in meiner Aura angesammelt hätten, erklärte mir Onkel Odin. So könne er mit mir zusammensein, ohne daß dies einen nachteiligen Effekt für ihn habe. „Du lebst zwar erst kurze Zeit hier, aber du bist schon so vielen verschiedenen Einflüssen ausgesetzt gewesen." Er nickte mir freundlich zu. Nachdem ich das Serum getrunken hatte, überkam mich ein ungewohntes tiefes Gefühl von Ruhe und Frieden.

Nach etwa einer halben Stunde bogen wir von der Hauptstraße ab und fuhren in die Wüste. Es war sehr dunkel und sehr still. Schließlich hielten wir an. Beim Aussteigen sah ich den schattenhaften Umriß eines Raumschiffs. Es maß etwa neun Meter im Durchmesser. Aus den runden Fenstern drang gedämpftes Licht. Eine kurze Rampe führte ins Innere. Als wir das Raumschiff betraten, bemerkte ich ein leichtes Summen und ein schwaches, bläuliches Licht. Der Raum war kreisförmig, an einer Seite befand sich eine Schalttafel mit Bildschirm und davor zwei Sitze. Zwei Männer erwarteten uns. Ich folgte ihnen durch einen sehr engen Gang in einen kleinen Raum, der die Form eines Tortenstücks hatte. Darin stand ein Untersuchungstisch, ähnlich denen, die ich aus einer Arztpraxis kannte. Ich wurde gebeten, mich auszuziehen. Ein sehr gut aussehender Mann mit eurasischen Gesichtszügen, offenbar ein Marsianer, nahm meine Kleider und legte sie auf einen Stuhl. Es machte mich etwas verlegen, nackt vor drei Männern zu stehen. Das war auch etwas, was ich auf der Erde gelernt hatte: Die Menschen verbargen ihre nackten Körper voreinander.

Ich legte mich auf den Tisch. Ein rechteckiger Kasten mit einem großen Kristall in der Mitte, der fast wie ein Auge aussah, wurde von der Decke heruntergelassen und tastete meinen Körper von Kopf bis Fuß ab. Der rötlich leuchtende Kristall strahlte eine warme, entspannende Energie aus. Ich wurde schläfrig. Plötzlich hörte ich Onkel Odins Stimme. Ich öffnete die Augen und glaubte für einen Moment, ich hätte alles nur geträumt. Aber ich war immer noch in dem Raumschiff, und Onkel Odin stand lächelnd neben mir.

Ich erhob mich, zog meine Kleider an und ging hinaus zum Auto. Ich fühlte mich viel besser als vorher, wie frisch aufgeladen. Auf dem Rückweg fragte ich nach der Zeit. Es waren nur anderthalb Stunden vergangen. Ich war müde, aber glücklich, weil ich wieder sicher war, daß meine Leute sich um mich sorgten und mich nicht im Stich gelassen hatten.

Onkel Odin hatte meine Gedanken aufgefangen und sagte: „Denke niemals, daß wir uns nicht um dich kümmern. Du bist wichtig für uns. Es hängt so viel von dem ab, was du lernst und erfährst. Es tut uns sehr leid, daß wir nur dastehen und zusehen können, aber wir senden dir mit unseren Energien immer Schutz und Liebe, um dir Mut zu machen."

Ich erwiderte: „Ja, das fühle ich. Ich weiß, daß ich Erfolg haben muß. Ich habe mir die Schwierigkeiten in diesem Leben selbst ausgesucht."

Ich fühlte mich gestärkt und ermutigt durch ihre Sorge um mich. Wir erreichten den Wohnwagenpark, und ich stieg aus. Onkel Odin umarmte mich noch einmal und küßte mich auf die Stirn. „Tante Arena sendet dir diesen Kuß. Sie lebt noch in unserer Dimension und kann noch nicht mit uns zusammensein. Deinem Vater geht es gut, er liebt dich und ist auf seine distanzierte Art stolz auf dich."

Ich ging zurück zum Wohnwagen, um wieder in eine andere Realität einzutauchen – eine, in der Angst und Schmerz vorherrschten. Wie lange wird es mir gelingen, meine Mom und mich zu beschützen? fragte ich mich wieder einmal. Niemand hatte meine Abwesenheit bemerkt.

Für eine Weile war ich mit unserem Leben im Wohnwagenpark ganz zufrieden. Oft kam C.L. nach Hause und warf ganze Geldbündel aufs Bett – Zehner, Zwanziger, sogar Hunderter waren dabei. Mom und ich mußten das Geld zählen. Wir konnten nie begreifen, wie C.L. es anstellte, so viele Leute übers Ohr zu hauen.

Kaum fühlten Mom und ich uns in unserer neuen Umgebung etwas heimisch, geschah das Unvermeidliche: C.L. beschloß, Arizona zu verlassen. Zwei Tage später waren wir in Albuquerque, New Mexiko.

Jetzt sei der Zeitpunkt für mich gekommen, auch arbeiten zu gehen, verkündete C.L. Da er keinen Job fand, der ihm zusagte, beantragte er einfach staatliche Unterstützung. Ich war sehr nervös. Ich hatte mit meinen knapp 15 Jahren keine Ahnung, was es bedeutete, meinen Lebensunterhalt selbst zu verdienen. Mit Hilfe von Mom und C.L. fand ich eine Stelle als Bedienung in einem Drive-in-Restaurant. Ich arbeitete von Mitternacht bis sechs Uhr morgens. Das machte mir nichts aus, im Gegenteil, ich genoß es, für ein paar Stunden aus dem Haus zu sein und alle möglichen Leute kennenzulernen. Nachdem ich zwei Jahre lang wie im Gefängnis gelebt hatte, war dies eine angenehme Abwechslung für mich.

Fast jeden Tag kam ein mexikanischer Junge namens Miguel vorbei, um mich zu sehen. Er faßte mich um die Taille und wirbelte mich herum. „Hey, das kannst du doch in einem Restaurant nicht machen", rief ich, aber er lachte nur. Er war verrückt nach mir, und ich verliebte mich in ihn. Es war meine erste Liebesaffäre auf der Erde.

Manchmal brachte Miguel mich nach Hause. Offen und freundlich wie er war, wollte er natürlich mit hineinkommen und Mom und C.L. kennenlernen. Aber ich kannte C.L.s Rassenvorurteile nur zu gut! Außerdem hatte er keine Ahnung, daß ein Junge mich heimbrachte. Ich erzählte Miguel, was für ein Mensch C.L. war, und er bat mich, mit ihm fortzugehen. Aber so miserabel mein Leben auch war, ich brachte es nicht fertig, von zu Hause wegzugehen. Dafür hatte ich zu viel Angst vor C.L.

Eines Tages eröffnete mir C.L. aus heiterem Himmel: „Ich hole dich beim Restaurant ab, und du bleibst dort, bis ich komme." Ich war sprachlos. Ob bewußt oder unbewußt, er sorgte jedenfalls dafür, daß Miguel und ich nur sehr wenig Zeit miteinander verbringen konnten.

An einem Morgen wartete ich stundenlang auf C.L., bis um zehn Uhr mein Chef fragte, warum ich immer noch da sei. Schließlich fuhr ich mit einem Taxi nach Hause. Als ich hereinkam, hörte ich C.L. rumoren. Mein Gefühl sagte mir, daß es gleich Ärger geben würde. Ich ging schnell ins Bad, setzte mich auf den Rand der Wanne und ließ Wasser einlaufen. C.L. kam hereinmarschiert. Sein Gesicht war wutverzerrt. „Wo hast du den ganzen Vormittag gesteckt?" – „Wie bitte?" fragte ich aufgebracht. Schließlich war ich diejenige, die allen Grund hatte, verärgert zu sein. „Du hast gesagt, du holst mich ab. Ich habe bis zehn Uhr auf dich gewartet, und du bist nicht gekommen."

„Verdammte Lügnerin, du hast die ganze Nacht rumgehurt, das ist es!" kreischte er und stieß mich rücklings in die Badewanne. Später entdeckte ich eine große Beule an meinem Kopf, die noch tagelang weh tat. Danach mußte ich immer pünktlich zu Hause sein, ob er mich abholte oder nicht. Falls er betrunken war und mich vergaß, mußte ich ein Taxi nehmen.

Einige Wochen später kam ich morgens nach Hause und war völlig überrascht, daß all unsere Sachen gepackt waren, weil C.L. nach Las Vegas wollte. So war er nun mal. Es brach mir das Herz. Ich konnte weder meinen Job kündigen und mein Gehalt abholen, noch mich von Miguel verabschieden. Ich konnte ihm noch nicht einmal Bescheid geben, denn C.L durfte auf keinen Fall erfahren, daß ich einen Freund hatte, da er mir ohnehin ständig vorwarf, herumzuhuren. Auch wenn ich arbeitete, durfte ich keine Freunde haben, weder Mädchen noch Jungen. Ich weinte auf dem ganzen Weg durch die Wüste.

Die eigenartige Schönheit der Wüsten in Arizona faszinierte mich trotz ihrer Kargheit. Überall gab es Kakteen und herrliche Berge, aber keine Bäume. Dann bemerkte ich plötzlich etwas, das wie kleine Höhlen in den Felsen aussah. „Was ist das?" fragte ich Mom. Sie erklärte mir, daß hier Indianer wohnten. Sie lebten nicht in Zelten, sondern in Höhlen, die sie in die Berghänge gegraben hatten. Über lange Leitern gelangte man hinein. Bei einem Shop im Indianerreservat hielten wir an, um uns die ausgestellten Waren anzusehen. Die handgefertigten Schmuckstücke aus Silber und Türkis waren berühmt. Die meisten Bewohner gehörten zum Stamm der Navajo, es gab aber auch einige Hopi-Indianer. Ich interessierte mich mehr für die Behausungen und die Malereien auf den Felswänden als für den Schmuck, wußte ich doch, daß diese Zeichnungen die Geschichte der Indianer erzählten. Ich wünschte, ich hätte sie lesen und verstehen können.

Ich fand einen großen Felsbrocken, der aussah, als würde auf seiner Oberseite Feuer gemacht. Ich kletterte hinauf und setzte mich. Wie aus dem Nichts erschien plötzlich ein alter Indianer. Um ihn trotz der strahlenden Sonne genauer betrachten zu können, legte ich die Hand über meine Augen und sagte schüchtern: „Hallo." Genau in diesem Moment flog ein Adler über uns hinweg und stieß einen Schrei aus. „Seltsam, wie in einem eigenartigen Film", dachte ich. Er nickte mir zu und setzte sich neben mich. Ich wußte nicht, ob er überhaupt Englisch verstand. Er trug Kleidung aus Wildleder: Hosen mit einem Lendentuch, das von der Taille herunterhing, und einen wunderschönen Gürtel, der mit blau-weißen und roten Perlen bestickt war. Sie stellten Spinnen auf einem schwarzen Untergrund aus Perlen dar. Drei Federn, eine weiß-blaue, eine schwarze und eine weiße hingen an einem Lederriemen auf seinen Rücken herab. Sie paßten farblich genau zu seinem Stirnband. Er trug einen Mittelscheitel, und sein stahlgraues Haar reichte fast bis zur Hüfte. Sein Gesicht war vom Alter und den Witterungseinflüssen gezeichnet. Er hatte freundliche, goldbraun leuchtende Augen und eine leicht gekrümmte Nase. Er roch nach Leder, Erde und Bäumen.

Lächelnd entblößte er seine ebenmäßigen weißen Zähne und sagte: „Ich fühle großartige Energie, die dich umgibt." Ich brachte nur ein „Dankeschön" heraus. „Du wirst hier viel leisten. Du bist von den Ahnen der Menschen geschickt worden." Nach einer Pause fuhr er fort: „Dein Weg ist schwierig, aber er wird dich stark machen!" Ich bemerkte, daß er beim Sprechen die Hände ganz ähnlich bewegte, wie ich das von der Venus kannte. „Du wirst vielen Menschen helfen, den Großen Geist zu verstehen, der alles verbindet. Es ist eine Ehre für mich, dich zu treffen. Unsere Prophezeiungen haben dein Kommen vorhergesagt. Du bist die Große Weiße Hoffnung der Zukunft." Ich rang nach Luft: „Das soll ich sein?" – „Zweifle nicht an deinem Schicksal! Akzeptiere, was geschehen soll. Bleibe immer stark und schätze dich glücklich."

Mit diesen Worten erhob er sich, und ich sprang auf: „Es hat mich gefreut, Sie kennenzulernen. Ich heiße Sheila, nein Omnec", sprudelte ich hervor. Er nahm meine kleine Hand in seine großen wettergegerbten Hände. „Man kennt mich unter vielen verschiedenen Namen. Einer ist Häuptling Nawa Laki." Dann legte er einen Ring in meine Hand. Er war aus Silber, mit einem kleinen roten Blutstein und einem etwas größeren Türkis. Es sei ein Symbol des Spinnen-Clans der Hopi, erklärte er mir.

Ich sah ihm nach, wie er langsam davon ging. Donnerwetter, ein echter Häuptling! Dies war sicherlich kein Traum, denn ich hatte ja sein Geschenk, den Ring! Wieso habe ich ihm nur meinen richtigen Namen genannt? wunderte ich mich über mich selbst und ging zurück zu Mom und C.L. Doch ich erzählte niemandem etwas von diesem Erlebnis und versteckte den Ring in meinem Koffer.

Vor unserer Abreise hatte C.L. seinen Wagen gegen einen alten Ford aus dem Jahr 1949 eingetauscht. Ich fand ihn gräßlich und kam mir in diesem Wagen albern vor, weil er so alt war und wir so hoch aufgerichtet darin saßen. Bis wir schließlich Nevada erreichten, hatten wir ihn praktisch generalüberholen müssen und dafür fast unser ganzes Geld ausgegeben. Alle paar Stunden ging etwas kaputt und mußte repariert werden. Da C.L. diese Arbeiten wegen seiner wunden Hände nicht machen konnte, mußte ich die meisten Reparaturen erledigen. Ich erneuerte die Bremsbeläge, tauschte die Benzinpumpe und den Ölfilter aus und etliche andere Dinge, von denen ich noch nie gehört hatte. Ich fing an, ein richtiger Automechaniker zu werden.

In der Nähe von Flagstaff in Arizona hielten wir an einem Rastplatz, um über einem offenen Feuer Essen zu machen. C.L. hielt eine Metallsäge in der Hand und wollte etwas am Wagen reparieren. Er und Mom hatten schon den ganzen Tag getrunken und gestritten. Ich war mit den Nerven am Ende. Als ich sah, daß C.L. ihr die Säge auf den Kopf schlug, drehte ich durch. Ich kletterte auf einen Felsbrocken in der Nähe und weinte und schrie. Ich würde nicht eher herunterkommen, bis sie aufhörten zu streiten. Ich hielte das nicht länger aus! So betrunken wie sie waren, bettelten und flehten sie mich an, wieder herunterzukommen. Sie würden nie wieder streiten – versprochen! Ich wußte, daß sie dieses Versprechen nicht lange halten würden. Ich war nur froh, daß Mom nicht ernsthaft verletzt war.

So ging das auf jeder Reise, die beiden tranken jeden Tag vier bis fünf Flaschen Wodka, und der Wagen sah aus wie ein Schnapsladen. Mehrmals täglich sagte C.L. zu Mom: „Gib dem Kind 'nen Drink!" Dann würgte ich das Zeug herunter, um ihn bei Laune zu halten. Ich versuchte immer, jeden Streit zu vermeiden.

Die Hälfte der Zeit mußte ich den Wagen lenken, während C.L. im Vollrausch Gas- und Bremspedal bediente. Ich stand Todesängste aus. Auch abends gab es keine Pause. Eines Nachts fuhren wir in einen Graben, und das Auto landete auf dem Dach. C.L. und Mom waren so betrunken, daß sie sich an nichts erinnerten, nicht einmal daran, daß uns der Abschleppwagen aus dem Graben gezogen hatte. Ich sei eine Lügnerin, behaupteten sie, obwohl sie keine Erklärung für die Beulen und Kratzer auf dem Wagendach finden konnten. Sie erinnerten sich ebensowenig an unseren nächsten Unfall. Jemand rammte unser Auto von hinten, und ich flog fast über den Vordersitz. Zum Glück wurde niemand verletzt, jedenfalls nicht physisch.

Ein paar Meilen vor dem Boulder-Staudamm gab der alte Ford endgültig seinen Geist auf. Wir warteten in der glühenden Wüstenhitze, während C.L. zu Fuß losging, um Hilfe zu holen. Er brachte Wasser für das Kühlsystem mit, aber das half auch nichts mehr. Nach unerträglich langer Zeit hielt endlich ein netter Mensch an, um nachzusehen, was wir für Probleme hätten. Er schob uns schließlich den restlichen Weg bis zum Staudamm und auf die andere Seite.

Ich fand den Damm sehr beeindruckend. Er war so riesig, geradezu majestätisch stand er zwischen den beiden steilen Felswänden! Und ich mochte die Wüste, ihre Weite, die farbenfrohen Pflanzen und die Stille bei Nacht. Doch am meisten liebte ich den ewig blauen Himmel und die trockene Hitze des Tages. Hier fühlte ich mich meinen Leuten von der Venus näher als irgendwo sonst auf der Erde. Nevada war der erste Staat, den ich bei meiner Ankunft in den USA gesehen hatte. Hier irgendwo in der Nähe war das Raumschiff in jener denkwürdigen Nacht vor fast neun Jahren gelandet. Mit diesem Gedanken kamen auch all meine wundervollen Erinnerungen an meine wahre Heimat zurück. „Danke, Höchste Gottheit“, flüsterte ich. Ich hielt nach Raumschiffen Ausschau und hoffte, es würde eines landen. Ich fragte mich mit Tränen in den Augen, ob mein Leben jemals besser werden würde. Ich fühlte mich einsam und verlassen, verwirrt und deprimiert.

Wir rollten die Straße in Richtung Boulder City hinunter. Irgendwann blieb der Wagen stehen. C.L. überlegte, was wir nun tun sollten. Er gab Mom die Schuld an allem, sogar dafür, daß der Wagen nicht mehr fuhr. Seine Logik war mir zu hoch. Ich war nur noch ein Nervenbündel. Alles war stets die Schuld von anderen. Und wenn ich nicht zustimmte, war es meine Schuld, und er schlug mich so lange, bis ich alles zugab.

Selbst in dieser ausweglosen Situation gab C.L. Geld für Wodka aus. Ich trank auch etwas davon, denn es gab Wodka oder gar nichts, wie er sich ausdrückte. Die Sonne ging langsam unter, und wir begannen, uns Sorgen zu machen. Wo würden wir die Nacht verbringen? Was würden wir zum Frühstück essen? Und was war mit dem Abendessen?

In diesem Moment hielt ein Kombi neben uns. Ein riesiger Bursche mit einem fröhlichen Gesicht stieg aus:“ Brauchen Sie Hilfe?“ fragte er und stellte sich vor: „George Fishman.“ Stundenlang versuchten er und C.L., den Wagen wieder flottzumachen, aber es gelang ihnen nicht. Inzwischen hatte C.L. unsere Notlage sehr deutlich gemacht. Deshalb lud uns George zum Abendessen zu sich nach Hause ein.

Seine Familie lebte am Stadtrand von Boulder City. Vom Hinterhof aus konnten wir Lake Mead mit den imposanten Felsen in der Mitte sehen. C.L. fühlte sich gleich wie zu Hause. Georges Vater und er wurden schnell Freunde. Er führte die Unterhaltung. Ich für meinen Teil fühlte mich bei seinen Schwindeleien sehr unbehaglich.

C.L. entwickelte einen Plan, Zäune zu verkaufen. Das war tatsächlich eine gute Idee hier in Nevada, denn es gab bisher nur wenig Konkurrenz in diesem Geschäftszweig.

Wir blieben einige Wochen bei den Fishmans. In dieser Zeit gab der alte Mann 6000 Dollar aus, um C.L. bei seinem beruflichen Neustart zu unterstützen. Er kaufte ihm unter anderem einen fabrikneuen Lieferwagen mit Allradantrieb. Ich mochte Georges Vater sehr; die ganze Familie war so gütig und hilfsbereit. Ich fürchtete mich bloß vor dem Tag, an dem C.L. mit allen Sachen verschwinden würde, doch ich wußte nicht, was ich dagegen hätte tun können.

Zu meiner Überraschung und Freude gingen Mom und C.L. sehr friedlich miteinander um und machten einen glücklichen Eindruck. Aber es dauerte nicht lange, bis mir klar wurde, daß C.L. nur schauspielerte, um die Fishmans zu beeindrucken. Und unser Leben blieb nicht etwa so oder wurde gar erträglich, nein, es wurde noch viel schlimmer.

Bild 5: Omnec mit 12

Bild 6: Donna, Omnec's irdische Mutter.

Kapitel 4

Arbeit im Krankenhaus • Lernen, was Mißbrauch bedeutet

C.L. verkaufte Zäune, und das Geschäft lief sehr gut. Eine Zeitlang arbeitete er auch als Schweißer, weil das schnelles Geld einbrachte, und C.L. liebte Geld. Er hatte Probleme mit der Leber. Dadurch entstanden auf seinen Händen offene, wunde Stellen. Mich überraschte das nicht. Jeden Tag fuhr er mit Mom 15 Meilen, um Alkohol zu kaufen, denn Boulder City war eine „trockene" Stadt.

C.L. war der Teufel in Person, wenn es ihm gut ging, aber noch gemeiner war er, wenn er krank war. Er fand immer etwas, wofür er uns anbrüllen konnte. Mom und ich fühlten uns mehr wie seine Dienstboten denn als seine Familie.

Ich hatte keine Freunde, weil er mich nie aus den Augen ließ, außer an meiner Arbeitsstelle. Wenn ich einkaufen ging, mußte ich mich sputen, denn falls ich nicht innerhalb von fünf Minuten zurück war – egal wie voll der Laden war –, bekam ich Prügel. So sah mein Leben aus, ich lebte in ständiger Angst.

Als Mom und ich hörten, daß das Boulder City Hospital zwei Helferinnen bei guter Bezahlung suchte, gaben wir sofort unsere Jobs als Kellnerinnen auf. Wir liebten unsere neue Tätigkeit im Krankenhaus, obwohl wir dort Bettpfannen leeren, Einläufe machen und die Patienten baden mußten. Am meisten zählte, daß wir den ganzen Tag nicht mit C.L. zusammen waren. Morgens begannen wir damit, Puls, Blutdruck und Temperatur zu messen.

Wir machten die Betten, servierten Mahlzeiten und taten alles, was die Schwestern uns auftrugen.

Ich werde nie den Tag vergessen, an dem eine Schwester mir den Auftrag gab, einen Einlauf zu verabreichen. Wie das geht, hatte man uns gezeigt, nun sollte ich es zum ersten Mal selbst tun. Die Schwester zeigte auf eine Tür. Mit zitternden Knien betrat ich das Zimmer. Dann sah ich die Patientin und fiel vor Schreck fast in Ohnmacht. Sie wog mindestens 250 Kilo! Lieber Himmel, ich hatte noch nie eine so dicke Frau gesehen, und nun sollte gerade ich ihr einen Einlauf machen. Mit meinen 15 Jahren wog ich gerade mal 50 Kilo, und weil ich so dünn war, hatte ich das Gefühl, daß dicke Menschen mich nicht mochten. Ich wußte, daß sie entweder Stoffwechselprobleme hatten oder einfach nur dick waren, so wie ich eben dünn war. Diejenigen mit gesundheitlichen Problemen taten mir immer leid.

Die Patientin trug ein offenes Hemd und lag mit dem Rücken zu mir. Ich marschierte auf sie zu und tat so, als würde ich diese Arbeit jeden Tag machen. Ich schob den Schlauch zwischen ihre fleischigen Hinterbacken und schob und schob. Nichts geschah. „Was habe ich nur falsch gemacht?“ fragte ich mich. „Das Zeug kommt nicht so raus wie es soll.“ Normalerweise erfolgt die Entleerung durch den Innendruck im Körper. Ich entschloß mich nachzusehen und spreizte das Gesäß. Oh nein! Es drehte mir den Magen um: Der Schlauch hatte sich in einer Speckfalte aufgerollt. Das war mir ungeheuer peinlich, und ich brachte alles durcheinander, so daß die Flüssigkeit sich schließlich über den Rücken der Patientin und über mich ergoß. Sie nahm es freundlich hin und lachte schallend darüber, ich aber rannte schamrot aus dem Zimmer. Von dem Tag an versteckte ich mich immer im Besenschrank, wenn Einläufe an der Reihe waren.

Als nächstes lernte ich, wie man Patienten auf eine Operation vorbereitet. Ich hatte es nie zuvor gesehen, deshalb sollte mir eine Schwester zeigen, was zu tun war. Im letzten Moment wurde sie weggerufen. Meine Patientin war eine alte Dame, der die Gebärmutter entfernt werden sollte. Ich ging zu ihr, in der Hand den Rasierer und eine Schüssel mit Wasser, die die Schwester mir gegeben hatte. „Wie soll ich das bloß ohne Seifenschaum machen?" wunderte ich mich. Also ging ich ins Bad, schäumte mir die Hände ein und begann mit der Arbeit. Aber irgend etwas lief falsch. Die alte Dame begann, unruhig hin und her zu rutschen. Sie versuchte, nach dem Rasierer zu greifen, und rief um Hilfe. Ich war verwirrt und wußte nicht, was los war. Eine Schwester stürzte herein und schob mich auf den Flur. Die Patientin war sehr aufgebracht.

„Was hast du bloß mit ihr gemacht?" fragte mich die Schwester, als sie herauskam. „Ich habe sie mit den Händen eingeseift. Man kann doch niemanden ohne Schaum rasieren", antwortete ich. Sie fing an zu lachen. „Sheila, weißt du denn nicht, daß man keine Seife verwendet? Du darfst die Patienten da unten nicht so einreiben! Die Frau dachte, du wärst lesbisch." – „Ja, und was bedeutet das?" fragte ich sie, denn ich wußte nicht, was mit „lesbisch" gemeint war. Nachdem die Schwester es mir erklärt hatte, war es mir so peinlich, daß ich den Raum nicht mehr betrat. Und die Patientin gab strikte Anweisung, mich von ihr fernzuhalten.

Das nächste Erlebnis brachte uns beide in Schwierigkeiten. Mom und ich wären fast gekündigt worden. Wir stritten darüber, wer die Spinne an der Wand im Zimmer eines Patienten totschlagen sollte – wir hatten beide Todesangst vor Spinnen. Mom gab schließlich nach, kletterte auf einen Stuhl und warf ihren Schuh nach der Spinne. Nicht nur, daß sie sich fast den Hals brach beim Herunterspringen, sondern ihr Schuh landete auch noch auf dem gebrochenen Bein des Patienten. Er schrie wie am Spieß, wir wurden rot vor Verlegenheit – und die Spinne entwischte! Jedes Mal, wenn wir danach in dieses Zimmer mußten, warf uns der alte Mann böse Blicke zu, wir aber fürchteten uns nur davor, die Spinne könne noch irgendwo auf uns lauern.

C.L.s Übellaunigkeit ließ uns kaum zur Ruhe kommen, doch er trank nicht mehr so viel wie üblich. Der Grund dafür war folgender: Er hatte seit Jahren einen Leistenbruch, und nun sah er eine Chance, daß eine Versicherung die Operationskosten übernahm. Zu diesem Zweck mußte er seinen Alkoholismus natürlich verheimlichen. Jedes Mal, wenn ein Lkw an der Baustelle vorbeifuhr, auf der er als Schweißer arbeitete, gab es einen Kurzschluß, und das Licht ging aus. Eines Tages gab er vor, in der Dunkelheit zu stolpern und zu stürzen.

C.L. war bis zu diesem Tag ruhiger als gewöhnlich. Er und Mom waren nicht mehr ganz so häufig betrunken, aber es war noch schlimm genug. Denn jedes Mal, wenn Mom betrunken war, behauptete sie, ich hätte mit C.L. geschlafen. Und C.L. verlangte von mir, genau das endlich mit ihm zu tun. Ich weinte. Er wurde immer zudringlicher, und ich haßte das, aber mir blieb nichts anderes übrig, als ihn einfach zu ignorieren. Am allerwenigsten konnte ich Mom davon erzählen. Schließlich war sie es, die mit den Vorwürfen angefangen hatte! Wenn ich nicht über etwas weinte, was C.L. gerade tat, dann weinte ich über etwas, das er zuvor getan hatte. Es gab unzählige Dinge, über die ich weinte. Das Allerschlimmste geschah an dem Tag, den ich niemals vergessen werde:

Jeden Morgen mußte ich C.L. den Kaffee und die Zeitung ans Bett bringen, weil er krank sei, wie er sagte. Ich wollte gerade wieder in mein Zimmer gehen, da hörte ich ihn rufen: „Sheila!" – „Was willst du?" – „Komm sofort hierher!" – „Du hast doch schon deinen Kaffee und die Zeitung, was ist jetzt noch? Ich möchte schlafen gehen", rief ich zurück.

„Verdammt, komm her!" brüllte er. „Sonst ziehe ich dich an den Haaren hier herein!"

Gewalttätig wie er war, traute ich ihm das zu, und ich bekam Angst. Wir waren allein, Mom war zur Arbeit im Krankenhaus. „Was hab' ich denn jetzt schon wieder falsch gemacht?" dachte ich und ging zurück ins Schlafzimmer. C.L.s Augen durchbohrten mich.

„Komm zu mir ins Bett", befahl er. „Nein!" – „Zum Teufel

mit dir, komm sofort ins Bett!“ schrie er. „Nein, C.L., das tue ich nicht!“ rief ich.

Ich war wie gelähmt vor Entsetzen. Ich hätte nie gedacht, daß sich ein kranker Mann so schnell bewegen kann. Blitzschnell sprang er aus dem Bett und packte mich. Ich versuchte, mich zu wehren, aber gegen diesen brutalen Menschen hatte ich keine Chance. Meine Gegenwehr machte ihn nur noch wütender. Mit einer Hand riß er mir den Schlafanzug vom Körper und schlug mir mit der Faust so fest auf den Kopf, daß ich hinfiel. Ich glaubte, er wolle mich umbringen. Widerstandslos ließ ich alles über mich ergehen. Er tat mir entsetzlich weh, und ich schrie und weinte. Ich konnte einfach nicht mehr aufhören. All meine Gefühle – Entsetzen, Scham und Todesangst – überwältigten mich. Ich kniff meine Augen fest zusammen und hoffte, daß dies nur ein Alptraum wäre.

Als alles vorbei war, stand C.L. wortlos auf und ging ins Bad. Ich rannte in mein Zimmer, warf mich aufs Bett und schluchzte in mein Kopfkissen. Es war ihm offensichtlich egal, wie ich mich fühlte, daß er mir weh getan und mich benutzt hatte. Wie ich diesen Mann verabscheute! Dann hörte ich seine Stimme: „Wenn du es deiner Mutter erzählst, werde ich behaupten, du hättest mich verführt. Sie wird dich dafür hassen. Und du weißt, daß sie dir niemals glauben wird.“

Ich weinte so lange, bis meine Tränen versiegten und ich erschöpft einschlief. Ich hätte so gern mit meiner Mutter gesprochen, als sie nach Hause kam, fürchtete mich aber vor ihrer Reaktion. Und wenn C.L. es ihr selbst sagte, so würde sie ihm glauben! Ich schauderte. Immerhin beschuldigte sie mich schon seit zwei Jahren immer wieder, mit C.L. zu schlafen.

Ich hatte niemanden, an den ich mich wenden konnte. Ich begriff, daß alle Menschen mir die Schuld geben würden, was übrigens bis heute häufig der Fall ist, wenn ich über dieses Erlebnis spreche. Der Grund, warum ich mit niemandem sprach, war die Angst vor Ablehnung und Verurteilung.

In der folgenden Zeit begann C.L., mir Drinks anzubieten. Bereitwillig trank ich ein Glas nach dem anderen. Der Alkohol war eine Flucht aus der Realität und half mir, die Ereignisse auszublenden und zu vergessen. Fast täglich sagte C.L. zu mir: „Komm, wir fahren in die Wüste." Ich wußte, was das bedeutete. Die meiste Zeit war ich jedoch zu betrunken, um mich an Einzelheiten zu erinnern. Nachts weinte ich. Ich litt unbeschreiblich, brachte es aber einfach nicht fertig, meiner Mutter die Wahrheit zu sagen.

Ich wandte mich an meine Leute von der Venus: „Warum helft ihr mir nicht? Laßt mich nicht mehr so leiden." Sie antworteten, ich hätte keine andere Wahl, als weiterzumachen. Lange Zeit habe ich sie nicht verstanden. Sie erschienen mir grausam, ich dachte, sie hätten mich im Stich gelassen. Ich beobachtete ihre Raumschiffe am nächtlichen Himmel und hörte ihre Botschaften: Ich müsse stark sein, und durch mein Leid werde etwas ausgeglichen, das ich in der Vergangenheit getan hatte. C.L. sei ein kranker, verwirrter Mann, und ich solle Mitgefühl für ihn empfinden. Als Seele wisse er, daß er falsch handele, aber er habe die Kontrolle über seinen Geist und seinen Körper verloren und sei besessen.

Ich stellte fest, daß seine normalerweise grauen Augen eine gelblich-grüne Farbe annahmen, wenn er gewalttätig wurde. Manchmal bat er mich jedoch, ihm aus der Bibel vorzulesen, und das beruhigte ihn. Er begann dann zu weinen und sagte, er wisse selbst nicht, warum er so aggressiv sei. Schuldbewußt sprach er dann von Dingen, die er getan hatte, um anderen Menschen Schmerzen zuzufügen.

Später erinnerte ich mich an eine Geschichte, die C.L.s Mutter mir einmal erzählt hatte. Während der Depression lebte die Familie in einem alten Eisenbahnwaggon, weil sie wenig Geld hatten. C.L. war damals etwa drei Jahre alt. Er schlief in seinem Bett, als eines Nachts ein heftiges Gewitter tobte. Das Licht erlosch für kurze Zeit, und C.L. stieß einen gräßlichen Schrei aus.

Entsetzt lief seine Mutter zu ihm. Er weinte nicht, schien sich nur vor dem Gewitter zu fürchten. Aber nach dieser Nacht wurde aus dem netten kleinen Jungen eine fordernde und manchmal grausame Person. Die Mutter bemerkte die Veränderung sofort, denn seit diesem Vorfall bestand ihr Sohn darauf, immer einen Hut zu tragen. Er wollte nur noch C.L. genannt und nicht mehr mit seinem Geburtsnamen Clarence Lee angesprochen werden. Die Erinnerung an seinen unheimlichen Schrei ließ die Mutter nicht mehr los, und sie war davon überzeugt, daß in jener Nacht eine fremde Energie von ihm Besitz ergriffen hatte. Vielleicht war das eine Erklärung für sein ungewöhnliches Benehmen.

C.L. war besessen! Nun wurde mir einiges klar. Er ließ mich keine Sekunde aus den Augen. Ich durfte nicht einmal allein einkaufen gehen. Er schleppte mich überall hin mit, wohin er auch ging. Bereitwillig trank ich jeden Wodka, den er mir anbot. Ich weiß nicht, wie oft C.L. mich vergewaltigte. Mein Leben hatte jeden Sinn verloren, es war mir gleichgültig, ob ich lebte oder starb.

Eines Tages wachte ich in einem nassen Badeanzug auf und warf zufällig einen Blick auf den Kalender. Es war Oktober! C.L. hatte mich im September zum ersten Mal mißbraucht. Das bedeutete, daß ich fast einen ganzen Monat lang betrunken gewesen war und mich an nichts mehr erinnern konnte. Mom erzählte mir, daß ich schwimmen gegangen sei und Autofahren geübt hätte. Ich wußte nichts davon, schon gar nicht, daß ich jemals gelernt hätte, wie man ein Auto fährt.

Meine Mutter war natürlich entsetzt, als sie merkte, wieviel ich trank. Sie nahm an, daß ich aus dem gleichen Grund trank, aus dem sie selbst mit dem Trinken begonnen hatte – um C.L.s Gemeinheiten zu ertragen.

Jedes Mal, wenn C.L. nicht zu Hause war, saßen wir zusammen und wünschten uns, ihm möge etwas zustoßen, auf daß er nie mehr nach Hause käme. Und wir schmiedeten einen Plan: Sobald er wegen seiner Bruchoperation im Krankenhaus wäre, wollten wir fliehen.

Bild 7: Omnecs letztes Schuljahr.

Sie ist 14.

Kapitel 5

Mißhandlungen • Mein Selbstmordversuch • Die Flucht gelingt • C.L.s Verhaftung • Meine Aussage • Polizeischutz

Eines Abends gegen acht kam ich nach Hause und wußte sofort, daß Mom und C.L. wieder eine Auseinandersetzung gehabt hatten. Mom saß im zerrissenen Bademantel völlig apathisch auf dem Sofa. „Was ist passiert?“ fragte ich sie besorgt. Sie sah mich nur mit leerem Blick an und gab keine Antwort. Da wurde an die Haustür geklopft. Ich öffnete und traute meinen Augen nicht. Vor mir stand der Verkäufer vom Getränkeladen mit einer Flasche Wodka in der Hand.

Ich flüsterte und hoffte, daß C.L. mich nicht bis ins Schlafzimmer hörte: „Das ist wirklich nicht der richtige Zeitpunkt, um dieses Zeug anzuliefern. Wenn Sie wüßten, was hier los ist, würden sie ihnen überhaupt keinen Alkohol mehr verkaufen.“

Er trat ins Zimmer und fragte leise: „Warum? Was ist denn passiert?“

„Sie hatten gerade einen furchtbaren Streit. Wissen Sie, Mom und C.L. trinken nicht zum Spaß. Sie betrinken sich jeden Tag!“

„Oh, das tut mir leid. Wenn ich das gewußt hätte, wäre ich selbstverständlich nicht gekommen“, sagte er ernst und setzte sich auf einen Stuhl neben der Tür. Leise erzählte ich ihm, daß ich selbst gerade erst nach Hause gekommen sei und auch nicht wisse, was vorgefallen sei.

In diesem Moment torkelte C.L. ins Zimmer. „Du glaubst

wohl, ich könnte dich nicht hören, was? Hinter meinem Rücken herumhuren, jawoll. Euch beiden werde ich es zeigen. Die Kehle werde ich euch durchschneiden, wirst schon sehen!“ Mit diesen Worten schnappte er sich ein langes, dünnes Messer vom Küchenschrank und stolperte auf meine Mutter zu. Blitzschnell stellte ich mich vor sie. „C.L., bitte, laß sie in Ruhe!“ flehte ich ihn an. „Dir schneide ich auch die Kehle durch, genauso schnell wie ihr!“ brüllte er und starrte mich mit haßerfüllten Augen an. Schnell schob ich Donna ins Schlafzimmer und schloß die Tür hinter ihr. C.L. zögerte, völlig verblüfft, daß ich den Mut aufbrachte, ihm die Stirn zu bieten. Dann schrie er: „Du kleines Miststück, ich bring' dich um!“

Der Mann vom Getränkeladen hatte bisher nur fassungslos zugesehen, jetzt sprang er auf, um mir zu helfen. „Nein, bitte nicht!“ rief ich. „Machen Sie einfach das Licht aus und gehen Sie. Mischen Sie sich bloß nicht ein!“

C.L. stand schwankend vor mit. Er würde mich umbringen, da konnte er so betrunken sein, wie er wollte. „Lieber Gott, hilf mir!“ betete ich lautlos, sprang auf ihn zu und rammte ihm meinen Kopf in den Magen, drückte ihn rückwärts gegen die Wand und griff nach seinem Handgelenk. Plötzlich sah ich überall Blut. Ich fühlte nichts, konnte keinen klaren Gedanken fassen. In meiner Panik entwickelte ich Bärenkräfte. Immer wieder schlug ich seinen Arm gegen die Wand, bis er endlich das Messer fallen ließ. Mit letzter Kraft stieß ich ihn seitwärts gegen die Schlafzimmertür, sie sprang auf, und C.L. fiel rückwärts in den Raum. Auf allen Vieren krabbelte er in sein Bett, murmelte unverständliches Zeug und drehte sich auf die Seite.

Völlig erschöpft lehnte ich mich an die Wand. Mit zitternden Knien hob ich das Messer auf und sah ins Schlafzimmer. „Na los doch“, lallte C.L., „nun stich schon zu.“ – „Nein, C.L., ich bin nicht wie du“, sagte ich. „Ich bin gescheiter als du. Ich will keine Rache, weil ich weiß, was das für Konsequenzen hat.“ Er war viel zu betrunken, um meine Worte zu verstehen.

Ich ging zurück ins Wohnzimmer und goß ein großes Glas Wodka ein. Ich würde ihn sicher nicht umbringen, aber der Schnaps würde ihn wenigstens bewußtlos machen.

„He, du bist verletzt, du bist voller Blut!" hörte ich da die Stimme des Getränkemanns. „Nein", erwiderte ich, „mit mir ist alles in Ordnung. Er wird sich wohl verletzt haben." In diesem Moment hörte ich, wie C.L. offenbar meine Mutter würgte. „Gott, hört er denn nie mehr auf?" rief ich und lief mit dem Drink ins Schlafzimmer. Er leerte das Glas mit einem Zug und fiel krachend ins Bett zurück. Sekunden später war er eingeschlafen.

Völlig erschöpft und am ganzen Körper zitternd ging ich zurück ins Wohnzimmer und ließ mich aufs Sofa fallen. „Du bist doch verletzt, sieh mal, dort!" hörte ich den Getränkemann sagen, während er auf einen blutenden Schnitt an meiner Seite zeigte.

Als ich einige Stunden später aus dem Krankenhaus zurückkam, schliefen Donna und C.L. tief und fest. Die Wunde war mit drei Stichen genäht worden. Ich ging in mein Zimmer und setzte mich aufs Bett. Verzweifelt, wie ich war, dachte ich, dieses Leben keinen Tag länger mehr auszuhalten. Ich hatte alles versucht, war brav und gehorsam gewesen, aber die Auseinandersetzungen wurden immer schlimmer. Jetzt gingen sie schon mit Messern und zerbrochenen Bierflaschen aufeinander los. Wann würde das alles ein Ende haben? Vielleicht heute Nacht?

Ich war so verwirrt, verzweifelt und verletzt durch alles, was in den letzten Monaten geschehen war, daß ich mich wieder einmal in den Schlaf weinte. Allerdings befanden sich in dieser Nacht in meinem Magen etliche Schlaftabletten, die ich mit einem großen Glas Alkohol hinuntergespült hatte. Ich bat Gott und meine Leute um Vergebung für diese Verzweiflungstat. Ich wußte, daß Selbstmord keine Lösung ist, aber in diesem Moment sah ich keinen anderen Ausweg. Langsam dämmerte ich in den Schlaf hinüber.

Ich war ganz sicher, daß ich sterben würde, deshalb war ich am nächsten Tag sehr verblüfft, als ich in meinem Bett erwachte. „Dem Himmel sei dank", dachte ich, „ich darf mich nie wieder so gehenlassen. Ich muß mich immer daran erinnern, daß ich eine Mission hier auf der Erde zu erfüllen habe.“

Alle hatten an diesem Tag sehr lange geschlafen. C.L. erinnerte sich offensichtlich an nichts, und ich hütete mich, ihm irgend etwas zu sagen. Auch Mom gegenüber erwähnte ich die Ereignisse der letzten Nacht mit keinem Wort, weil ich ihr den Kummer ersparen wollte. Es würde ja nicht mehr lange dauern, bis wir beide endlich fliehen konnten. Offensichtlich verschlechterte sich auch C.L.s geistige Verfassung zusehends. Das Leben mit ihm war für Mom und mich so unerträglich, daß wir uns wünschten, er möge sterben – oder wir.

Mehr denn je fühlte ich mich elend und war von diesem gräßlichen Leben völlig verstört. Im Licht meiner Erinnerungen an das wunderbar friedliche Leben auf der Venus sah alles noch entsetzlicher aus. Gleichzeitig wußte ich aber, daß es mein freier Wille war, all diese Schrecken auf mich zu nehmen. Darauf hatten mich all meine venusischen Lehrer wie Kanjuri, Vonic und Odin vorbereitet. Mir war klar, daß diese Vorbereitung mir nun zu überleben half, ohne noch größeren seelischen Schaden zu nehmen. Auch meine Einstellung zu Männern war negativ geprägt, obwohl ich sehr gut wußte, daß die allermeisten Männer völlig anders waren als C.L.

In den wenigen Nächten, in denen ich gedanklich nicht völlig in die Ereignisse jenes schrecklichen Tages verstrickt war, besuchte ich im Traum Arena und Odin. Sie unterstützten mich und machten mir Mut. Mein Leben würde besser werden, versicherten sie mir, auch wenn bis dahin noch einige Jahre vergingen. Dann würde ich auch unsere spirituellen Lehren auf der Erde wiederfinden. Aus all diesen schlechten Erfahrungen werde Gutes entstehen. Irgendwann in der Zukunft würde ich dies verstehen. Viele Menschen auf der Erde hätten ähnlich Schlimmes durchgemacht wie ich, und durch meine schmerzhaften Erfahrungen würden sie mich eher als Mitmensch anerkennen denn als Fremde von einem anderen Stern.

Dann kam plötzlich die Nachricht, daß C.L. einen Termin für seine Operation im Krankenhaus erhalten hatte. Das war unsere Chance, diesem Scheusal endlich zu entkommen! Überglücklich halfen wir ihm, seine Sachen zu packen, und begleiteten ihn dorthin. Als wir jedoch sahen, daß der Leistenbruch ihm starke Schmerzen verursachte, hatten wir Mitleid mit ihm und brachten ihm bei unserem nächsten Besuch eine Schachtel Pralinen mit. Zum Dank begann C.L. zu toben, beschuldigte Mom und mich, uns mit Männern herumzutreiben, und er würgte meine Mutter mitten auf dem Flur des Krankenhauses.

Das brachte sie endlich soweit, das Krankenblatt auszufüllen. Dort waren alle Beschwerden aufzuführen, die vom Arzt untersucht werden sollten. C.L. war damit einverstanden, was sie notiert hatte, aber draußen auf dem Flur fügten wir heimlich noch „auf psychische Störungen testen" hinzu.

Dann jedoch teilte uns der Arzt mit, daß C.L.s Versicherungsschutz für diese Operation nicht ausreiche, und fragte, ob er ihn ins Bezirkskrankenhaus verlegen lassen solle. C.L. würde sich niemals freiwillig in einem Bezirkskrankenhaus operieren lassen, in dem in den USA Menschen mit geringem Einkommen behandelt werden, das wußten wir genau. Aber meine Mutter hatte die rettende Idee. C.L. dürfe auf keinen Fall etwas davon erfahren, wohin er gebracht werde, sagte sie dem Arzt. Er solle C.L. davon überzeugen, daß es zu seinem Vorteil sei, in ein Krankenhaus verlegt zu werden, das über die neueste Technik für diese Art Operation verfüge. Nach kurzem Zögern willigte der Arzt ein. Der Fahrer des Krankenwagens wurde ebenfalls eingeweiht, und nur wenige Stunden später erhielten wir den erlösenden Anruf von Moms Freundin aus dem Krankenhaus: C.L. war auf dem Weg ins Bezirkskrankenhaus. Das war die Gelegenheit für unsere Flucht!

Wir zogen vorübergehend zu einer befreundeten Familie, die in der Nähe in einer Wohnwagenanlage lebte. Überglücklich genossen wir unsere Freiheit. Mom hörte sogar auf zu trinken. Ich hatte sie noch nie so zufrieden erlebt. Auch für mich war es eine gute Zeit: Endlich konnte ich meine Probleme für ein paar Tage vergessen und einfach mit den anderen Kindern spielen. Uns beiden war klar, daß dieses Glück von kurzer Dauer sein und C.L. uns suchen würde. Mißtrauisch, wie er nun einmal war, würde er bald die Wahrheit herausfinden. Mom machte bereits Pläne, Boulder City so bald wie möglich für immer zu verlassen, aber C.L. war schneller.

Eines Abends kam Maria, eine von Moms Kolleginnen aus dem Krankenhaus, völlig außer Atem in unseren Wohnwagen gestürzt: „Donna! C.L. ist raus!“ keuchte sie. Stumm vor Entsetzen starrten wir sie an. „In dem Haus, in dem ihr gewohnt habt, hat er alles kurz und klein geschlagen“, berichtete sie, „die Vorhänge von den Fenstern gerissen und die Matratzen aufgeschlitzt. Er ist völlig durchgedreht! Die Besitzerin hat die Polizei gerufen, aber als sie ankam, stand er schon vor meinem Haus. Er schrie, er sei sicher, daß ich wisse, wo ihr seid. Er drohte, er habe Dynamit im Kofferraum, Messer und Gewehre. Er werde dich und Sheila umbringen, weil ihr ihn ins Bezirkskrankenhaus gesteckt habt und abgehauen seid. Er würde euch schon finden.“ Sie beschwor meine Mutter: „Donna, du hast keine Chance! Ihr müßt so schnell wie möglich hier weg. Du mußt die Polizei verständigen!“

Zitternd vor Angst rief Mom auf der Polizeistation in Boulder City an und schilderte unsere Situation. Maria fungierte als unsere Zeugin. Sie sagte, daß sie das Dynamit und die Waffen gesehen habe und sie ihm zutraue, sie auch zu benutzen. C.L. sei verrückt! Die Polizei rief daraufhin sofort beim Krankenhaus an und gab eine Fahndung nach C.L. heraus. Dann fuhren drei Streifenwagen vor, um uns abzuholen. Wir mußten in den mittleren Wagen einsteigen. „Legen Sie sich auf den Boden!“ befahl uns einer der Polizeibeamten. „Dieser Mann ist gefährlich. Wenn er Sie im Wagen sieht, wirft er womöglich noch mit Dynamit auf uns. Also bleiben Sie bitte liegen!“

Zusammen mit den Polizisten verbrachten wir den Rest der Nacht im Streifenwagen auf dem Parkplatz hinter der Polizeidienststelle. Einer von ihnen sprach beruhigend auf meine Mutter ein: „Wir wissen, daß Ihr Mann gefährlich ist, Mrs. Renald. Abgesehen davon, daß er uns hier in der Stadt schon durch sein seltsames Verhalten aufgefallen ist, haben wir ihn in allen Staaten überprüfen lassen. Den Berichten zufolge hat er bereits eine Menge Straftaten begangen. Aber wir können ihn nur für etwas festnehmen, das er im Staat Nevada begangen hat."

Die Sonne ging schon auf, als wir endlich den Wagen verlassen durften. „Wir haben ihn erwischt und eingesperrt, Mrs. Renald. Sie können jetzt aussteigen." Wir waren grenzenlos erleichtert. „Wie haben Sie das nur geschafft?" fragte Mom den Beamten. „Per Zufall: Der Mitarbeiter einer Tankstelle hielt ihn irrtümlich für einen aus der Psychiatrie entflohenen Patienten, nach dem wir suchen, und rief uns an. Wir haben ihn dann wegen unerlaubten Waffenbesitzes festgenommen und im Keller in eine Zelle gesperrt."

Beim Betreten des Gebäudes hörten wir ihn dort unten toben und schreien. Voller Entsetzen sahen wir uns an. „Haben Sie keine Angst. Er kann Ihnen hier nichts tun. Er ist zwar momentan völlig außer sich, aber wir haben ihn hinter Schloß und Riegel. Allerdings können wir ihn unter dieser Anklage nur 24 Stunden festhalten. Wir haben zwar eine lange Liste von Straftaten, die er begangen haben soll: Betrug, bewaffneter Raubüberfall, illegaler Handel mit Alkohol und anderes mehr. Aber wir müssen etwas haben, das er in Nevada begangen hat, um ihn festhalten zu können, bis die Behörden der anderen Staaten seine Überstellung beantragen. Deshalb müssen Sie uns jedes Vergehen anzeigen, von dem Sie Kenntnis haben."

Ich meldete mich zu Wort: „Also, wir können eine Anzeige machen, daß er meine Mutter mit einem Messer bedroht und mir eine Stichwunde zugefügt hat." Zögernd zeigte ich ihnen meine Narbe. Meine Mutter war sprachlos vor Schreck und sah hilflos zu, wie ich die entsprechenden Papiere ausfüllte. Dann wurden unsere Fingerabdrücke zu den Akten genommen. Wir wollten gerade den Raum verlassen, als der Leiter der Station mich allein in sein Büro bat. „Bitte entschuldigen Sie uns einen Moment", sagte er zu Mom und schloß die Tür hinter uns.

„Hm, Sheila, könntest du mir bitte ehrlich die folgende Frage beantworten: Hat C.L. dich jemals vergewaltigt?"– „Nein, natürlich nicht!" stieß ich automatisch hervor. „Bitte, Sheila, du brauchst keine Angst zu haben und kannst mir ruhig die Wahrheit sagen. Er kann dir nichts mehr tun. Vergewaltigung ist ein schweres Verbrechen in Nevada. Nicht einmal aufgrund des Familienstreits und des Angriffs mit dem Messer können wir ihn lange festhalten. Das wird vom Gesetz nur als Körperverletzung gewertet. Wenn er dann wieder freikommt, wird es für uns und auch für dich und deine Mutter erst richtig gefährlich. Du mußt mir also schon die Wahrheit sagen, so lange dazu noch Zeit ist."

Ich schwieg. Meine Gedanken überschlugen sich. Was sollte ich nur tun?

„Sieh mal, Sheila, ich bin kein Dummkopf. Boulder City ist eine Kleinstadt, und da kennt jeder jeden. C.L.s merkwürdiges Verhalten ist mir schon öfter aufgefallen. Ich habe dich nie allein gesehen, immer war er dabei und ließ dich keinen Moment aus den Augen. Und dann die Art, wie du vom Supermarkt sofort wieder nach Hause gehst, das ist wirklich eigenartig. Ich habe dich auch nie mit jungen Leuten in deinem Alter zusammen gesehen. Kein normaler erwachsener Mann behandelt seine Tochter auf diese Weise. Ich war mir ziemlich sicher, daß etwas nicht in Ordnung ist, aber die Polizei kann nur etwas unternehmen, wenn wir eine schriftliche Aussage von dir haben."

„Ja, Sie haben recht", schluchzte ich. Unter Tränen berichtete ich ihm alles, was C.L. mir damals an diesem grauenvollen Tag und in den Wochen danach angetan hatte. Vieles hatte ich schon fast aus meiner Erinnerung verdrängt, weil ich mich einfach nicht daran erinnern wollte!

„Aber warum hast du deiner Mutter denn nichts gesagt?" wollte er wissen. So gut ich konnte, erzählte ich ihm die ganze verworrene Geschichte über Pap und Mom und C.L. Mit ernstem Gesicht hörte er mir aufmerksam zu, verließ kurz den Raum und rief mich dann zu sich auf den Flur. Dort saß meine Mutter, tränenüberströmt und erschüttert. „Kind, warum hast du mir denn nie etwas davon gesagt, was C.L. dir angetan hat?" fragte sie mich voller Entsetzen.

„Mommy, ich hatte Angst, weil ich dachte, du würdest mir nicht glauben, sondern C.L., und mich dafür hassen. Und ich wollte nicht, daß du mich haßt." Stockend brachte ich die Worte hervor. „C.L. hat gesagt, du würdest ihm glauben, wenn er dir sagt, daß ich ihn verführt habe, mit mir zu schlafen." Sie umarmte mich und hielt mich fest ans sich gedrückt. Wir weinten beide, und sie schluchzte: „Sheila, ich werde dich niemals hassen. Wenn ich einen Menschen hasse, dann ihn! Hätte ich das gewußt, ich hatte ihm eigenhändig eine Kugel in den Kopf gejagt! Ich weiß, daß dich keine Schuld trifft, denn es stimmt: Ich habe dir immer Vorwürfe gemacht, weil ich so eifersüchtig war. Aber es wäre dennoch besser gewesen, wenn du mir die Wahrheit gesagt hättest. Dann wäre mir vieles klarer geworden. Sheila, ich liebe dich mehr als mein Leben!"

Wir sahen uns an. Mom war völlig verstört und gab sich die Schuld an allem, was in der letzten Zeit vorgefallen war. Nun wurde ihr auch plötzlich klar, warum ich plötzlich angefangen hatte, Alkohol zu trinken.

Die Polizei brachte mich umgehend ins Krankenhaus zur Untersuchung. Wie demütigend ich das empfand. Ich war noch so jung und hatte hier mit diesen Leuten zusammengearbeitet. Der Arzt war sehr einfühlsam bei allem, was er tat, und teilte nachher meiner Mutter mit, daß ich keine Jungfrau mehr sei und daß die Defloration erst vor kurzer Zeit stattgefunden hätte.

Dann fuhren wir zurück zur Polizeistation. Im Büro des Leiters sollte ich meine Aussage zu Protokoll geben. „Sheila, es tut mir so leid, und ich weiß, wie unangenehm das für dich ist. Aber du mußt alle Details in deinen eigenen Worten selbst aufschreiben, damit dein Bericht auch vom Gericht anerkannt wird."

Langsam schrieb ich Wort für Wort nieder, was C.L. an diesem Morgen getan hatte. Schaudernd erinnerte ich mich daran, wie er mich geschlagen und meinen Schlafanzug zerrissen hatte, wie ich hilflos weinend dagelegen hatte, während er mich niederdrückte und immer wieder fragte: „Ist das nicht schön?"

„Das genügt, Sheila", sagte der Chef schließlich, „mit dieser Aussage können wir ihn weiter festhalten. Und nicht nur zu deiner Sicherheit und der deiner Mutter, sondern für uns alle. Dieser Mann ist eine Gefahr für die Gesellschaft. Es würde mich nicht wundern, wenn er schon öfter solche Untaten begangen hätte, aber nie dabei erwischt wurde. Wir werden dir einen Anwalt besorgen und uns um alles kümmern. Aber da dies ein Fall für das Landesgericht von Nevada ist, werden die Verhandlungen in Las Vegas stattfinden."

Der Polizeichef von Boulder City fuhr selbst mit mir zu meinem ersten Termin mit dem Staatsanwalt in Las Vegas. Während sie meinen Fall besprachen, mußte ich einen Lügendetektortest über mich ergehen lassen. Es dauerte eine ganze Weile, bis ich mich so weit entspannen konnte, daß das Gerät überhaupt verwertbare Daten lieferte. Bis dahin war jede meiner Antworten eine „Lüge". Dann endlich begann die Befragung: „Bist du sicher, daß du noch nie mit einem anderen Mann geschlafen hast? Bist du sicher, daß dies und daß jenes?" Es war entsetzlich.

„Vergewaltigung – der Staat Nevada gegen C.L. Renald" – so lautete mein Fall in der Fachsprache der Juristen. Der Staatsanwalt war ein freundlicher und mitfühlender Mann. „Weißt du, Sheila," begann er seine Erklärung, „wir hatten schon viele Fälle dieser Art. Es ist wichtig, daß du die Sache sehr ernst nimmst. Du mußt die volle Wahrheit sagen, über alles und jeden. Ich meine nicht, daß du lügst, im Gegenteil, ich glaube dir aufs Wort. Aber wir werden mit einigen sehr kritischen Menschen zu tun haben, mit der Jury und mit dem Richter. Diese Menschen können dich und deine Lebenssituation nicht beurteilen, weil sie sie nicht kennen. Es kann sogar sein, daß sie sich ablehnend verhalten, weil sie die Erfahrung gemacht haben, daß ein Mann zu Unrecht beschuldigt wurde, eine junge Frau vergewaltigt zu haben. Wir müssen dafür sorgen, daß sie ihre Vorurteile zurückstellen. Du mußt irgendwie versuchen, ihre Herzen zu gewinnen."

Ein Anwalt aus dem Büro des Staatsanwalts sollte meinen Fall weiter bearbeiten. Er teilte mir mit, daß es einige Zeit dauern werde, bis es zur Verhandlung käme. Bis dahin müsse ich zur Schule gehen, erklärte er mir, denn für Mädchen in meinem Alter sei der Schulbesuch gesetzlich vorgeschrieben. Ich könne nicht von einem Anwalt des Staates vertreten werden und gleichzeitig ein Gesetz dieses Staates brechen, lautete seine logische Argumentation. Dennoch fühlte ich mich sehr unwohl bei dem Gedanken, wieder zur Schule gehen zu müssen.

Ich wußte ja, daß ich dort nur eine kurze Zeit bleiben würde, und fühlte mich als Außenseiterin. Ich gab mir auch keine besondere Mühe, im Unterricht aufzupassen und mitzumachen. Umso überraschter waren meine Lehrer und ich selbst, daß mir das Lernen so leicht fiel. In Mathematik wurde ich sogar Klassenbeste.

Einige Wochen später fand die erste Anhörung in Boulder City statt. Ich sagte aus, daß C.L. meine Mutter und mich mit einem Messer angegriffen und gedroht hatte, uns umzubringen. Ich zeigte ihnen meine Narbe und den Bericht des Krankenhauses. Der Mann vom Getränkeladen bezeugte meine Angaben.

C.L. bekam einen Wutanfall und nannte mich eine verdammte Lügnerin. Sein Anwalt versuchte vergeblich, ihn zu beruhigen. Der Richter ermahnte ihn und drohte ihm eine Strafe an, falls er die Verhandlung weiterhin mit Zwischenrufen störe. C.L. sah totenblaß und sehr krank aus. Die Zeit im Gefängnis mußte ihm schwer zugesetzt haben, denn er war immer ein Mensch gewesen, der sich gern im Freien aufhielt. Außerdem machte ihm seine Leber immer mehr zu schaffen.

„Hab' bloß kein Mitleid mit ihm", sagte einer der Polizeibeamten zu mir, „damit bringst du dich nur selbst in Schwierigkeiten. Sicherlich ist er ein Mensch wie wir alle, aber er ist auch ein Verbrecher, der nicht nur dir gefährlich werden kann. Also sag' um Himmels Willen niemandem, daß er dir leid tut!"

Ein paar Tage später war ich zusammen mit einigen anderen Kindern auf dem Weg zur Schule, als ein Wagen langsam an uns vorbeifuhr und anhielt. Aus dem Fenster ragten zwei Gewehrläufe, die genau auf meinen Kopf zielten. Einer der Männer brüllte mir zu: „C.L. sitzt zwar hinter Gittern und kann im Moment nichts unternehmen. Aber wir sind seine Freunde, und wir können was tun. Wenn du gegen ihn aussagst, bringen wir dich um!" Im ersten Moment war ich gelähmt vor Entsetzen, aber dann rannte ich um mein Leben. Jeden Moment rechnete ich damit, von einer Kugel in den Rücken getroffen zu werden. Die anderen Kinder standen sprachlos dabei und sahen völlig verdutzt zu, wie der Wagen mit quietschenden Reifen davonbrauste. „Was war denn da los?" fragten sie mich. „Ach, das war nur ein Spaß", versuchte ich sie zu beruhigen und grinste, während ich am ganzen Körper zitterte vor Angst.

Ich rief meinen Anwalt an und sagte ihm, was passiert war. „Ich habe Angst, daß diese Männer mich weiter beobachten. Und ich will nicht mehr zur Schule gehen!" – „Sheila, bitte beruhige dich. Ich kümmere mich sofort darum, daß du Polizeischutz erhältst. Aber du weißt, daß du weiter zur Schule gehen mußt", war seine knappe Antwort. Nach diesem Vorfall wurde ich bis zum Ende des Schuljahrs von zwei Polizisten morgens zur Schule gefahren und nachmittags wieder abgeholt.

Eines Abends kam meine Mutter von einer Verabredung mit Freunden nicht zur gewohnten Zeit nach Hause. In dieser Nacht machte ich kein Auge zu und wurde halb wahnsinnig vor Angst. Hatten diese Kerle etwa Donna entführt? Ich war in Tränen aufgelöst und mit den Nerven am Ende, als sie endlich gegen Morgen vergnügt und munter zurückkehrte. Sie strahlte vor Glück, nahm mich liebevoll in den Arm und versuchte mich zu trösten: „Es tut mir leid, daß du dir Sorgen um mich gemacht hast. Das wollte ich nicht. Vor lauter Glück habe ich gar nicht daran gedacht. Ich habe nämlich einen wunderbaren Mann kennengelernt. Wir wollen heiraten, und dann ziehen wir nach Chicago!"

„Aber, Mommy, ich kann doch nicht nach Chicago gehen, ich muß doch für die Gerichtsverhandlung hierbleiben!"

„Ach ja, richtig. Das hatte ich ganz vergessen. Aber du kannst ja so lange bei den Fishmans wohnen, wenn du willst", war ihre Antwort. So einfach war das für sie.

Während dieser schrecklichen Zeit waren meine Erinnerungen an Arena, Odin und all meine anderen wunderbaren Freunde von der Venus mir eine große Hilfe. Ich brauchte nur die Augen zu schließen, und schon sah ich mein wunderschönes Zuhause und fühlte ihre Liebe und Geborgenheit. Dann wußte ich wieder, daß meine traumatischen Erlebnisse irgendwann dazu beitragen würden, mich den Menschen auf der Erde näherzubringen.

Jede Nacht dankte ich der Höchsten Gottheit, daß sie mir die Kraft gab, dieses Leben weiter auszuhalten.

Kapitel 6

Pedro • Ich werde Fotomodel • Chicago, mein neues Zuhause • Der Friseurladen • Meine erste eigene Wohnung

Kurz darauf lernte ich den neuen Mann in Moms Leben kennen: Pedro. Er wohnte in einer Wohnwagenanlage ganz in unserer Nähe. Aufgeregt hatte Mom mir alles über ihn erzählt. Sie hatten sich in einer Bar kennengelernt, und für beide war es Liebe auf den ersten Blick. Pedro wollte sie unbedingt wiedersehen und lud sie zum Essen ein. Aber sie fuhren nicht in ein Restaurant, sondern zum Supermarkt, kauften Steaks und Wein, und Pedro kochte für sie ein großartiges Abendessen. Das war also der Grund, warum sie neulich nachts nicht nach Hause gekommen war.

Pedro erschien mir als ein sympathischer, gutaussehender junger Mann. Er hatte braune Augen und die lange elegante Nase seiner spanischen Vorfahren, trug einen Schnurrbart und wellige schwarze Haare. Im Vergleich zu C.L.s mächtiger Figur war er geradezu klein. Das wichtigste für mich war, daß er Mom liebte und freundlich und aufmerksam ihr gegenüber war. Doch ich merkte bald, daß er ein sehr stolzer Mann mit konservativen Ansichten war.

Als Sohn einer reichen Familie war er in Chihuahua, Mexiko, aufgewachsen. Er hatte fünf Kinder aus seiner ersten Ehe. Offenbar war er nicht der treueste Ehemann gewesen, so daß seine Frau ihn eines Tages vor die Tür setzte. Er ging in die USA und schlug sich mit Gelegenheitsarbeiten durch. Er wollte unbedingt Friseur werden und sparte sein ganzes Geld, um die Ausbildung bezahlen zu können. Inzwischen war er Friseurmeister und arbeitete am Flughafen von Las Vegas. Aber sein Traum war ein eigenes Geschäft, das er in Chicago eröffnen wollte. Mom fand das alles sehr aufregend, und ich freute mich für sie. Donna und Pedro kannten sich nicht einmal vier Wochen, als sie in Las Vegas heirateten. Bis zu ihrer Abreise nach Illinois wohnten sie zusammen in seinem Wohnwagen. Ich blieb weiterhin bei den Fishmans.

Es gab einen ersten Verhandlungstermin zum Vorwurf der Vergewaltigung. C.L. leugnete alles rundheraus. Er war sehr dünn geworden, weil er sich geweigert hatte zu essen, bis der Arzt ihm eine besondere Diät verordnet hatte. Außerdem litt er unter den Folgen des Alkoholentzugs, wie mir mein Anwalt erzählte.

Im September begann die Schule wieder, und Henry, der jüngere Sohn der Fishmans, nahm mich jeden Tag in seinem Auto mit, da wir die gleiche Schule besuchten. Er war bis über beide Ohren in mich verliebt, aber für mich war er nur ein guter Freund. Wir verbrachten jede freie Minute miteinander, und ich fing langsam an, mich in der Gesellschaft von Gleichaltrigen wohlzufühlen.

Eines Tages lud McCalls, die bekannte Modezeitschrift, unsere ganze Klasse zum Tee ein. Sie wollten sich die Entwürfe ansehen, die wir im Handarbeitsunterricht gemacht hatten. Aber mehr noch als an meinen Schnittmustern waren die Leute von McCalls an mir interessiert. Ich war völlig überrascht, als sie mir einen Dreijahresvertrag als Fotomodel anboten. Vom Staatsanwalt erhielt ich die Erlaubnis, und so unterschrieb ich voller Begeisterung. Ich würde auch nicht länger zur Schule gehen müssen, denn McCalls hatte sich verpflichtet, mir und den anderen jungen Models Privatstunden in Mathe, Englisch und Geschichte geben zu lassen.

Mein Vertrag mit McCalls beinhaltete auch eine umfassende medizinische Untersuchung. Dazu gehörte auch ein Gespräch mit einem Psychiater. Als er nach Einzelheiten aus meinem

Leben fragte, entschloß ich mich, ihm die Wahrheit zu erzählen, und ich war sehr gespannt, wie er darauf reagieren würde. Er hörte mir geduldig und aufmerksam zu, um mir dann seine Diagnose mitzuteilen: Diese Geschichte meines Lebens auf der Venus wäre ein Produkt meiner Phantasie, das Ergebnis einer höchst unglücklichen Kindheit, die ich nur hatte ertragen können, indem ich mir eine eigene Welt erschuf, in der ich mich in Sicherheit bringen konnte.

Ich könne seine Meinung akzeptieren, erwiderte ich ruhig, denn der Schlüssel zu allen materiellen Dingen, zu allen Wundern dieser Welt, sei unsere Vorstellungskraft. Alles, was auf der physischen Ebene existiere, sei zuerst in der Vorstellungskraft eines Menschen als Gedanke oder Idee entstanden, um dann in der Realität erschaffen zu werden.

Der Psychiater starrte mich überrascht an. Er war sprachlos und schien ziemlich verwirrt. In seinem Bericht an McCalls erwähnte er die Venus mit keinem Wort, da die Einzelheiten unseres Gesprächs selbstverständlich vertraulich waren. Er nannte mich eine ausgeglichene junge Dame ohne größere emotionale Probleme, die gut in der Lage sei, mit Schwierigkeiten umzugehen.

In den folgenden Wochen war ich viel unterwegs. Zusammen mit den Fotografen und deren Assistenten fuhren wir Models zu besonders reizvollen Plätzen in der Umgebung. Ich arbeitete nur ein oder zwei Tage pro Woche und wurde sehr gut bezahlt. Leider endete meine Arbeit für McCalls so plötzlich, wie sie angefangen hatte. Kaum war ein Foto von mir und drei anderen Mädchen als Titelbild erschienen, da forderte die Staatsanwaltschaft auch schon die Auflösung des Vertrags. Da ich so häufig auf Reisen sei, könne ich meiner Verpflichtung, jederzeit als Zeugin vor Gericht zu erscheinen, nicht nachkommen.

Schließlich kam der Tag, an dem ein streng blickender Polizist bei den Fishmans erschien und fragte: „Sind Sie Sheila Gipson Hodgson Renald MacLellan?“ – „Ja, das bin ich“, gab ich zur Antwort, und er schmunzelte: „Ganz schön viele Namen für eine so junge Dame!“ Dann händigte er mir die Vorladung aus. Von den vielen juristischen Formulierungen verstand ich nur so viel, daß ich unbedingt bei C.L.s Verhandlung anwesend sein müsse. Das sagte mir auch mein Anwalt, und er schärfte mir ein, diese Vorladung sehr gut aufzubewahren. Der Prozeß gegen C.L. würde in wenigen Wochen beginnen.

Gleichzeitig erhielt ich einen Brief von meiner Mutter. Darin stand, daß sie sehr krank sei und dringend meine Hilfe brauche. Ob ich bis zum Prozeß für ein paar Wochen nach Chicago kommen könne, fragte sie. Mein Anwalt war einverstanden. „Hier ist meine Karte“, sagte er. „Falls du aus irgendwelchen Gründen nicht rechtzeitig zurücksein kannst, ruf' mich bitte umgehend an. Im Notfall würden wir sogar deinen Rückflug bezahlen, damit du rechtzeitig hiersein kannst. Alle Verhandlungstermine stehen fest, und nur, wenn C.L. verurteilt wird, können wir ihn für lange Zeit einsperren lassen.“

Dankbar verabschiedete ich mich von ihm und bestieg wieder einmal einen Greyhound-Bus, mit dem ich quer durchs Land zu neuen Erfahrungen reiste.

Auf den ersten Blick erschien mir Chicago kalt, grau und häßlich. Was für ein Gegensatz zu der sonnigen Wüstenlandschaft von Nevada! Später änderte ich meine Meinung. Heute finde ich, daß Chicago eine der schönsten Großstädte in den USA ist.

Der Bus hielt vor einem riesigen Gebäude, Chicagos Busbahnhof. Ich kam mir sehr verloren vor und wußte nicht, was ich tun sollte. Wo war Mom? Was war geschehen? Warum holte mich niemand ab? Wen konnte ich anrufen? Wohin sollte ich jetzt gehen? Auf der ersten Etage entdeckte ich einen Warteraum, suchte mir einen Platz und setzte mich. Die Hektik und die vielen Menschen machten mir Angst. Da wurde plötzlich mein Name gerufen, und Mom und Pedro standen vor mir. „Wir haben dich mit einem anderen Mädchen verwechselt“, sagte sie lachend. Sie wirkte sehr gesund und munter. „Wie geht es dir?“ fragte ich zögernd. „Oh, viel besser, Liebes!“ rief sie fröhlich. Ich wußte nicht, ob ich lachen oder weinen sollte, denn ich hatte das Gefühl, daß sie nie krank und ihr Brief nur ein Trick gewesen war, um mich aus Nevada wegzulocken.

Kaum zu Hause eingetroffen, wollte sie unbedingt meine Vorladung sehen. Ich gab sie ihr nur zögernd. Sie nahm das Dokument und zerriß es vor meinen Augen. „Was machst du da?" rief ich entsetzt. „Du wirst nicht gegen C.L. aussagen, mein Kind!" – „Aber warum denn nicht?" – „Ich habe Angst um dich, Sheila, ich fürchte, daß er dann versuchen wird, dich umzubringen." Ich begriff nicht, was sie meinte. „Aber ich habe gar keine Angst, vor Gericht zu erscheinen!" Doch sie ließ sich nicht beirren: „Ich kenne ihn besser als du. Schließlich habe ich zehn Jahre meines Lebens mit ihm verbracht. Deshalb habe ich Angst um dich, und ich will nicht, daß du zurück nach Nevada gehst." Pedro war ganz ihrer Meinung, und mir blieb erst einmal keine andere Wahl, als mich zu fügen. Ich nahm mir vor, umgehend meinen Anwalt anzurufen, sobald ich eine Gelegenheit fand, allein mit ihm zu sprechen. Aber seine Karte war verschwunden. Ich durchsuchte mein ganzes Gepäck, konnte sie aber nicht finden. Ich vermutete schließlich, daß Mom und Pedro meine Handtasche durchsucht und die Karte an sich genommen hatten.

Ich schrieb lediglich den Fishmans einen Brief, damit sie mir meine restlichen Sachen zuschicken konnten. Ich war traurig, weil ich fühlte, daß ich diese liebevollen und großzügigen Menschen nie mehr wiedersehen würde. Mein Leben in Chigaco stand von Anfang an nicht unter einem guten Stern.

Wir wohnten in einer kleinen Wohnung, die praktisch nur aus einem Schlafraum bestand, und sie war genauso heruntergekommen wie das Gebäude, in dem sie sich befand. Zum Essen gingen wir in ein kleines mexikanisches Restaurant an der Ecke. Mom erklärte mir, daß wir bald in eine andere Gegend umziehen würden. Im Moment müßten sie sparen, denn Pedro besuchte die Friseurschule, um seine Lizenz für Illinois zu erhalten, und arbeitete nebenbei als Angestellter.

Ich mochte Pedro nicht besonders, irgend etwas an ihm störte mich, aber ich wußte nicht, was es war, denn er war immer freundlich und großzügig, und es war offensichtlich, daß das Leben mit ihm meiner Mutter guttat.

Am unangenehmsten war für mich, daß wir alle in einem Bett schliefen. Ich lag immer am Rand, so nah an der Wand wie nur möglich. Über diese Wand lief eine Wasserleitung mit einem Absperrhahn. Eines Nachts stieß ich im Schlaf versehentlich an diesen Hahn, und ein dicker Wasserstrahl ergoß sich über das Bett. Wir waren alle naß bis auf die Haut, bevor uns klar wurde, was passiert war. Es geht nichts über eine Dusche im Bett, noch dazu im Winter und mitten in der Nacht...

Manchmal wachte ich nachts mit dem unbestimmten Gefühl auf, daß mich jemand berührte. Aber immer, wenn ich nachsah, schliefen Donna und Pedro friedlich. Ich beruhigte mich selbst mit dem Gedanken, daß ich mir die Berührung wohl nur eingebildet hätte oder daß meine Träume davon beeinflußt wurden, weil wir so dicht zusammen schliefen. Weil ich Pedro vertraute, maß ich der Sache keine besondere Bedeutung bei.

Ich war noch keine zwei Wochen in Chicago, da zeigte uns Pedro eines Tages stolz seinen Friseurladen. Er lag mitten in einem belebten jüdischen Bezirk, war aber in einem so üblen Zustand, daß wir mehrere Tage mit Aufräumen, Saubermachen und Anstreichen verbrachten. Pedro erneuerte inzwischen die Bodenfliesen und bestellte mehrere Friseurstühle.

Zwei weitere Tage benötigten wir, um das Hinterzimmer des Ladens bewohnbar zu machen. Es war früher einmal ein Schönheitssalon gewesen. Hier sollten wir vorerst wohnen, um Geld zu sparen. Das behagte mir gar nicht, aber wenigstens hatten Mom und Pedro ihr eigenes Bett. Ich schlief auf dem Sofa im Durchgang zum Laden. Unsere Küche bestand aus einer Kochplatte und einem kleinen Handwaschbecken, gebadet wurde in einer Sitzbadewanne, in die wir das Wasser mit einem Gartenschlauch einlaufen ließen, und die Toilette befand sich neben dem Hinterausgang.

Da Pedro ein ausgezeichneter Friseur war, ging das Geschäft bald sehr gut. Die Kunden waren zufrieden und mochten seine freundliche Art. Großzügig schickte Pedro uns zum Einkaufen, ging mit uns essen und ins Kino. Im Vergleich zu unserem Leben mit C.L. verbrachten wir eine sehr gute Zeit. Gelegentlich tranken Mom und Pedro ein paar Gläser, aber sie stritten nie. Eigentlich gab es also keinen Grund, mir Sorgen zu machen.

Pedro wollte mir zuerst nicht erlauben, mit anderen Jugendlichen auszugehen und einen Freund zu haben, aber meine Mutter machte deswegen so ein Theater, daß er schließlich nachgab. Bald hatte ich viele Freunde, aber so jung wie ich war, hatte ich keinerlei Interesse an einer ernsthaften Beziehung. Alles was ich wollte, war, endlich meine Freiheit zu genießen.

Ich suchte mir eine Stelle als Kellnerin. Ich mochte diese Arbeit und empfand sie nicht als minderwertige Tätigkeit. Daneben arbeitete ich gelegentlich als Model für eine Fotoagentur. Mein erster Job war eine Werbekampagne für Shampoo. Eine Zeitlang hing mein Foto als Poster in vielen Geschäften. Dann wurde ich für eine Werbung mit Sweatshirts ausgewählt. Sie erschien ein Jahr lang im Playboy Magazin, und ich verdiente 300 Dollar im Monat damit. Auch eine Kampagne, die im Fernsehen für Levi's Jeans warb, brachte gutes Geld ein. Manchmal hatte ich zwei oder drei Termine pro Woche, dann wieder nur ein oder zwei pro Monat.

Eines Tages hörten wir das Gerücht, C.L. sei in der Stadt und auf der Suche nach uns. Daraufhin färbten Mom und ich uns die Haare dunkel, um möglichst nicht erkannt zu werden. Ich hatte mich oft gefragt, was wohl aus C.L. geworden war. Ich wünschte mir immer wieder, ich hätte meine Aussage vor Gericht machen können. Wir hatten inzwischen erfahren, daß er auf freien Fuß gesetzt worden war. Außerdem hatte er Großmutter einen Brief für mich übergeben, den sie uns nach Chicago geschickt hatte. Seine Worte zeigten uns, wie krank der Mann war: „Sheila, mein Schätzchen, ich habe keine Ahnung, warum du all diese Dinge über mich behauptet hast..." Offenbar hatte er die Ereignisse einfach aus seiner Erinnerung verdrängt. Bis auf diesen einen Brief hörte und sah ich nie wieder etwas von ihm.

Nach einiger Zeit begannen Mom und Pedro immer häufiger zu trinken und sich zu streiten. Die Auseinandersetzungen waren nicht sehr schlimm, aber ich merkte, daß Pedro anfing, meine Mutter zu schlagen. Auch mich behandelte er immer schlechter, beschimpfte mich als lesbisch, wenn ich mit Freundinnen ausging, und machte zweideutige Bemerkungen, wenn ich mich mit Jungen traf.

Die Gelegenheiten, bei denen Mom mehr oder weniger betrunken war, nutzte er immer häufiger, um sich mir zu nähern. Immer wieder mußte ich mich mit allen Kräften gegen seine Zudringlichkeiten wehren. Schließlich schloß ich mich abends so lange in der Toilette ein, bis er endlich eingeschlafen war.

Einmal, als meine Mutter mit Magenbeschwerden im Bett lag, gingen Pedro und ich alleine essen. Auf dem Rückweg versuchte er mit allen Mitteln, mich zu überreden, mit ihm in ein Hotel zu gehen. Als ich es schließlich nicht mehr aushielt und eine seltsame Vorahnung immer stärker wurde, sprach ich endlich mit meiner Mutter: „Ich möchte ausziehen, bevor es Probleme gibt", sagte ich zu ihr, „denn ich möchte nicht noch einmal erleben, was mit C.L. passiert ist!" – „Aber du bist noch so jung, du kannst unmöglich alleine wohnen", hielt sie dagegen. „Mom, ich bin fast 16, ich habe einen Job und verdiene genug Geld. Hier ist es einfach zu eng für uns drei. Mom, ich liebe dich, und ich möchte, daß auch dein Leben besser wird, ohne die alten Probleme!" Pedro meinte nur: „Ich wette, du kriegst Ärger, aber ich werde dich nicht aufhalten."

Eine Woche später hatte ich ein winziges Apartment gefunden. Es lag zwar nicht gerade in der besten Gegend der Stadt, aber die Hauptsache war, daß ich meine Ruhe vor Pedro hatte. Allerdings fingen er und meine Mutter an, immer mehr zu trinken. Ich konnte mir zu dem Zeitpunkt nicht vorstellen, was der Grund dafür sein könnte.

Am Tag meines Auszugs ging ich erst zur Bank, um mein ganzes Geld abzuheben. Nachdem ich meine Miete bezahlt hatte, blieben mir noch etwa 100 Dollar. Dann fuhr ich mit dem Bus zur Arbeit, betrat das Restaurant und begrüßte meine Kollegen. Plötzlich durchfuhr es mich: meine Handtasche! Ich hatte sie im Bus liegen lassen! Meine Wohnungsschlüssel, mein Geld, all meine Papiere waren darin. Ich hatte meine Einkaufstüten vom Boden aufgesammelt und dabei meine Tasche auf den Sitz gelegt! Oh du lieber Himmel! Blitzschnell drehte ich mich um, rannte zurück auf die Straße und versuchte, das nächste Auto anzuhalten. Aber der Fahrer sah mich nicht und fuhr weiter. Da entdeckte ich auf der anderen Seite einen Streifenwagen, der an der Ampel wartete. Ich lief zu ihm hinüber und erklärte ihm atemlos meine prekäre Lage. „Steig' ein", sagte der Polizist nur, wendete den Wagen, schaltete Blaulicht und Sirene ein und brauste mit mir die Hauptstraße hinunter. Zwei Nonnen konnten sich nur knapp mit einem Sprung zurück auf den Gehweg in Sicherheit bringen. Der Bus war in weiter Ferne nur noch ganz klein zu sehen. Da fiel mir plötzlich auf, daß wir in Richtung Friseurladen fuhren, und die Ampel an der Kreuzung zeigte natürlich rot. Durch das Sirenengeheul aufmerksam geworden, sah Pedro genau in dem Moment hinaus, als ich im Streifenwagen vorbeifuhr. Er ließ das Rasiermesser fallen und rannte zum Telefon. „Oh nein, das darf nicht wahr sein", dachte ich voller Angst. Wenn ich nun meine Handtasche nicht mehr wiederfand, was dann?

Schließlich holten wir den Bus ein, und als er an einer Ampel bremste, setzte der Polizist den Streifenwagen mit quietschenden Bremsen schräg davor und sprang hinaus. Ich lief hinter ihm her. Der Busfahrer war starr vor Schreck und dachte, er solle verhaftet werden. Es kommt schließlich selten vor, daß die Polizei Linienbusse mit Blaulicht verfolgt. Der arme Mann nahm die Hände hoch. Ich rannte an ihm vorbei bis zu meinem Platz. Gottseidank, meine Handtasche war noch da! Offenbar war sie unbemerkt geblieben, weil sie die gleiche Farbe wie die Sitzpolster hatte.

Inzwischen versuchte der Polizist, den Busfahrer zu beruhigen. „Nehmen Sie doch die Hände herunter, sie werden nicht verhaftet", erklärte er lachend. „Mann, Sie haben mich zu Tode erschreckt", stöhnte dieser nur.

Dann brachte der nette Polizeibeamte mich zurück zum Restaurant, aber nicht, ohne mir ins Gewissen zu reden: „Laß dir dies eine Lehre sein, junge Dame, paß in Zukunft besser auf deine Sachen auf, denn nicht jeder meiner Kollegen würde so etwas für dich tun. Du hast Glück gehabt, daß deine Tasche noch auf dem Sitz lag. Und ganz ehrlich, mir hat es auch Spaß gemacht, den Bus anzuhalten!"

Alle Leute im Restaurant waren sprachlos. Sie hatten gesehen, wie ich hereinkam, plötzlich wieder hinausrannte und versuchte, ein Auto anzuhalten, um dann in einem Streifenwagen in die gleiche Richtung davonzufahren. Sie zerbrachen sich den Kopf, was der Mann wohl angestellt haben könnte, um so verfolgt zu werden. Gespannt warteten sie auf meine Rückkehr. „Was ist passiert? Was hat der Mann verbrochen?" bestürmten sie mich mit Fragen. „Was für ein Mann?" fragte ich sie völlig verdutzt. „Na, der Mann, der in dem Wagen wegfuhr, den du mit dem Streifenwagen verfolgt hast?" – „Ach, der hat doch gar nichts getan. Ich wollte ihn lediglich bitten, mir dabei zu helfen, den Bus einzuholen, weil ich meine Handtasche darin vergessen hatte."

Alle bogen sich vor Lachen über meine Geschichte.

In der Zwischenzeit hatte meine Mutter alle Krankenhäuser und Polizeistationen angerufen, um etwas Genaueres herauszufinden. Dabei fragte sie Pedro immer wieder, ob er auch sicher sei, mich in dem Streifenwagen gesehen zu haben. Schließlich rief sie mich im Restaurant an. Wütend meinte sie, Pedro hätte einem Kunden fast das Ohr abgeschnitten vor lauter Schreck, mich in einem Streifenwagen sitzen zu sehen. Beide seien sie mit den Nerven am Ende. Nachdem ich ihr die ganze Geschichte erzählt hatte, lachte Mom herzlich, aber Pedro ließ sich nicht beirren. Wütend meinte er: „Siehst du, ich hab' dir doch gesagt, daß sie Ärger kriegen wird, wenn sie auszieht. Und heute ist erst der erste Tag!“

Ich genoß meine Freiheit sehr, kam und ging wann und wohin ich wollte und traf all meine Freunde, so oft ich wollte. Ich gab eine Menge Geld aus, aber das war es wert. Mein neues Leben war einfach schon deshalb himmlisch, weil ich mich nicht mehr gegen Pedros Zudringlichkeiten wehren mußte.

Kapitel 7

Partyspäße • Zurück in den Friseurladen • Ich lerne Carl kennen • Verlobung • Erneute Vergewaltigung

Durch meine Arbeit als Fotomodel verdiente ich viel mehr Geld, als ich tatsächlich für meinen Lebensunterhalt benötigte, und ich gab es mit vollen Händen aus. Ich kaufte mir neue Kleidung, anstatt die alte zu waschen, lud all meine Freunde zum Steakessen ein und aß immer in Restaurants. Ich war gerade einmal knapp 16 Erdenjahre alt.

Da C.L. es mir immer verboten hatte, Freundschaften zu schließen, und wir auch nie lange genug an einem Ort lebten, um Leute näher kennenzulernen, genoß ich es jetzt umso mehr, viele Freunde zu haben und Partys zu feiern.

Die lautstarken Feste und die Leute, die zu allen Tageszeiten kamen und gingen, brachten mir bald einen schlechten Ruf bei den Nachbarn ein. Ich wußte damals nicht, daß man so einen schlechten Ruf bekam: Die Menschen nehmen einfach an, daß bei lauten Partys auch immer Alkohol und Sex mit im Spiel sind.

Mit der Zeit wurde es immer schlimmer. Die wildeste Party fand statt, kurz bevor Mom und Pedro mich zwangen, zurück zu ihnen in den Friseurladen zu ziehen. Durch meine Arbeit im Restaurant kannte ich viele Studenten, die ich alle eingeladen hatte. An meiner Tür prangte ein Schild mit der Aufschrift: „Jungs, zieht eure Hemden aus, bevor ihr reinkommt." Unsere Idee war, alle Hemden auf einen Haufen auf den Boden zu legen, und jedes Mädchen suchte sich eins davon aus. Der Besitzer des Hemdes wurde dann ihr Tanzpartner. Unser verrücktestes Spiel ging so: Ein Mädchen saß im dunklen Kleiderschrank, während alle Jungen sich im Kreis aufstellten. Ein anderes Mädchen drehte sich mit ausgestrecktem Arm langsam um sich selbst. Wenn das Mädchen im Schrank „Stop" rief, mußte der Junge, auf den der Arm zeigte, für genau fünf Minuten zu ihr in den Schrank klettern. Das war ein ziemlich harmloser Spaß, denn in fünf Minuten kann nicht allzu viel passieren.

Der Junge, der zu mir in den Kleiderschrank kam, hatte eine großartige Idee: „Laß uns einen BH und ein Höschen von dir hier aus der Schublade hinauswerfen", meinte er. Gesagt, getan. Sekunden später wurde die Tür aufgerissen. Wir saßen grinsend im Schrank – komplett angezogen! Alle Gäste brüllten vor Lachen, denn sie waren auf unseren Trick hereingefallen und hatten geglaubt, daß wir tatsächlich irgendwelche Sexspiele im dunklen Schrank trieben.

Mein selbst gebrauter Apfelwein heizte die Stimmung weiter an, und das Gejohle war wirklich ohrenbetäubend. Einige der Jungen hatten heimlich Schnaps mitgebracht und draußen auf der Feuerleiter versteckt, aber das wußte ich zu diesem Zeitpunkt glücklicherweise nicht. Als die Polizei schließlich kam (sicherlich von den Nachbarn herbeigerufen, die festgestellt hatten, daß nicht mal Watte in den Ohren gegen den Lärm half), glich meine Wohnung einem Schlachtfeld. Die Unterwäsche und die Hemden lagen auf dem Boden verstreut, die Jungen liefen halbnackt herum, die Musik dröhnte. Der Polizist konnte nur das Schlimmste vermuten. Aber er hörte sich meine Erklärung an und meinte schließlich: „Ok, ich sehe, daß ihr eine harmlose Party feiert. Aber bitte, verhaltet euch jetzt ruhig, dann will ich es dabei bewenden lassen. Du weißt doch, wie alte Leute sind, die fühlen sich dadurch gestört." Ich bedankte mich bei ihm und versuchte, meine Freunde dazu zu bringen, leiser zu sein. Unser Fest endete schließlich um sieben Uhr morgens.

Gegen neun weckte mich das schrille Läuten des Telefons. Überall lagen Leute und schliefen, vier oder fünf Mädchen und Jungen lagen kreuz und quer auf meinem Bett. Ein Junge lag unter der Couch, ein anderer schlief in der Badewanne. Auf dem Boden lagen sie von einer Wand bis zur anderen. Sogar im Schrank schliefen mehrere Leute. Ich schleppte mich zum Telefon. Mom war am anderen Ende und wollte wissen, wie es mir gehe. „Gut", krächzte ich. Sie schien keinen Verdacht zu schöpfen. Aber ein paar Tage später sorgte die ältere Dame, die die Polizei gerufen hatte, dafür, daß mein fröhliches Leben ein Ende hatte. Ich besuchte gerade Freunde am anderen Ende des Flurs, als mein Telefon klingelte und sie einfach in meine Wohnung ging und den Hörer abnahm. Es war Mom, die mich sprechen wollte. Die Nachbarin teilte ihr kurz und bündig ihre Meinung mit: „Ihre Tochter ist eine kleine Hure, die Männer geben sich bei ihr die Türklinke in die Hand. Wenn sie Ihnen nicht gleichgültig ist, kommen Sie her und holen Sie sie hier raus!"

Als ich abends von der Arbeit nach Hause kam, warteten sie bereits auf mich. Sie zwangen mich, mit ihnen zurück in den Friseurladen zu gehen. Ich sei minderjährig und sie sei mein Vormund, sagte Mom. Auch Pedro bestand darauf, daß ich mit ihnen kam. Ich wollte nicht zurück in den Friseurladen, weil ich mich dort nicht sicher fühlte. „Wir können nicht zulassen, daß du dich in noch mehr Schwierigkeiten bringst", sagten sie und hörten sich sehr besorgt an. So blieb mir nichts anderes übrig, als zu gehorchen. Unglücklich ging ich mit ihnen.

Als Mom mir von dem Telefonat mit der Nachbarin erzählte, fragte ich sie entsetzt: „Warum hat sie das gesagt? Nur weil ich viele Freunde habe, muß ich doch nicht mit allen ins Bett gehen!" Mom erklärte mir, daß es einfach einen schlechten Eindruck mache, wenn man als junge Frau so viele Männer zu Besuch habe. Die Leute nähmen dann wie selbstverständlich an, daß auch Sex eine Rolle spiele. So erfuhr ich, wie die Menschen auf der Erde über alleinlebende Frauen denken, die Männer zu sich nach Hause einladen.

Ich hatte wieder etwas sehr Wichtiges über das Leben auf der Erde gelernt. Ich hatte einen schlechten Ruf, weil ich Jungen, die zu Hause Ärger mit ihren Eltern hatten, bei mir übernachten ließ. Manchmal brachten sie auch ihre Freundinnen mit oder trafen sich mit ihnen bei mir. Die meisten meiner Freunde wohnten bei ihren Eltern und gingen zur Schule, nur wenige waren so unabhängig wie ich und hatten eine eigene Wohnung. Das hatte sich schnell herumgesprochen, und meine Großzügigkeit hatte noch zu meiner Beliebtheit beigetragen. „Wenn die Menschen so denken, ist es kein Wunder, daß sie mich für schlecht gehalten haben", sagte ich zu Mom.

Ich wohnte erst wenige Tage wieder im Friseurladen, als Pedro vorschlug, wir sollten alle ein paar Tage Urlaub machen. Wir fuhren nach El Paso in Texas, wo Mom und ich in einem Hotel wohnten, während Pedro weiter über die Grenze nach Mexiko fuhr, um seine Familie zu besuchen.

Am vorletzten Tag unseres Aufenthalts verließ ich abends das Hotel, um in unserem Lieblingsrestaurant für Mom und mich etwas zu essen zu holen. Mom blieb auf dem Zimmer und wartete mit knurrendem Magen auf meine Rückkehr.

Ich setzte mich an einen Tisch, um auf meine Bestellung zu warten. Dabei fiel mir auf, daß ein gutaussehender junger Mann mich anstarrte. Er trug eine Uniform und hatte dunkle Haare und blaue Augen. Ich war mir nicht sicher, ob er tatsächlich mich so intensiv ansah, aber es war niemand sonst in der Nähe. Schließlich kam er zu mir und begann ein Gespräch.

„Hallo. Bitte verzeihen Sie, daß ich Sie einfach so anspreche, aber ich habe noch nie eine so schöne Frau gesehen wie Sie. Ich arbeite für den Geheimdienst und habe auf der ganzen Welt zu tun, aber ich habe noch nie eine Frau getroffen, deren Gesichtszüge so ebenmäßig und perfekt sind. Wissen Sie, ich bin Künstler, und es wäre mir eine Ehre, Sie einmal malen zu dürfen." Ich war sprachlos und fühlte mich sehr geschmeichelt. Er begleitete mich zurück zu unserem Hotel und erzählte auf dem Weg noch ein wenig von sich. Sein Name war Carl, seine Vorfahren stammten aus Deutschland, und weil er die Sprache perfekt beherrschte, war er derzeit dort stationiert. Ich fand ihn sehr sympathisch, und wir verabredeten für den nächsten Mittag ein Treffen im Park des Hotels. Ich würde ihm dann gern für ein Portrait Modell sitzen.

Aufgeregt erzählte ich Mom von meinem Erlebnis, und sie erwartete den nächsten Tag genauso so gespannt wie ich. Aber an diesem Abend kam Pedro plötzlich zurück und verkündete, daß wir am nächsten Morgen den Zug um zehn Uhr nehmen würden. Später hieß es, unser Zug ginge doch erst um vierzehn Uhr. Ich fühlte mich wie auf einer Achterbahn, hin und her gerissen zwischen Vorfreude und Enttäuschung. Gegen Mittag schlich ich mich mit einer Ausrede aus dem Hotel, in der Hand einen Zettel mit meiner Anschrift in Chicago. Barfuß rannte ich hinüber zum Park. Carl wartete bereits auf mich. Atemlos berichtete ich ihm, was vorgefallen war. „Mein Stiefvater ist plötzlich zurückgekommen, und wir reisen heute ab. Ich kann leider nicht für Sie Modell sitzen, denn mein Stiefvater weiß von nichts und würde es mir sicherlich verbieten. Er hat mir eingeschärft, hier mit keinem Menschen zu sprechen."

Carl lächelte mich ein wenig traurig an: „Wie schade, daß wir nicht mehr Zeit füreinander haben. Ich habe gerade erfahren, daß ich umgehend nach Deutschland zurückkehren muß und auch heute abreise. Ich bin extra hierher gekommen, um Ihnen das zu sagen, und damit Sie nicht vergeblich auf mich warten." Schüchtern reichte ich ihm das Papier mit meiner Anschrift: „Ich mag Sie sehr, und ich würde mich freuen, wenn Sie mir manchmal schreiben würden, wenn Sie möchten", sagte ich leise. Hocherfreut stimmte er zu: „Ich mag Sie auch sehr und finde Sie sehr schön. Auf der ganzen Welt habe ich noch keine so schöne Frau gesehen!" Verlegen dankte ich ihm und verabschiedete mich, um schnell ins Hotel zurückzukehren.

Danach bekam ich jeden Monat einen Brief aus Deutschland von ihm. Er beschrieb die Orte, die er besucht hatte, und sandte mir Skizzen, die er von der Gegend gemacht hatte. Und er schickte natürlich auch Fotos von sich. Daraufhin sandte ich ihm einige Modelaufnahmen von mir. Ein ziemlich gewagtes Bild, auf dem ich wie Marilyn Monroe zurecht gemacht war, mochte er am liebsten. Es zeigte mich in einem eng anliegenden schwarzen Kleid mit tiefem Ausschnitt und unter dem hochgeschobenen Saum waren Strapse zu sehen. Auch all seine Freunde fanden mich toll darauf, schrieb er.

In unseren Briefen tauschten wir unsere Ansichten über die verschiedensten Dinge aus und stellten dabei fest, daß wir sehr oft einer Meinung waren und die gleichen Vorlieben und Abneigungen teilten. Unsere Diskussionen über Themen wie Ehe und Familienleben, Kinder und Ausbildung und unsere Übereinstimmung in Glaubensfragen fand Carl so faszinierend, daß er mir schließlich einen Heiratsantrag machte. Ich sagte ja. Auch wenn wir nur so wenige Stunden miteinander verbracht hatten, so hatte ich doch das Gefühl, ihn aus früheren Leben zu kennen und zu lieben.

In seinem nächsten Brief schrieb er, daß er einen großen ungeschliffenen Diamanten gekauft habe und nun gerne wissen möchte, was für eine Fassung ich gerne hätte. Dann kam ein Päckchen mit meinem Verlobungsring an. Er war traumhaft schön: ein Solitär von über einem Karat in einer Fassung aus Platin und Weißgold. Ich war natürlich überglücklich, und all meine Freunde waren beeindruckt von diesem kostbaren Ring. Ein Juwelier schätzte seinen Wert auf über 10.000 Dollar und meinte, dies wäre ein sehr seltener, lupenreiner Stein.

Im folgenden Sommer sollte ich nach Deutschland reisen, und dort wollten wir heiraten. Carl beschrieb mir das Schloß, das er gemietet hatte, den Jaguar XKE, den er für mich gekauft hatte, und die Schränke voller Kleider, die bereits auf mich warteten. Es war ein Traum, doch plötzlich bekam ich Gewissensbisse wegen meiner Vergangenheit und weil ich nicht mehr unberührt war. Also nahm ich meinen ganzen Mut zusammen und schrieb ihm, daß ich ihn erst heiraten könne, wenn er die Wahrheit über mich wisse, daß nämlich mein Stiefvater mich im Alter von 14 Jahren vergewaltigt hätte. Seine Antwort kam per Telegramm: „Die Vergangenheit zählt nicht. Ich liebe Dich so, wie Du jetzt bist. Ich liebe sogar jeden Pickel auf Deinem wunderschönen Gesicht! In Liebe, Carl."

Ich kannte ihn nur durch seine Briefe, wir hatten uns nie berührt oder gar geküßt, und dennoch wußte ich, daß ich ihn liebte und es kaum erwarten konnte, seine Frau zu werden. Er hatte mir 3000 Dollar für ein Brautkleid und andere notwendige Dinge geschickt. Als ich jedoch kein Kleid fand, das mir gefiel, entwarf ich selbst eins und ließ es von einer Schneiderin anfertigen. Es war ein Traum aus Seide und Spitze. Der lange Schleier wurde von einer kleinen Perlenkrone gehalten.

In meinen Briefen hatte ich Carl auch davon berichtet, daß meine Mutter und Pedro immer häufiger betrunken waren und Streit hatten. Pedro hörte nicht auf, mich zu belästigen, und ich machte mir große Sorgen, denn die Ahnung, daß bald etwas Furchtbares geschehen würde, ließ mich nicht mehr los. Carls Antwort war kurz und direkt: Würde Pedro mir auch nur ein Haar krümmen, werde er ihn umbringen.

Es geschah eines Nachts, nachdem Mom betrunken ins Bett geschwankt und eingeschlafen war. Pedro fing an, auf mich einzureden: „Du glaubst doch nicht, daß du einfach so heiraten und mich mit ihr allein lassen kannst, besonders, wo sie jetzt ständig betrunken ist. Du kannst mir doch nicht die ganze Verantwortung für sie überlassen! Das lasse ich nicht zu, daß du nach Europa gehst und heiratest, und ich hab sie am Hals." Er steigerte sich immer mehr in seine Wut hinein.

„Wenn du ihr das Zeug nicht kaufen würdest, Pedro, würde Mom auch nicht trinken. Und du weißt, daß du uns nicht beide haben kannst. Schließlich bist du mit Donna verheiratet, und ich bin ihre Tochter!" erwiderte ich. Aber es hatte keinen Sinn, er war viel zu betrunken, um ein Wort von dem zu verstehen, was ich sagte. Fluchend stolperte er in den Flur zum Laden und schrie: „Ich bring' dich um, bevor ich dich hier weg lasse. Am besten erschieße ich euch beide!"

Ich folgte ihm durch die Schiebetür, die den Laden vom Hinterzimmer trennte, und dabei hatte ich eine Idee. Wenn es mir gelänge, diese so zuzuschlagen, daß sie aus der Schiene sprang, wäre Pedro im Laden eingesperrt. In seinem Zustand konnte er unmöglich die schwere Tür allein wieder einhängen. Zuallererst mußte ich aber an seinen Schlüsselbund herankommen, damit er nicht den Laden verlassen und dann durch die Hintertür wieder hereinkommen konnte. Und ich mußte unbedingt verhindern, daß er die Pistole in die Hand bekam, die er in einer verschlossenen Schublade vorn in der Ladentheke aufbewahrte. Dann wollte ich schnell zurücklaufen und die Tür so fest zuschlagen, daß sie aus der Schiene rutschte.

Im Laden war es zum Glück dunkel. Nur etwas Licht von der Außenbeleuchtung fiel herein. Wir schalteten abends nie das Licht ein, damit nicht auffiel, daß wir im Hinterzimmer wohnten. Das war nämlich nicht erlaubt. Ich sah, daß Pedro gerade versuchte, die Schublade aufzuschließen. Ich rannte zu ihm, riß ihm den Schlüsselbund aus der Hand und rannte zurück zur Tür. Aber in der Dunkelheit stolperte ich über die Fußstütze des letzten Friseurstuhls, fiel gegen die Tür und riß sie aus den Angeln. Ich war gefangen! Als ich halb betäubt von meinem Sturz versuchte, wieder auf die Füße zu kommen, schnappte sich Pedro den Schlüsselbund. Sekunden später kam er wieder auf mich zu, mit der Pistole in der Hand. Mit aller Kraft schob ich ihn zur Seite und rannte durch den Laden zum Ausgang. Ich würde einfach durch das Glasfenster springen und dann draußen um Hilfe rufen, dachte ich in meiner Panik. In diesem Moment hörte ich den Schuß und fühlte gleichzeitig einen stechenden Schmerz. Es war, als hätte jemand flüssiges Metall auf meinen Arm gegossen. Mit dem nächsten Schuß würde er mich erledigen. Am ganzen Körper zitternd ließ ich mich langsam zu Boden gleiten. Dieser

Mann war betrunken und völlig außer Kontrolle. Langsam kam er auf mich zu, hielt mir die Waffe an die Schläfe und knurrte: „Wirst du jetzt endlich tun, was ich dir sage? Oder willst du lieber sterben?“ Offenbar hatte er nicht einmal bemerkt, daß der Schuß mich getroffen hatte.

Ich wollte noch nicht sterben. Ich erinnerte mich an meinen Selbstmordversuch und daran, daß ich nicht gestorben war, weil hier auf der Erde eine Aufgabe auf mich wartete. In diesem Moment gab ich allen Widerstand auf. Schon der erste Schuß hätte mich töten können, aber Pedro war wohl zu betrunken, um richtig zu zielen. Lieber vergewaltigt als tot, dachte ich verzweifelt. Pedro zerrte mich in eine Ecke des Ladens und befahl mir, mich auf den Boden zu legen. Ich hatte das Gefühl, er würde nie mehr aufhören, mich zu quälen. Ich versuchte, an jemanden zu denken, den ich liebte, aber es gelang mir nicht. Hilflos weinend lag ich unter ihm. Ich fühlte mich entsetzlich gedemütigt und mißbraucht. „Warum muß ich das erleben? War ich jemals (in anderen Leben) so grausam und schrecklich zu den Menschen, daß ich diese Tortur verdient hatte?“ fragte ich mich im Stillen.

Schließlich stand Pedro wortlos auf und zog seine Hose hoch. Er deutete mit der Pistole auf mich: aufstehen. Ich schwankte völlig benommen zu einem der Waschbecken, um das Blut von meinem Arm zu waschen. Die Kugel war kaum in die Haut eingedrungen und fiel klirrend ins Becken. Im Bad fand ich etwas Mull und Pflaster, so daß ich die Wunde verbinden konnte. Völlig erschöpft weinte ich mich in den Schlaf und blieb den ganzen nächsten Tag, ein Sonntag, im Bett.

Als Mom mich nach der Wunde an meinem Arm fragte, redete ich mich damit heraus, daß ich Bierflaschen hatte wegräumen wollen und dabei über die Fußstütze gestolpert sei. Beim Fallen hätte ich mich an den Scherben geschnitten. Sie war besorgt und half mir, die Wunde neu zu verbinden.

Pedro tat so, als sei nichts geschehen. Er war wohl zu betrunken gewesen, um sich an irgend etwas zu erinnern. Ich dachte an Carl und unsere bevorstehende Hochzeit. „Ich werde ihm nichts davon sagen, schließlich weiß er, daß ich keine Jungfrau mehr bin. Ich werde keinem Menschen etwas davon erzählen, besonders nicht Mom", dachte ich. Ich wollte meiner Mutter den Kummer ersparen. Das war immer mein größtes Problem. Ich war ständig in Sorge um sie und versuchte, sie zu beschützen, wo ich nur konnte. Ich liebte sie so sehr, daß ich mich selbst darüber vergaß.

Bild 8: Carl David Sickeroth, mit dem Omnec verlobt war.

Bild 9: Omnec im Hochzeitskleid (für die Hochzeit mit Carl) in Pedros Friseurladen in Chicago. Sie ist im 5. Monat schwanger mit JoJo.

Bild 10: Omnec wenige Monate nach JoJos Geburt. Sie ist 17 Jahre alt.

Kapitel 8

Schwangerschaft • Flucht • Carl, der freundliche Polizist • Mein Verlobungsring wird gestohlen • Lonnie, der Fotograf • Erzwungene Rückkehr • Carl heiratet eine andere Frau

Einige Wochen später mußte ich mich plötzlich jeden Morgen übergeben. Nichts, was ich vor zwei Uhr mittags aß, konnte ich bei mir behalten, aber dann ging es mir für den Rest des Tages ganz gut. Nach ein paar Tagen war ich ernsthaft um meine Gesundheit besorgt und suchte einen Arzt auf.

„Tja, Sheila, du bist schwanger, ich bin mir meiner Sache ganz sicher", sagte er. Die gräßliche Nacht, in der Pedro mich vergewaltigt hatte, lag fast drei Monate zurück, und jetzt war ich schwanger. Ich brach in Tränen aus. „Was ist los?" fragte der Arzt besorgt. „Ich bin verlobt und werde diesen Sommer heiraten", schluchzte ich, „und jetzt weiß ich nicht, was ich tun soll." – „Ist das Kind denn nicht von deinem Verlobten?" wollte er wissen. „Nein, das ist es ja. Ich habe auch nicht mit einem anderen Mann geschlafen. Mein Stiefvater hat mich vergewaltigt!" brach es aus mir heraus.

Weinend erzählte ich ihm alles, was geschehen war. Er hörte mir aufmerksam zu und versuchte, mich zu beruhigen. Schließlich fragte er, ob ich eine Abtreibung vornehmen lassen wolle. Wenn ich in der Zeit regelmäßig mit einem Mann zusammen gewesen wäre, hätte ich mich vielleicht anders entschieden. Aber so hatte ich das Gefühl, daß es einen besonderen Grund für meine

Schwangerschaft gäbe und daß ich dieses Kind zur Welt bringen müsse, da ich in dieser einen Nacht schwanger geworden war. Nein, eine Abtreibung wollte ich nicht.

Mom und Pedro hatten mich zum Arzt begleitet und warteten draußen. Ich fürchtete mich davor, ihnen die Wahrheit zu sagen. Pedro versuchte zuerst, alles abzustreiten. „Bist du sicher, daß das Kind von mir ist?“ fragte er aufgebracht. „Wie kannst du nur so etwas fragen?“ schluchzte ich, „ich glaube dir, daß du dich an nichts erinnerst, aber welchen Grund sollte ich haben zu lügen? Ich bin schließlich verlobt und war mit keinem anderen Mann zusammen. Wenn es so wäre, würde ich es doch sofort sagen, schon um Mom diesen Kummer zu ersparen!“

Nach einer Weile gab Pedro schließlich zu, sich an ein paar verschwommene Einzelheiten aus dieser Nacht zu erinnern. Da ich aber am nächsten Tag nichts gesagt hatte, machte er sich weiter keine Gedanken mehr darüber. Dann bot er an, für die Arztkosten aufzukommen, wenn ich ihm dafür das Kind überlassen würde.

Auf dem Weg nach Hause sagte Mom ununterbrochen, daß alles ihre Schuld sei. Unter Tränen schilderte sie mir, daß sie vor einiger Zeit auf die Idee gekommen war, Pedro solle mit mir ein Kind zeugen, da sie selbst keine Kinder mehr bekommen konnte, sich aber sehnlichst ein Baby wünschte. Sprachlos vor Entsetzen hörte ich ihr zu. Wie konnte sie nur auf solch einen fürchterlichen Gedanken kommen? Ich war fassungslos. „Sheila, es tut mir so leid“, schluchzte sie, „ich war nicht bei Verstand, ich habe damals zu viel getrunken!“ Außerdem hatte sie gehofft, mich auf diese Weise bei sich behalten zu können, denn sie hatte immer noch ein schlechtes Gewissen, weil sie mich als Kind zu Großmutter geschickt und kaum gesehen hatte. Ihre verworrenen Erklärungen ergaben für mich keinen Sinn, so schockiert war ich über ihr Verhalten.

Was würde Carl dazu sagen? Unsere Hochzeit sollte in wenigen Monaten sein. Und wie würde er darauf reagieren, daß ich ein zweites Mal vergewaltigt worden war? Würde er es glauben? Wer würde mir überhaupt glauben? Ich war so hilflos, verletzt und enttäuscht.

Viele Menschen behaupten, daß eine Frau gar nicht vergewaltigt werden kann. Aber das stimmt nicht; ich habe es am eigenen Leib erleben müssen. Unter normalen Umständen hätte ich mich wehren können, hätte treten und um mich schlagen können, aber gegen die Pistole hatte ich keine Chance.

Wieder dachte ich an Carl und fragte Mom verzweifelt: „Was soll ich nur tun?" Sie dachte kurz nach und schlug dann vor: „Warum schreibst du ihm nicht, daß ich schwanger bin und du dich um mich kümmern mußt."

Also schrieb ich Carl in einem langen Brief, daß meine Mutter sich immer noch ein Kind gewünscht habe und jetzt nach einer Operation schwanger geworden sei. Der Arzt hätte gemeint, daß sie sich sehr schonen müsse und daß es besser sei, wenn ich meine Abreise bis nach der Geburt verschöbe. Deshalb könne ich erst frühestens in fünf Monaten zu ihm kommen. Carls Antwort klang nicht sehr glücklich, aber er werde auf mich warten, schrieb er.

Meine Freunde versuchten inzwischen, mich dazu zu überreden, Pedro wegen Vergewaltigung anzuzeigen, aber meine Mutter flehte mich an, es nicht zu tun. Sie liebe ihn einfach zu sehr. Unter einer Bedingung war ich bereit, auf eine Anzeige zu verzichten: Sie müßten sofort aufhören zu trinken und zu streiten, weil ich das nicht länger ertragen könne. „Ich weiß, es ist sehr schlecht für das Baby, wenn ich so nervös bin. Beim nächsten Streit ziehe ich aus!" Ich war nur noch ein Nervenbündel. Danach war unser Zusammenleben einigermaßen erträglich. Niemand sah mir an, daß ich schon im vierten Monat war. Mein Bauch war so flach wie immer. Allerdings ernährte ich mich auch nicht gut. Ich hatte Heißhunger auf Bratwurst und Kartoffelchips. Damals wußte ich noch nichts über ausgewogene Ernährung, und über die giftigen Konservierungsstoffe in Nahrungsmitteln machte sich auch niemand Gedanken.

Immer wenn Mom fest schlief oder betrunken war, bedrängte Pedro mich aufs Neue. Ich versuchte alles, um ihn los zu werden. Ich wehrte mich und flehte ihn an, mich in Ruhe zu lassen. Aber er gab nicht auf. Einmal fragte mich meine Mutter, ob er mich belästige. „Nein, tut er nicht“, beeilte ich mich zu erwidern, denn ich wollte ihr die Wahrheit ersparen. Aber sie glaubte mir nicht. „Bitte, Sheila, lüg' mich nicht an. Ich werde ihm auch nichts davon sagen“, versprach sie mir. Ich hatte die größte Angst davor, daß sie meinetwegen Streit bekommen würden. Zögernd gestand ich: „Ja, er läßt mich einfach nicht in Ruhe. Aber dir zuliebe halte ich es aus, bis das Baby da ist.“

Als ich an diesem Abend von der Arbeit nach Hause kam, waren beide betrunken und hatten offenbar einen heftigen Streit gehabt. Überall lagen leere Bierdosen herum. Offensichtlich hatte Donna ihr Versprechen nicht gehalten und Pedro Vorhaltungen gemacht. Ich war wütend und schrecklich enttäuscht von ihr. Ich tat so, als sei alles in Ordnung, dachte aber gleichzeitig fieberhaft darüber nach, wie ich aus dem Haus kommen könnte.

„Ich gehe noch eben mit der Wäsche zum Waschsalon“, sagte ich und fing an, ein paar Kleidungsstücke zusammenzupacken. Pedro blickte erstaunt auf und meinte: „Das hat doch Zeit bis morgen.“ – „Nein, ich möchte das heute noch erledigen, denn morgen habe ich meinen freien Tag“, erwiderte ich. Mein Plan war, die Wäsche in die Maschine zu stecken und dann zu verschwinden. Ich mußte einfach weg, ich hielt diesen Terror keinen Tag länger aus. Ich steckte etwas Geld ein, gab Mom einen Kuß und verließ den Laden.

Im Waschsalon sah ich zu, wie sich die Wäsche in der Maschine drehte. Was tat ein Mensch in meiner Situation, wohin konnte ich gehen? Ich packte alles in einen Trockner und ging erst einmal ein Stück die Straße entlang, bis ich die Brücke über den Fluß erreichte. Tränen strömten über mein Gesicht, während ich mich verzweifelt fragte, was ich jetzt nur tun sollte. Wohin konnte ich nur gehen? „Bitte, Onkel Odin, hilf mir“, flüsterte ich.

Genau in diesem Moment hielt ein Wagen neben mir, und ein gepflegt gekleideter Mann stieg aus. „Du willst doch nicht etwa da runterspringen?“ fragte er besorgt.

„Nein, nein, natürlich nicht“, schluchzte ich. „Aber ich sehe doch, daß etwas mit dir nicht stimmt. Willst du mir nicht sagen, was los ist?“

„Nein, danke, es ist schon gut“, erwiderte ich und ging ein paar Schritte weiter. Der Mann blieb an meiner Seite, musterte mich eindringlich und sagte freundlich: „Du kannst mir ruhig vertrauen und mit mir reden. Ich bin nämlich Polizist von Beruf. Im Moment bin ich gerade nicht im Dienst.“ Meine Gedanken überschlugen sich, aber ich sagte immer noch kein Wort.

„Kann ich dich vielleicht mitnehmen und irgendwo absetzen?“ fragte er schließlich. „Ach, ich muß nur zurück zum Waschsalon“, sagte ich. Zögernd stieg ich in seinen Wagen ein und erzählte stockend die ganze Geschichte: daß Pedro mich vergewaltigt hatte und ich nun schwanger sei, daß ich von zu Hause weg wollte, aber gleichzeitig Angst hatte zu gehen, weil Pedro dann vielleicht meine Mutter umbringen würde, und ich wäre dann für ihren Tod verantwortlich. Er ließ mich ausreden, blickte mich besorgt an und meinte schließlich: „Sheila, du mußt da raus, du kannst auf keinen Fall bleiben. Ich glaube, es ist dein größtes Problem, daß du immer deine Mutter beschützen willst. Weißt du, sie ist selbst dafür verantwortlich, daß sie in solche Situation gerät. Du hast versucht, ihr Leben zu leben, deshalb bist du auch so verletzt worden. Im Moment solltest du dich aber nur um dich selbst kümmern.“

Er nannte mir seinen Namen: Carl – was für ein seltsamer Zufall! – und bot mir an, bei ihm zu wohnen, nachdem er sich erkundigt hatte, ob ich alt genug war, um alleine zu leben. Nach dem Gesetz konnten Mädchen mit 16 von zu Hause ausziehen, fand er heraus. Ich war schon siebzehn.

„Und jetzt rufst du zu Hause an und sagst ihnen Bescheid“, forderte er mich auf. Ich wählte die Nummer und stellte mir dabei die schrecklichsten Dinge vor. Pedro meldete sich. Stotternd vor Angst brachte ich nur heraus: „Ich komme nicht mehr nach Hause!" – Ist gut." – „Hast du gehört, was ich gesagt habe? Ich komme nicht mehr zurück!" – „Ja, ich weiß", antwortete er nur und legte auf. Er muß verrückt sein, dachte ich voller Panik, aber bei Pedro dauerte es immer eine Weile, bis er wütend wurde. Ich war immer noch in großer Sorge wegen Mom, deshalb rief ich noch einmal an und fragte nach ihr. Als ich ihre Stimme im Hintergrund hörte, fühlte ich mich etwas besser.

Carl bestellte Pizza und versuchte, es mir gemütlich zu machen. Ich solle mich erst einmal von dieser Krise erholen, und bis ich genug Geld hätte, um eine eigene Wohnung zu bezahlen, könne ich gern bei ihm bleiben, meinte er. Sein Angebot war nicht berechnend, sondern einfach herzlich und mitfühlend gemeint. Ich war ihm unendlich dankbar, ich fühlte mich damals wie ein mißhandeltes Hündchen, das um Zuneigung bettelt.

Als er mir einige Tage später gestand, daß er sich in mich verliebt habe und mit mir zusammenleben wolle, lehnte ich ab. Ich sei schließlich verlobt und wolle heiraten, sagte ich ihm freundlich, aber bestimmt. Er war offensichtlich enttäuscht, und wir waren uns einig, daß es unter diesen Umständen nicht leicht sein würde, wenn ich länger bei ihm blieb. Da ich nun auch meine Arztrechnungen selbst bezahlen mußte, blieb mir nur sehr wenig Geld übrig, so daß ich mir nur ein winziges Zimmer in einer billigen, häßlichen Gegend von Chicago leisten konnte. Dort gab es lediglich ein schmales Bett, einen Tisch und einen Kühlschrank. Die Gemeinschaftsduschen und die Toiletten lagen am Ende des Flurs. Das Haus war heruntergekommen, und im Eingang schliefen manchmal Obdachlose. Oft mußte ich über Betrunkene hinwegsteigen, wenn ich von der Arbeit nach Hause kam.

Das Zimmer kostete mich nur fünf Dollar die Woche, denn ich teilte es mit einem jungen Mann namens Roger. Er schlief dort, während ich arbeitete und umgekehrt. Wir begegneten uns fast nie. Carl war damals mein einziger Freund, und ich sehnte mich nach Menschen, mit denen ich reden konnte.

Carl lud mich häufiger zum Essen ein. Ich machte mich dann immer besonders hübsch für ihn. Selbst im fünften Monat hatte ich nur einen winzigen Bauch und eine tadellose Figur. Meine finanziellen Probleme wurden mit der Zeit immer schlimmer, schließlich konnte ich meine Arztrechnung nicht mehr bezahlen. Ich hatte schon länger keine Modelaufträge mehr bekommen und bedauerte es jetzt sehr, daß ich mein Geld so verschleudert hatte. Jetzt hätte ich es gut gebrauchen können. Nun aber sah ich keinen anderen Ausweg mehr, als meinen Verlobungsring zu verpfänden, allerdings nur für 50 Dollar, damit ich ihn später wieder einlösen konnte. Der Pfandleiher bot mir sofort 3000 Dollar für den Ring und meinte, er sei eine Menge Geld wert. „Ich weiß", sagte ich, „aber ich möchte ihn nicht verkaufen, sondern ich brauche im Moment nur etwas Geld, um meine Arztrechnung zu bezahlen." Es stellte sich heraus, daß ich zu jung für diese Transaktion war, und daher bat ich meinen Mitbewohner Roger, für mich zu unterschreiben.

In meinen Briefen an Carl blieb ich bei meiner Lüge über die Schwangerschaft von Mom, weil mir nichts einfiel, was ich ihm sonst hätte schreiben können. Ich hatte beim Postamt einen Antrag gestellt, damit mir seine Briefe an meine neue Adresse nachgesandt wurden.

Eines Tages sprach mich ein Mann auf der Straße an. Ich trug gerade mein hübsches blaues Indianerkostüm, auf das ich sehr stolz war, und hatte meine Haare zu Zöpfen geflochten. „Ich bin Fotograf bei Vogue", sagte mir der Mann, und wenn du mir erlaubst, dich zu fotografieren, springt eine Menge Geld für dich dabei heraus." Er hieß Lonnie, und ich fand ihn ganz sympathisch.

„Einverstanden", meinte ich, „im Moment kann ich nämlich Geld sehr gut gebrauchen." Ich folgte ihm zu seiner Wohnung, und er fotografierte mich in meinem Kostüm, nachdem ich mich geweigert hatte, unbekleidet für ihn zu posieren. Später kaufte er mir noch andere Kleidungsstücke und gab mir 25 Dollar für eine Kosmetikbehandlung, bevor wir dann zum See hinunterfuhren und er Aufnahmen von mir am Wasser machte. Ich war begeistert, obwohl ich das Gefühl hatte, daß er mich damit gefügig machen wollte.

Immer wieder wollte er mich nackt fotografieren. Ich fühlte mich sehr unwohl dabei, gestattete ihm dann aber einige Aufnahmen, auf denen ich nur Unterwäsche trug. Schließlich ließ ich mich doch zu einigen Nacktaufnahmen überreden. Er knipste mich durch die Milchglasscheibe der Duschabtrennung im Gegenlicht. Ich habe diese Fotos nie gesehen, aber ich glaube, daß er sie an irgendwelche Sexmagazine verkauft hat. Für jeden Termin bekam ich 50 oder 75 Dollar. Eines Tages wollte er mit mir schlafen. Als ich ablehnte, versprach er mir eine eigene Wohnung und eine feste Beziehung. Es störte ihn offenbar nicht, daß ich schwanger war. Aber ich hatte Angst, die ganze Situation war mir unheimlich. Einmal schlief er während der Arbeit ein. Ich sah seine Brieftasche auf dem Tisch liegen und öffnete sie. Sie war randvoll mit Geldscheinen! Ich nahm drei 20 Dollarscheine heraus und verließ dann seine Wohnung. Ich fühlte mich kein bißchen schuldig dabei. Ich bin sicher, daß er den Verlust nicht einmal bemerkt hat, und ich sah ihn nie wieder.

Diese Erfahrung lehrte mich, daß es für viele Menschen in Not hier auf der Erde sehr schwierig ist, nicht in eine Falle der negativen Kräfte zu geraten. Zu leicht erliegt man der Versuchung, sich für Geld zu verkaufen, nur um überleben zu können!

Immer wieder machte ich mir Sorgen um meine Mutter, deshalb wagte ich mich eines Tages in die Nähe des Ladens. Und da sah ich sie: Mit zwei Einkaufstaschen in der Hand kam sie die Straße hinunter. Mein Herz machte einen Sprung vor Freude. Schnell versteckte ich mich im Eingang eines Geschäfts auf der anderen Straßenseite und ließ sie nicht aus den Augen. Sie sah schlecht aus, wirkte müde und bedrückt. Am liebsten wäre ich zu ihr gerannt und ihr um den Hals gefallen. Mit Tränen in den Augen sah ich ihr nach, bis sie im Friseurladen verschwand. Ich liebte sie so sehr! Weinend lehnte ich mich an die Hauswand. Es mußte schrecklich für sie sein, so zu leiden. Sie wußte nicht einmal, was Karma bedeutet, denn wir hatten nie über spirituelle Themen sprechen können. Wann würde ich sie wiedersehen? Als ich in dieser Nacht in meinem Bett lag und vergeblich versuchte, Schlaf zu finden, fühlte ich mich unendlich einsam.

Ganz in der Nähe von meinem neuen Zuhause gab es eine Bowlingbahn mit Restaurant. Aus einem Gefühl heraus fragte ich dort nach, ob sie eine Kellnerin benötigten. Ich hatte Glück und konnte gleich am nächsten Tag dort anfangen. Dann rief meine Model-Agentur an und hatte wieder einen Job für mich. Zu Beginn des sechsten Monats war meine Schwangerschaft immer noch kaum zu sehen. Endlich schien es wieder aufwärts zu gehen.

Doch dann geschah etwas, womit ich nicht gerechnet hatte: Bei meiner Rückkehr von der Arbeit standen Mom und Pedro plötzlich vor meiner Wohnung. Panik und Entsetzen überwältigten mich. Was jetzt? „Du kommst mit nach Hause“, befahl Pedro und zückte seine Pistole. Mir blieb nichts anderes übrig, als zu gehorchen. „Wie habt ihr mich gefunden?“ – „Das spielt jetzt keine Rolle, pack’ deine Sachen und komm’“, antwortete er unwirsch.

Sie erklärten mir, daß sie das Baby haben und dafür Sorge tragen wollten, daß ihm nichts geschah. Sie wollten sichergehen, daß es mir gut ging, und sie versprachen, für alle Kosten aufzukommen. Sie meinten, ich würde es allein nicht schaffen. Mir wurde klar, daß ich einen Babysitter brauchen würde, um arbeiten gehen zu können. Bei ihnen wußte ich wenigstens, wo mein Kind war, und es würde eine Mutter haben, die den ganzen Tag für es da war.

„Ich muß meinen Ring beim Pfandleiher auslösen. Kann ich wenigstens dahin gehen?“ fragte ich Mom aufgebracht. Ich wollte unbedingt meinem Freund Carl Bescheid sagen, wo ich war. Aber sie ließen mich keine Sekunde aus den Augen und begleiteten mich zur Pfandleihe. Der Ring war nicht mehr da! Roger, der für mich unterschrieben hatte, war offenbar zurückgekommen und hatte ihn gestohlen. Das war eine harte Lektion für mich, daß Menschen mein Vertrauen derart mißbrauchen.

Pedro und Mom hielten mich zu Hause wie eine Gefangene, besonders nachdem sie mich dabei überrascht hatten, wie ich mit der Polizei telefonierte. Ich war einmal allein auf dem Weg zum Einkaufen an einer Telefonzelle vorbeigekommen und hatte spontan die Polizei angerufen, um Hilfe zu bekommen. „Ich möchte mit jemandem reden, der mir helfen kann", sagte ich. „Man hat mich vergewaltigt, und nun bin ich schwanger. Ich werde zu Hause eingesperrt und brauche dringend Hilfe!" Ich wurde so lange immer wieder mit einer anderen Person verbunden, die sich für nicht zuständig hielt, bis Mom und Pedro auftauchten und mich zurück nach Hause schleppten. Danach durfte ich nur in Begleitung von einem von ihnen auf die Straße.

Ich drohte wieder einmal damit, Pedro anzuzeigen, damit er mich endlich in Ruhe ließe, aber meine Mutter jammerte und bettelte so lange, bis ich wieder nachgab. „Er wußte doch nicht, was er tat, und ich liebe ihn doch so", waren ihre Worte.

Endlich schrieb ich in einem Brief an Carl die ganze Wahrheit über die Vergewaltigung und die Schwangerschaft. Ich konnte ihn nicht länger belügen. Ich brauchte dringend Hilfe und hoffte, er würde kommen und mich da herausholen, wie er es versprochen hatte.

Ich erhielt nie eine Antwort. Ich schrieb noch mehrere Briefe, aber ohne Erfolg. Eines Tages sah ich, daß ein Brief aus Deutschland angekommen war, aber Mom wollte ihn mir nicht zeigen. Schließlich gab sie zu, daß Pedro die anderen Briefe abgefangen und zerrissen hatte. Das hatte sie herausgefunden, unmittelbar bevor dieser Brief ankam. Ich öffnete ihn und las mit steigendem Entsetzen: Carl hatte mehrfach auf meinen verzweifelten Brief geschrieben, um mir zu sagen, daß ich sofort nach der Geburt des Babys zu ihm kommen solle. Nachdem er zwei Monate lang nichts mehr von mir hörte, hatte er schließlich eine andere Frau mit zwei Kindern aus einer früheren Ehe geheiratet. Diese Nachricht traf mich wie ein Schock. Carl hatte eine andere geheiratet! Ich konnte gar nicht mehr aufhören zu weinen. Warum passierte mir immer so etwas? Jeder Mensch, der mir etwas bedeutete, verschwand entweder einfach aus meinem Leben oder betrog und verließ mich. Warum wird mir immer wieder alles genommen, was ich mir wünsche und was ich brauche? Meine Gedanken drehten sich im Kreis. Ich war todunglücklich und total verwirrt.

Während der letzten Monate meiner Schwangerschaft ging ich fast überhaupt nicht mehr aus dem Haus. Die Tage im Hinterzimmer des Friseurladens waren die Hölle für mich. Es war genauso schlimm wie damals mit C.L., nur daß der Mann diesmal anders aussah.

Immer wieder dachte ich an meine wundervolle Kindheit auf der Venus und daran, daß ich dieses Leben selbst gewählt hatte. Mir wurde klar, daß Karma nur ein harmloses Wort mit fünf Buchstaben ist. Das damit verbundene Leiden drücken sie nicht im Entferntesten aus. Mir blieb keine andere Wahl. Ich mußte meine Lage akzeptieren und versuchen, die Ereignisse in einem größeren Rahmen zu sehen.

Kapitel 9

JoJos Geburt • Zusammenleben mit Ronald • Endlich frei?

Eines Nachts, als ich wieder einmal nicht schlafen konnte, fragte ich Onkel Odin, ob er denke, daß meine Wahl für dieses Leben richtig gewesen sei. Nur ich selbst könne die Entscheidungen für mein Leben treffen, erwiderte er. Ich solle auf keinen Fall das Kind dafür verantwortlich machen, daß sein Vater ein so wenig bewußter Mensch sei. Ich wußte, daß er die Wahrheit sagte. Das Kind und seine Seele waren bei der Geburt frei von Schuld für alles, was vorher geschehen war. Aufgrund karmischer Verwicklungen zu einem oder beiden von uns hatte die Seele uns lediglich als Eltern ausgewählt.

Ich wußte, daß Mom sich wirklich noch ein Kind wünschte. Wenn ich ihr nun mein Baby gab, konnte ich vielleicht etwas von den früheren Leiden wiedergutmachen, dachte ich und hoffte, daß sie mit dem Trinken aufhören würde, wenn sie erst einmal für das Kind zu sorgen hätte.

Mom und Pedro begleiteten mich bei jedem Arztbesuch. Der Doktor hatte es nicht leicht mit mir. Er war der Ansicht, daß das Baby nicht vor Dezember zur Welt kommen würde. Ich widersprach: „Nein, das Baby kommt am 18. November und ist ein Junge!“ – „Liebes, woher willst du das wissen?“ fragte er. Bisher hatte ihm noch keine Frau erzählt, wann ihr Kind plante, auf die Welt zu kommen. Sollte ich ihm sagen, daß ich telepathisch mit dem Kind in Verbindung stand? Er hätte mir kein Wort geglaubt.

Also sagte ich bestimmt: „Ich weiß es einfach ... und auf meinem Bauch wachsen ein paar dunkle Haare!" – Wie bitte?" – „Hier, ein kleines Haarbüschel." – „Und das bedeutet, daß es ein Junge wird?" – „Ja, das hängt mit den Hormonen zusammen." – „Daran habe ich noch gar nicht gedacht", meinte der Arzt nachdenklich. „Woher weißt du das?" – „Keine Ahnung". Was sollte ich sonst sagen? Der Doktor ging sehr liebevoll mit mir um, so als ob ich selbst noch ein Kind wäre. Ich mochte ihn sehr.

„Also, Sheila, eines weiß ich ganz genau. Dieses Baby kommt erst im Dezember. Sieh dich doch an, du bist noch so schlank. Da kann das Baby gar nicht so bald kommen!" Das werden wir ja sehen, dachte ich nur und schwieg.

Meine Gedanken drehten sich immer wieder um einen Punkt: Ich würde das Kind nicht behalten können. Dieses Wesen in mir war ein Teil von mir, konnte meine Gefühle spüren und merkte sicherlich auch, wie sehr ich unter der Situation litt. Aber wie sollte ich ihm erklären, daß ich es weggeben mußte? Wie würde es darüber denken, wenn es erwachsen war? Ich hatte keine Ahnung, wie ich dieses Problem lösen sollte.

Auf der anderen Seite konnte ich es kaum erwarten, endlich frei zu sein. Sofort nach der Geburt würde ich den Friseurladen auf Nimmerwiedersehen verlassen, das stand für mich fest. Erst einmal mußte ich die Entbindung hinter mich bringen, dann konnte ich endlich meinen eigenen Weg gehen.

Freddie, ein netter Junge, der bei uns als Schuhputzer arbeitete, wurde meine Rettung. Pedro mochte ihn so sehr, daß er uns einen gemeinsamen Kinobesuch erlaubte. Ich genoß es, für einige Stunden meinem Gefängnis entronnen zu sein. Bei dieser Gelegenheit lernte ich Freddies Bruder Ronald kennen. Wir verliebten uns auf der Stelle ineinander. Er hatte schon viel von mir gehört und war sehr mitfühlend. Freddie erzählte mir später, daß Ronald mich anbetete. Mein Bauch, der immer dicker wurde, störte ihn nicht im Geringsten.

Immer, wenn Mom und Pedro betrunken ins Bett geschwankt

waren, traf ich mich heimlich mit Ronald. Wir machten gemeinsame Zukunftspläne: Nach der Geburt wollten wir uns eine gemeinsame Wohnung suchen und später heiraten. Verzweifelt sehnte ich mich nach Liebe und Verständnis. So oft ich konnte, rief ich ihn heimlich vom Laden aus an. Freddie behielt während dessen Pedro im Auge.

Im November begann ich, die Tage zu zählen. Am Morgen des 16. platzte die Fruchtblase und ich rief sofort meinen netten Doktor an. „Sheila, ruf' ein Taxi und komm' ins Krankenhaus", ordnete er an. Mom war bereits zur Arbeit gegangen, und Pedro bediente Kunden im Laden, also mußte ich ganz allein ins Krankenhaus fahren. Ich fühlte mich sehr einsam und verlassen, wie ich so mit meinem kleinen Koffer im Taxi saß. Ich hatte Angst, denn ich hatte keine Ahnung, wie eine Entbindung ablief. Hätte ich doch nur Mom angerufen, damit sie jetzt bei mir sein konnte. Ich wußte, Pedro würde sie erst abends nach ihrer Rückkehr informieren.

Im Krankenhaus wurde ich erst einmal untersucht. Inzwischen hatten die Wehen eingesetzt, aber der Muttermund öffnete sich nicht richtig. Trotz aller Medikamente hatte ich die ganze Nacht über furchtbare Schmerzen, auch das Kissen half nichts, das die Schwester mir zwischen die Beine gelegt hatte, damit ich mich etwas entspannen konnte. „So, wie es aussieht, werden wir einen Kaiserschnitt machen müssen", sagte der Arzt bei einer Untersuchung am nächsten Tag. „Eigentlich müßtest du aber das Baby auf normalem Wege bekommen können, denn es ist nicht sehr groß." Immer wieder sah er mich kopfschüttelnd an und meinte: „Ich kann es nicht fassen, daß das Baby jetzt kommt. Das ist doch viel zu früh, der Termin war doch im Dezember."

Mom durfte mich ausnahmsweise für eine Stunde im Wehenzimmer besuchen. Normalerweise waren nur Väter zugelassen, aber sie hatte sich nicht abweisen lassen. Sie umarmte und küßte mich, und ich umklammerte ihre Hand, wenn die nächste Wehe kam.

Am 18. November, nachdem ich 34 Stunden in den Wehen gelegen hatte, wurde ich endlich in den Entbindungsraum gebracht. Der Arzt gab mir eine Spritze in die Vagina, um den Muttermund künstlich zu öffnen. Es tat erst fürchterlich weh, dann wurde alles taub und gefühllos. Mein linker Arm wurde festgeschnallt, rechts neben mir befand sich ein Griff, an dem ich mich festhalten konnte. Meine Beine wurden hochgelegt, und gerade, als ich in den Spiegel über meinem Kopf sah, befahl der Arzt: „So, jetzt pressen!" Es ging ganz leicht, ich drückte einmal, und schon war das Baby draußen. Der kleine Kerl wog etwa fünf Pfund und war nur 45 Zentimeter groß.

„Ach du meine Güte, was hängt denn da aus mir heraus?" fragte ich aufgeregt, als ich die lange bläuliche Schnur zwischen meinen Beinen entdeckte. „Was ist das, muß das wieder in mich hinein und wohin? Was ist los?" Ich hatte schreckliche Angst, daß etwas nicht in Ordnung sein könnte. Der Doktor lachte. „Sheila, weißt du das wirklich nicht? Das ist die Nabelschnur, die das Kind mit der Plazenta verbindet. Sie wird nach der Geburt ausgestoßen. Ich dachte, das wüßte jede Frau." – „Nein, ich hatte keine Ahnung und dachte, etwas sei nicht richtig. Ich habe mich so erschrocken", antwortete ich verlegen. Schließlich wurde ich in einen anderen Raum gebracht. „Sie können Ihr Baby jetzt sehen", meinte die Schwester und legte es in meine Arme.

Mein kleiner Junge war einfach süß, und ich fand ihn wunderschön mit seinen großen traurigen grauen Augen und dem Kopf voller feiner brauner Haare. Er sieht mir so ähnlich, dachte ich und konnte es nicht fassen, daß ich ihn wirklich geboren hatte – mein Baby. Ich mußte ihn immer wieder ansehen und an mich drücken. Ich war so schwach, daß ich dabei fast aus dem Bett gefallen wäre. Die Tränen liefen mir über die Wangen und tropften auf seine Stirn, während ich ihm zuflüsterte: „Ich liebe dich über alles, und ich hoffe, du weißt, daß ich dich nicht hergeben will. Ich bin nicht gefühllos und kalt, ich liebe dich so sehr und wünsche mir nichts mehr, als dich behalten zu können. Aber ich habe

Angst vor Pedro, und mir bleibt keine andere Wahl. Schließlich kam die Schwester und nahm mir das Kind aus den Armen. Langsam beruhigte ich mich etwas und schlief ein.

Einige Stunden später sollte ich mein Baby zum ersten Mal füttern. Vor lauter Aufregung ließ ich die Flasche fallen, und sie zerschellte auf dem Fußboden. Die Schwester schärfte mir ein, ich solle ihn kopfüber an den Füßen halten, falls er sich verschlucke, damit die Milch ausfließen konnte. Diese Behandlung fand ich einfach gräßlich, aber nachdem ich es ein paarmal versucht hatte, war es nicht mehr so schlimm.

Mom kam zu Besuch und brachte mir einen großen Korb mit Obst. Sie hatte das Baby schon gesehen und fand es einfach entzückend. Es tat so gut, sie in meiner Nähe zu haben, und mir wurde klar, daß meine tiefe Liebe zu ihr aus vielen gemeinsamen Lebenszeiten stammte. Von allen Menschen auf der Erde war sie für mich der wichtigste und liebste.

Ich fühlte mich sehr unbehaglich, als Pedro wenig später ins Zimmer kam. „Wirst du das Baby stillen?" fragte er. „Nein", sagte ich, „so lange will ich nicht bei euch bleiben. Ich ziehe so schnell wie möglich aus!" Aber erst einmal mußte ich mit ihnen zurück zum Friseurladen. Auf der Fahrt nach Hause hatte ich die ersten Probleme. Ich war genäht worden, und das Sitzen bereitete mir große Schmerzen. Schließlich setzte ich mich auf meine Hände, um so den Druck etwas zu mildern. Eine Woche lang konnte ich nur liegen oder stehen, sitzen konnte ich nur in einer Wanne mit heißem Wasser. Dazu kamen die Schmerzen in meinen Brüsten. Ich versuchte den Milchfluß zu stoppen, indem ich Handtücher darum wickelte, aber es half nicht viel. Mir tat alles weh, die Milch tropfte überall hin, und das Baby weinte ständig.

Mom war bei der Arbeit, Pedro bediente wie immer seine Kunden, und ich war allein mit dem Kind. Wenn ich seine Windel wechselte, tropfte die Milch auf ihn, und er fing an zu weinen. Dann machte er sich naß und fing wieder an zu schreien. Dann mußte er aufstoßen und begann zu weinen. Schließlich war seine

Windel schon wieder voll. Kaum hatte ich alles weggeräumt, war er schon wieder naß und weinte, und die ganze Zeit floß Milch an meinem Körper herab, und die Naht schmerzte höllisch. Es war zum Verrücktwerden! Ich kam keinen Moment zur Ruhe und wußte nicht mehr, was ich tun sollte. Verzweifelt brach ich in Tränen aus. In diesem Moment kam Mom nach Hause. Sie und Pedro standen lachend in der Tür und beobachteten mich. Ich wurde wütend – wie konnten sie nur dastehen und lachen, während ich nicht mehr ein noch aus wußte. Mom nahm mir das Kind ab und ließ ein heißes Bad ein, damit ich mich ein wenig entspannen konnte. Ich würde nie wieder ein Kind bekommen, sagte ich voller Überzeugung zu Mom. Ich hatte ja keine Ahnung gehabt, wie schrecklich das alles war, die Schmerzen, die Milch, die überall hintropfte, das ständige Weinen – und nie einen Moment Ruhe. Ich hatte mir bisher keine Gedanken darüber gemacht, daß eine Mutter morgens mit ihrem Baby aufsteht, und wenn es um fünf Uhr aufwacht. Wenn es nachts Bauchweh oder einen Schluckauf hat, trägt sie es herum, füttert es – und das alles, während sie selbst Schmerzen hat und hundemüde ist.

Nachts wurde ich vom kleinsten Geräusch wach: Ich sah seine kleinen Augen im Dunkeln leuchten, wenn er wach war und sich bewegte. Er war ein süßes Baby, und die Tatsache, daß er mein Kind war, machte ihn selbstverständlich zum schönsten Baby der Welt. Wir nannten ihn JoJo, aber sein vollständiger Name lautet José Guadalupe Francesco Garcia Mora.

Mom und Pedro zeigten ihn stolz in der ganzen Nachbarschaft herum, aber ich mußte meinen Stolz verbergen. Bis ich eines Abends, Mom und Pedro waren Essen gegangen, den kleinen Kerl in eine warme Decke wickelte und durch Schnee und Eis zu Ronalds Familie rannte, um ihnen mein Baby zu zeigen. Endlich konnte ich eine stolze Mutter zeigen und ihre Bewunderung für mich und das Kind genießen. Leider mußte ich viel zu schnell wieder zurück nach Hause.

Ich versprach Ronald, daß wir bald zusammenziehen und

dann sofort heiraten könnten. Ich hatte mir nie Gedanken darüber gemacht, ob ich ihn liebte. Ich glaubte, es sei genug, daß er mich mochte, als ich schwanger war. Also würde er mich nach der Geburt um so mehr mögen. Unsere Beziehung basierte auf endlosen Telefongesprächen, die mir geholfen hatten, meine Verzweiflung und meine Einsamkeit zu ertragen.

Als JoJo sechs Wochen alt war, zog ich aus dem Friseurladen aus. Endlich! Ich war grenzenlos erleichtert. Mom und Pedro sagten nicht viel dazu, ich packte einfach meine Sachen und ging die sechs Querstraßen bis zu Ronalds Wohnung. Wie ich sehr schnell herausfinden sollte, begann damit nicht etwa ein freies Leben für mich, sondern sofort tauchten neue Probleme auf. Unsere Zweizimmerwohnung war ganz nett, aber die Miete war meines Erachtens viel zu hoch.

Da ich keinen Streit provozieren wollte, sagte ich kaum etwas dazu, daß es mir überhaupt keinen Spaß machte, für Ronald zu kochen. Er aß nichts als Hamburger oder Spaghetti, kaum Gemüse oder Eintopf, mochte keinen Fisch oder irgend etwas anderes. Wie eintönig und langweilig, aber er verbot mir, neue Gerichte auszuprobieren.

Seine Abende verbrachte er mit den Nachbarn. Sie saßen zusammen, tranken Bier und spielten Karten. Ich hatte nie Kartenspielen gelernt und langweilte mich sehr. Da ich immer noch glaubte, in ihn verliebt zu sein, wollte ich sein Verhalten akzeptieren. Mir war nicht bewußt, daß Ronald ein sehr unsicherer Mensch war. Ständig hörte ich von ihm: „Ich liebe dich. Liebst du mich auch?"

Was mir aber die meisten Probleme machte, war die Tatsache, daß er immer noch mit einer alten Freundin ausging und dauernd von ihr sprach. Seine Unsicherheit und Unreife verletzten mich zutiefst. Wir hatten einen heftigen Streit, als ich ihm sein kindisches Verhalten vorhielt und ihm deutlich machte, daß er diese Spielchen aufgeben müsse, wenn er mich heiraten wolle.

Er kritisierte auch mein Äußeres, meinen Schmuck, mein

Make-up, meine Kleidung und mein Verhalten: Während einer Weihnachtsfeier mit seiner Familie tanzte ich aus Spaß mit seiner Mutter, und Ronald machte mir heftige Vorwürfe. Ich konnte mir ausmalen, was geschehen würde, wenn ich mit einem anderen Mann tanzte, und fing endlich an, unsere Beziehung in einem anderen Licht zu sehen. Wir stritten immer häufiger und verbrachten die meiste Zeit bei seinen Eltern, die beide ziemlich viel tranken. Ich stellte fest, daß ich vom Regen in die Traufe gekommen war. Weil ich unbedingt von Mom und Pedro weg wollte, hatte ich übereilt und ohne nachzudenken gehandelt, als ich mit Ronald zusammenzog. In meiner Verzweiflung war mir das als die Rettung erschienen. Ich hatte monatelang kaum Kontakt zu anderen Menschen gehabt, und was mir wie Liebe vorkam, war eigentlich nur der Wunsch gewesen, zu Hause auszuziehen, ohne mir die Zeit zu nehmen, Ronald näher kennenzulernen. Viele Menschen haben sich schon in eine solch unglückliche Lage gebracht.

Ronald hatte sich zum Militärdienst gemeldet, und als er zur Grundausbildung mußte, zog ich mit einem Mädchen zusammen, das ich bei der Arbeit getroffen hatte. Meine Entscheidung stand fest: Ich wollte mich von ihm trennen, wußte aber noch nicht genau, wie ich das anstellen sollte.

Eines Abends holte er mich in dem Restaurant ab, in dem ich arbeitete. Die halbe Nacht erzählte er von seinen Zukunftsplänen. Er wollte, daß ich zu ihm nach Florida zog, wo er in Zukunft stationiert sein würde. Seine alte Freundin lebte auch dort, und er bestand darauf, sie weiterhin zu treffen. Das gab mir den Rest. Ich liebe diesen Mann nicht, und ich werde nicht bei ihm bleiben, war mein einziger Gedanke. Als er endlich eingeschlafen war, schrieb ich ihm einen Brief: „Ronald, es tut mir leid. Ich war Dir während Deiner Abwesenheit nicht treu. Ich habe inzwischen eingesehen, daß ich nur mit Dir zusammengezogen bin, weil Du der einzige Mensch warst, der gut zu mir war, als es mir schlecht ging. Dafür danke ich Dir, aber es tut mir leid, ich kann nicht mit Dir leben. Ich glaube nicht, daß ich die richtige Frau für Dich bin, denn Du bist offensichtlich immer noch in Deine alte Freundin verliebt. Auf Wiedersehen."

Dann verließ ich die Wohnung und lief die ganze Nacht durch die Straßen. Ich wußte, daß Ronald sofort zu seinen Eltern fahren würde, nachdem er meinen Brief gelesen hatte. Und richtig, gegen Morgen fuhr er an mir vorbei, ohne mich zu sehen. „Das wäre also erledigt, jetzt kann ich wieder nach Hause", dachte ich.

Am nächsten Abend stand er jedoch zusammen mit seinem Vater vor dem Restaurant und wartete darauf, daß ich Feierabend machte. Meine Kollegen warteten neugierig darauf, ob etwas Dramatisches geschehen würde. Als ich meinen Heimweg nicht länger hinauszögern konnte und auf die Straße trat, rief Ronald sofort erregt: „Sheila, ich lasse dich nicht so einfach gehen! Und sein Vater fügte hinzu: „Schließlich hast du unserem Sohn ein Versprechen gegeben, und das wirst du auch einhalten."

Kurz und bündig teilte ich Ronald mit, daß ich ihn nicht liebe und er deshalb sicherlich nicht wolle, daß ich mit ihm nach Florida käme. Er könne mich nicht zwingen, ihn zu lieben. Mit einem Blick auf den Vater fuhr ich fort. „Und was das Versprechen angeht: Ronald hat mir nicht einmal einen Verlobungsring gekauft. Und was ist eigentlich mit dem Mädchen, das Ronald immer noch in Florida trifft?" Der Vater fing sofort an, mich zu beschimpfen, aber Ronald sagte grob, er solle sich aus unserem Streit heraushalten. „Ich will aber auf jeden Fall unseren Fernseher wiederhaben", verlangte er schließlich. Ihr Fernsehgerät stand in meiner Wohnung.

„Hier ist der Schlüssel. Holt das Gerät ab und gebt ihn anschließend bei der Vermieterin ab. Ich hole ihn mir dort bei meiner Rückkehr ab." Die beiden starrten mich nur sprachlos an, drehten sich schließlich um und gingen. Ich sah sie nie wieder.

Bild 11: Omnec mit klein JoJo

Kapitel 10

Onkel Odin kehrt zurück • Meine Aufgabe auf der Erde • Medizinische Untersuchung im Raumschiff

Es geschah während eines Besuchs bei meiner Großmutter in Tennessee. Mom und ich waren mit dem Baby in den Süden gefahren und zeigten JoJo stolz in der Verwandtschaft herum. Niemand hegte auch nur den geringsten Zweifel daran, daß er Moms Sohn war.

Plötzlich erhielt ich von meinen Leuten eine innere Botschaft. Es sei dringend, ich müsse umgehend nach Nevada fahren. Ich erzählte niemandem etwas davon, sondern schickte Mom und das Baby mit einer Ausrede allein zurück nach Chicago, dann setzte ich mich in den nächsten Bus und fuhr wieder einmal quer über den amerikanischen Kontinent.

Am frühen Nachmittag traf ich zwei Tage später in Boulder City ein. Ich nahm mir ein Zimmer, duschte und zog mich um. In der Hotelhalle sah ich ein Plakat, auf dem die Ausflugsfahrten zum Boulder Staudamm angekündigt wurden. Wieder war die innere Botschaft ganz klar. Ich sollte den nächsten Bus nehmen, und einer unserer Leute würde mich dort erwarten.

Schritt für Schritt wurde ich zu diesem Treffen geführt. Oben auf dem Staudamm verließ ich den Bus, betrat das Restaurant und bestellte mir an der Theke ein Glas Cola. Ein Mann stand von einem der Tische auf und ging zur Kasse. Ich erkannte ihn sofort. Sein Gesichtsausdruck unterschied sich deutlich von dem anderer Menschen. Ich erkannte in ihm einen Bewohner vom Mars. Unsere Blicke kreuzten sich, und wir verständigten uns wortlos. Nachdem ich bezahlt hatte, folgte ich ihm auf den Parkplatz zu seinem Auto. Schweigend schloß er den Wagen auf, und wir stiegen ein. Dann begrüßte er mich freundlich und stellte sich vor: „Hallo, Omnec, ich bin Flynn. Ich wohne und arbeite in Las Vegas. Dein Onkel hat mit mir Kontakt aufgenommen, damit ich dich abhole. Er sagte mir, du wärst hier irgendwo auf dem Staudamm. Er hat dich so genau beschrieben, daß ich dich sofort erkannt habe."

Ich erzählte ihm, daß ich in Chicago lebte und in einer irdischen Familie aufgewachsen sei. Ich sollte meinen Onkel treffen, weil er mir etwas über den Grund meines Aufenthalts auf der Erde mitzuteilen hätte, was mir noch nicht bekannt sei. Lächelnd bestätigte er dies und meinte, er glaube zu wissen, worum es sich handelte.

„Es sieht so aus, als ob alle außer mir Bescheid wüßten", dachte ich. Der Marsianer grinste fröhlich und sagte: „Kann gut sein!" Verblüfft sah ich ihn an, bis ich mich daran erinnerte, daß all meine Leute Gedanken lesen können. „Ich nenne mich Sheila", berichtete ich weiter, während wir durch die Wüste fuhren. „Mein richtiger Name ist Omnec Onec. Er bedeutet Spirituelle Rückbindung. Aber erst, wenn ich mit meiner spirituellen Arbeit begonnen habe, werden die Menschen, die wissen, woher ich komme, mich mit diesem Namen anreden."

Etwa eine Stunde lang fuhren wir langsam über die holprige Wüstenstraße zur Grenze nach Arizona. Für mich war der Weg oft kaum zu erkennen, aber Flynn schien genau zu wissen, was er tat. Es war wunderbar, endlich wieder bei einem Menschen mit höherem Bewußtsein zu sein. Ich entspannte mich und nahm dieses Gefühl tief in mich auf.

Schließlich endete die Straße vor einer Hügelkette. Die Sonne ging bereits unter, als wir den Wagen parkten und zu Fuß zu einem kleinen Tal hinuntergingen, das fast vollständig von steilen

Felswänden umgeben war. Mein Herz begann wild zu klopfen, als ich in der Dämmerung vor mir ein silbern glänzendes Raumschiff erkannte. Aus den Bullaugen drang gedämpftes Licht, und neben der heruntergelassenen Rampe standen mehrere Menschen mit Taschenlampen. Auch wenn ich sein Gesicht noch nicht erkennen konnte, wußte ich doch sofort, welche der Gestalten Odin war. Ich rannte auf ihn zu und umarmte ihn stürmisch. Er drückte mich liebevoll an sich und sah lächelnd auf mich herab. Ein Gefühl von Liebe, Wärme und Geborgenheit durchströmte mich. Es war wunderbar, ihn nach so langer Zeit wiederzusehen.

Bevor ich allein mit Onkel Odin und dem Piloten das Raumschiff bestieg, begrüßte ich die anderen Männer auf venusisch: Die rechte Hand beschreibt einen Kreis über dem Herzen, man gibt sich die Hand, nickt mit dem Kopf und blickt sich tief in die Augen. Sie gingen zurück zum Auto, während der Pilot die Rampe einfuhr und sich der runde Eingang geräuschlos schloß. Aufgeregt sah ich mich im Inneren um, aber Onkel Odin bat mich, in einem der Sessel Platz zu nehmen, die rund um das Fenster im Boden verankert waren. Dieses Fenster wirkte wie eine Lupe, so daß ich Einzelheiten in der Umgebung auch noch aus großer Entfernung klar erkennen konnte. Ich sah die Scheinwerfer der Autos auf der Straße, den hell erleuchteten Staudamm in der Ferne und unter uns die Hotels von Las Vegas. Aus der Luft bot die Stadt einen überwältigenden Anblick. Umgeben von der Wüstennacht strahlten ihre unzähligen Lichter zu uns herauf.

Überrascht stellte ich fest, daß ich vom Start nichts bemerkt hatte. Es ist typisch für diese Raumschiffe, daß man keine Bewegung spürt. Es war ja schon etliche Jahre her, seit ich das letzte Mal mit einem solchen Schiff geflogen war, und vor lauter Freude über das Wiedersehen mit Odin hatte ich das ganz vergessen. Dieses Raumschiff war denen ähnlich, die ich kannte, und flog ebenfalls mit einem leisen Summton. Eine unsichtbare Lichtquelle tauchte den Innenraum in ein warmes Licht, und es gab keine Schatten.

Als erstes erzählte Odin mir von meinem venusischen Vater. Nachdem seine Schwägerin Arena ihren physischen Körper manifestiert hatte, wollte er nicht allein auf der Astralebene zurückbleiben. Sie lebten jetzt gemeinsam auf einem der riesigen Mutterschiffe und arbeiteten an ihrer Erfindung. Aber meinem Vater bekam die physische Ebene nicht, er war schwer krank. Arena kümmerte sich um ihn. Offenbar war seine jetzige Inkarnation bald zu Ende.

Ich dürfe auf keinen Fall mit irgend jemandem darüber sprechen, was er mir jetzt zu sagen hätte, schärfte Onkel Odin mir ein, auch wenn es mir noch so schwer fiele.

„Omnec, mein Kind, du hast Schreckliches durchgemacht", fuhr er dann fort. Aus seinem Blick sprach tiefes Mitgefühl. Ich fühlte eine tiefe Trauer in mir aufsteigen, denn ich wußte, daß meine Leiden in diesem Leben der Ausgleich für alles waren, was ich meinen Mitmenschen in anderen Inkarnationen angetan hatte. Am liebsten hätte ich mich an ihn geschmiegt und an seiner Schulter ausgeweint, gleichzeitig verspürte ich auch eine tiefe Freude darüber, daß mein Leiden nicht umsonst war. Mir wurde klar, daß es viele Menschen auf der Welt gab, die Tag für Tag das ertragen mußten, was ich erlebt hatte.

„Ja, ich sehe Trauer und Mitgefühl in deinen Augen, zusammen mit dem geheimnisvollen Licht der Weisheit. Geheimnisvoll für all jene, die noch nicht die Erfahrungen gemacht haben, die dir in den letzten Jahren widerfahren sind. Wie gerne würde ich deine Leiden auf mich nehmen, aber ich weiß, daß deine Seele sich diese Erlebnisse ausgesucht hat, um daran zu wachsen. Denke nie, daß wir dich vergessen haben. Du bist ein ganz besonderer Mensch für uns. Arena und ich lieben dich sehr, und es hat uns große Beherrschung abverlangt, uns nicht einzumischen und deinen Schmerzen ein Ende zu bereiten. Doch die Meister haben uns immer wieder beschworen, dich deinen Weg gehen zu lassen, egal wie schwierig er wäre, denn nur so könntest du diese Erfahrungen sammeln und daran wachsen.

Wir haben dich nie im Stich gelassen oder gar vergessen. Unsere Liebe und Zuneigung waren immer bei dir. Du warst stets in unseren Gedanken und unseren Herzen. Auf spirituellem Wege haben wir dich unterstützt, wo wir nur konnten."

Bei seinen Worten waren wir beide den Tränen nahe. Meine Leiden mußten einen tieferen Sinn haben, wurde mir plötzlich klar. Odin und Arena hatten selbst unendlich darunter gelitten, mich so leiden zu sehen.

Onkel Odin nickte bestätigend: „Ja, auch wir haben viel über Mitgefühl gelernt, während wir dich beobachtet haben und die Qualen spüren konnten, die du erdulden mußtest. Ich weiß, daß du dich oft völlig vernachlässigt und verlassen gefühlt hast, aber wir waren immer bei dir. In der Umgebung, in der du lebst, ist es für uns sehr schwierig, mit dir Kontakt aufzunehmen, und ich bin leider nicht dazu in der Lage, in der irdischen Gesellschaft zu leben. Es gehört überirdische Kraft und Mut dazu, auf der Erde zu leben. Manche Leute entscheiden sich dafür, und ihr Leben erscheint ihnen ganz angenehm. Andere können das nicht. Ich habe mir diese Frage nie gestellt, weil ich sicher war, daß ich das Leben auf der Erde nicht würde aushalten können."

Dann sprach er über Einzelheiten meiner zukünftigen Mission auf der Erde. Meine spirituellen Meister in Retz auf der Venus hatten ja schon so etwas angedeutet. In der Zukunft würde ich dadurch bekannt werden, daß ich ein Buch über mein Leben schrieb. Das war so vorgesehen, aber die Entscheidung war selbstverständlich mir überlassen. Durch das Zusammentreffen mit einem großen spirituellen Lehrer würde es mir leichtfallen, mich zu entscheiden. Diesen Meister hätte ich in vergangenen Leben gut gekannt, und ich sei ihm als Kind bereits auf der Venus begegnet.

Bald würde ich auch die spirituellen Lehren wiederfinden, die ich auf meinem Heimatplaneten gehört hatte. Der Meister, den ich als Kind getroffen hatte, sei gerade jetzt dabei, diese Lehren in die englische Sprache zu übersetzen, um sie dann dem amerikanischen Volk zu vermitteln. Dann würden sie sich über die ganze Welt verbreiten. Es wäre ein Fehler und ein Umweg, nach diesem Lehrer zu suchen. Er werde ganz von selbst in mein Leben treten.

Dann fügte Odin noch hinzu, daß das Buch eine gute Möglichkeit biete, den Menschen auf der Erde Wissen über außerirdisches Leben zu vermitteln. Es sei einzigartig, daß ich als Kind auf diesen Planeten gekommen sei und hier lebe. Ein solches Buch habe es noch nie gegeben: Ein Mensch von einem fremden Planeten beschreibt seine Herkunft und sein Leben auf der Erde. Ich würde der lebende Beweis für die Richtigkeit dieser Geschichte sein. Die Mitglieder der Bruderschaft der Planeten hatten bereits unzählige Versuche unternommen, die Menschen schrittweise über ihre Existenz zu informieren. Ohne Erfolg, denn die Wahrheit über das Leben auf anderen Planeten wurde von den Regierungen geheimgehalten.

Ich fragte mich, wieso durch meine Existenz irgend etwas bewiesen werden könnte, sah ich doch genauso aus wie viele andere Erdenmenschen. Onkel Odin las meine Gedanken und meinte lächelnd: „Da irrst du dich, mein Kind. Die Menschen spüren, daß du sehr ungewöhnlich und irgendwie anders bist als sie. Das sagt ihnen ihr Gefühl, daß du nicht so bist wie sie.“ Es fiel mir schwer, ihm zu glauben, denn ich nahm an, daß ich wie alle anderen Menschen auf der Erde sei, nachdem ich so lange unter ihnen gelebt hatte. Wieder antwortete Odin auf meine Gedanken: „Du bist nicht wie die anderen Menschen, Omnec, du bist anders und ungewöhnlich. Denke immer daran, damit dir diese Besonderheit erhalten bleibt.

Weil du hier lebst, bekommst du die Gelegenheit, über dein Leben zu berichten. Das Buch wird zur richtigen Zeit auf den Markt kommen. Es wird den Menschen Mut machen und Hoffnung geben. Sie werden dadurch sich und ihre Heimat in einem anderen Licht sehen, so daß die Erde nach einiger Zeit auch zur Bruderschaft der Planeten gehören kann.“

Jede Erfahrung, die ich hier gemacht hatte, gab den Menschen die Möglichkeit, eine Beziehung zu mir und meinen schwierigen Lebensumständen aufzubauen. Nicht immer waren die Ereignisse aus karmischen Gründen entstanden, sondern zum Teil sollten sie mir auch möglichst viele verschiedene Erfahrungen auf der Erde ermöglichen.

Meine Zukunft würde nicht sonderlich rosig aussehen, fuhr Odin fort, gelegentlich würde ich nicht genug Geld und nur das Nötigste zum Leben haben. Ich würde dennoch irgendwie zurechtkommen, und mein Leben würde mit zunehmendem Alter besser werden. Ich solle immer daran denken, daß ich unsere spirituellen Lehren finden würde. Unter welchem Namen sie auf der Erde bekannt würden, wußte Onkel Odin auch nicht. Das lag im Ermessen des Meisters, der sie an die Öffentlichkeit bringen sollte.

Er könne leider nicht viel länger bleiben, sagte mein Onkel gerade, als ich durch das Bodenfenster sah, daß wir bereits wieder auf dem Weg zum Landeplatz waren. Traurig schaute ich zu ihm auf: „Wie schnell doch die Zeit vergeht, wenn man mit jemandem zusammen ist, den man liebt, Onkel. Und wie unendlich langsam die Zeit verstreicht, wenn man leidet. Gibt es denn keine Möglichkeit für dich, mit mir zu kommen?“ fragte ich ihn. Er schüttelte den Kopf. „Ich weiß, dieser Wunsch ist selbstsüchtig“, fuhr ich fort, „aber ich sehne mich so sehr nach Zuneigung und Verständnis. Ich fühle mich so fremd unter den Menschen, mit denen keine Kommunikation möglich ist, so wie ich sie von der Venus kenne.

Es war einfach wunderbar, dich wiederzusehen. Ich danke dir herzlich, daß du dir die Zeit genommen hast, mich zu treffen und mir all diese wichtigen Dinge zu erklären. Damit hast du mir wieder neuen Mut gemacht!“

Odin nickte und sah mich lange an: „Ich weiß, daß dein Leben sich verändern wird. Ich weiß auch, daß du ein Kind hast. Ich weiß über viele Dinge Bescheid, die du erlebt hast, auch wenn du mich weder sehen noch hören kannst. Ich werde dir selbstverständlich eine Nachricht zukommen lassen, falls dein Vater stirbt."

Das Raumschiff war inzwischen gelandet, und es war Zeit für meine Untersuchung. Ich zog mich aus und bekam einen Kittel aus einem sehr leichten Material. Die Temperatur an Bord ist immer angenehm, denn sie wird automatisch an die Bedürfnisse der Menschen angepaßt. Ich legte mich auf den Untersuchungstisch, begann eine Meditation zur Entspannung und fiel in einen tiefen Schlaf.

Mit Hilfe von mehreren Kristallen, die man mit Gedankenkraft steuern und zur Energieübertragung verwenden kann, wurden meine Körperfunktionen überprüft und alle negativen Einflüsse ausgeglichen. Sie reinigten die Chakras und Energiebahnen im Körper und brachten damit die geistigen und emotionalen Störungen, die durch mein Leben hier entstanden waren, wieder ins Gleichgewicht. Zusammen mit den Kristallen werden auch harmonische Klangfolgen bei der Behandlung eingesetzt.

Als ich nach etwa einer Stunde erwachte, fühlte ich mich erneuert und gestärkt. Onkel Odin reichte mir einen sehr wohlschmeckenden Fruchtsaft und erklärte mir, daß er nun die Möglichkeit habe, jederzeit telepathisch mit mir in Kontakt zu treten. Bisher hatten die Gedanken und Energien der Menschen um mich herum unsere Kommunikation sehr erschwert.

Gemeinsam traten wir dann ins Freie. Wir hielten uns an den Händen und sahen uns lange an. Odin umarmte mich, und ich gab ihm einen Kuß. Er sah mir noch einmal tief in die Augen: „Was immer auch geschieht, bewahre dir deinen Mut, mein Kind. Vergiß nicht, daß es hier auf der Erde ganz normal ist, manchmal niedergeschlagen und depressiv zu sein. Und gleichgültig, was die Menschen tun oder sagen, trage es ihnen nicht nach, sie wissen es nicht besser. Du hast viel mehr Kraft als sie, wie du weißt, das ist das Besondere an dir".

Mit einem Kuß auf die Stirn verließ er mich. Ich ging hinüber zum Wagen, verabschiedete mich von seinen Begleitern und stieg ein. Als Flynn, mein Fahrer, gewendet hatte, sah ich durch das Rückfenster Onkel Odin vor dem Raumschiff stehen. Ich winkte so lange, bis ich seine Gestalt in der Dunkelheit nicht mehr erkennen konnte. Dann entdeckte ich einen leuchtenden Punkt, der sich rasend schnell in die Höhe bewegte. Ich sah ihm nach, bis er am Horizont verschwand. Wie gerne wäre ich jetzt bei Onkel Odin und den anderen! Ich schwieg eine Weile und wünschte mir nichts mehr, als mit ihnen zusammen diesen Planeten zu verlassen.

Dann wandte ich mich an Flynn und dankte ihm für seine Bereitschaft, mich hierher zu bringen. Bescheiden meinte er, es sei eine Ehre für ihn gewesen, mir behilflich sein zu können. Dies sei sein Beitrag zu der großen Aufgabe gewesen, die Menschen mit ihren Vorfahren aus dem All bekanntzumachen. Er brachte mich zum Hotel zurück und verabschiedete sich von mir.

Auf dem langen Rückweg nach Chicago durchlebte ich die Ereignisse in Gedanken immer wieder: Es war wunderbar gewesen, Odin wiederzusehen und eine neue Erinnerung an meine Leute zu haben, die mir in Zukunft helfen und mich in schwierigen Situationen trösten würde. Wie wundervoll Menschen doch sein konnten. Die erneute Bestätigung meiner Aufgabe hier auf der Erde erfüllte mich mit neuem Mut, und ich war sehr gespannt darauf, unter welchen Umständen ich unseren spirituellen Lehren begegnen würde. Könnte ich doch nur mit einem Menschen über all diese Dinge sprechen! Ich hatte das Gefühl, vor lauter Neuigkeiten gleich zu platzen.

Doch es war meine Pflicht, mein Alltagsleben wieder aufzunehmen, als wenn nichts geschehen wäre. Wenn ich jedoch in den Spiegel sah, fiel mir auf, wie sehr sich mein Gesichtsausdruck verändert hatte. Ich blickte nicht mehr mutlos und niedergeschlagen drein, sondern meine Augen leuchteten vor Zuversicht.

Kapitel 11

Schicksalhafte Begegnung: Stanley

Tatsächlich begann für mich bald ein völlig neues Leben, genau wie mein Onkel es vorhergesagt hatte. Es fing damit an, daß ich wieder mit Margie zusammentraf. Wir hatten früher schon einmal zusammen gearbeitet, aber jetzt wurden wir Freundinnen, die jede freie Minute miteinander verbrachten. Old Town schien Margies zweites Zuhause zu sein. Dies war ein Stadtteil von Chicago, in dem damals die Hippies lebten. Ich hatte noch nie Hippies gesehen und wußte nicht, was für Menschen sie waren. Ich hatte überhaupt wenig Ahnung davon, was in der Welt vorging. Ich hatte weder von LSD noch vom Vietnamkrieg je etwas gehört.

Meine Mutter hatte einmal versucht, mit mir über Drogen und andere Probleme der damaligen Zeit zu reden, aber es hatte mich nicht interessiert. Sie war stets auf dem Laufenden, doch ich hörte nie zu, wenn sie über Politik oder gesellschaftliche Veränderungen sprach. Ihre Worte gingen zum einen Ohr hinein und zum anderen wieder hinaus. Aus diesem Grund nahm ich auch an, LSD wäre der Name eines Vereins oder einer Gruppe von Menschen.

In dieser Zeit sah mein Leben so aus: Ich arbeitete als Kellnerin in einem jüdischen Restaurant und verbrachte meine Freizeit mit Freunden. Ich besaß weder einen Fernseher noch ein Radio, und Zeitungen las ich auch nicht. Zu Hause hatte ich nur einen Plattenspieler, auf dem ich immer wieder die neuesten Hits spielte. Gelegentlich las ich mal einen Roman.

Margie erzählte mir ständig etwas über die „Be-ins" und „Love-ins" und andere neue aufregende Ereignisse. Sie ließ mir keine Ruhe, bis ich eines Abends endlich einwilligte, mit ihr nach Old Town zu fahren. Zusammen mit ihrem Freund holte sie mich von der Arbeit ab. Mir fiel sofort auf, daß viele Leute lange Haare und Bärte trugen, so wie es bei den populären Sängern und Musikgruppen üblich war. Für mich war das völlig in Ordnung, ich fand nichts Ungewöhnliches dabei. Auf der Venus akzeptieren wir jeden Menschen so, wie er ist, und es ist selbstverständlich, Aussehen und Kleidung als Ausdruck der Persönlichkeit zu betrachten und zu respektieren.

An diesem Abend trug ich meinen Lieblingsanzug, den ich damals in Nevada gekauft hatte: Jeans, Stiefel, Cowboyjacke und Cowboyhut. Ich fand es immer toll, ganz nach Gefühl ausgefallene Sachen anzuziehen, und in Old Town fiel ich damit endlich nicht mehr auf. Hier machte sich niemand lustig darüber, wenn ich verrückte Kleider trug. Im Gegenteil, den Leuten schienen sie sogar gut zu gefallen. Endlich fühlte ich mich einmal nicht als Außenseiterin. Endlich fühlte ich mich frei.

Auf der Suche nach einem Parkplatz sah ich ihn zum ersten Mal. „Sieh mal, Margie, der Kerl da vorne erinnert mich an Herkules", rief ich laut und deutete auf einen großen Mann mit langen Haaren und Vollbart. Zu Jeans und T-Shirt trug er ein langes schwarzes Cape. Trotz seiner Größe waren seine Bewegungen leicht und elegant. „Schau mal, wie er sich bewegt", fuhr ich aufgeregt fort, „er ist bestimmt Tänzer oder so!" Etwas an diesem Mann zog mich magisch an, aber ich wußte nicht, was es war. Ich spürte ganz deutlich, daß dieser Mann eine wichtige Rolle in meinem Leben spielen würde. Offenbar hatte es das Schicksal so bestimmt, daß wir uns hier begegneten.

Ich schleppte noch immer das Luftgewehr mit mir herum, das ich nachmittags auf der Straße gefunden hatte. Es war aus Plastik und machte einen Höllenkrach, doch ich war glücklich wie ein Kind über mein neues Spielzeug.

Auf einmal kam mir die Idee, mit meinem Gewehr auf die Passanten zu schießen, und ich war gespannt, wie sie reagieren würden. Damals waren Straßentheater gerade sehr beliebt, und so spielten viele Leute mit und ließen sich auf den Bürgersteig fallen, als wären sie von einer Kugel getroffen worden. Es war ein Riesenspaß, und ich wurde immer mutiger. Ich zielte auf ein Taxi, der Fahrer steckte den Kopf aus dem Fenster und rief lachend: „He, was ist denn hier los? Jagdsaison auf Taxifahrer?"

Ich war einfach begeistert über die Freundlichkeit der Menschen. Bisher hatte ich noch nie erlebt, daß jemand so locker auf meine Späße einging. Allerdings hatte ich keine Ahnung von den Problemen rund um den Vietnamkrieg und den Konflikten zwischen den Hippies und der Polizei.

Das änderte sich schlagartig, als ich übermütig auf einen Streifenwagen schoß. Bremsen quietschten, die beiden Polizisten sprangen aus dem Auto, rissen mir das Gewehr aus der Hand und verlangten meinen Ausweis. „Dieses Ding sollten Sie lieber nicht auf einen Polizisten richten, junge Dame", sagte der Polizist und gab mir das Spielzeug zurück. „Warum denn nicht?" fragte ich ihn keck, denn ich hatte ja keine Ahnung von den Auseinandersetzungen. Der Polizeibeamte hat mich sicherlich für ein freches und vorlautes Hippiemädchen gehalten.

Dann dachten Margie und ich uns ein neues Spiel aus. Sie rannte vor mir die Straße hinunter, und ich verfolgte sie laut schreiend: „Du gemeines Luder, das wirst du mir büßen!" Vor einem Restaurant mit großen Fenstern hielten wir an, und ich schoß sie vor den Augen der Gäste nieder. Margie war eine großartige Schauspielerin. Sie schrie vor Schmerz und stolperte ganz realistisch, bis sie schließlich zu Boden ging. Jedes Mal kamen die Leute angerannt, um nachzusehen, was geschehen war. Dann sprang sie natürlich lachend wieder auf. Ein paarmal wurde sogar die Polizei gerufen. Wir hatten so viel Spaß an der Sache, daß wir gar nicht bemerkten, wie sehr wir die Leute mit unserem Spiel schockierten.

Dann sah ich ihn plötzlich wieder! Ich erkannte ihn sofort. Als wir aus einer der kleinen Gassen auf die Hauptstraße traten, wollte der interessante Mann im schwarzen Cape diese gerade überqueren. Ich schoß auf ihn, doch er ging einfach weiter. Ich versuchte es noch einmal. Wieder reagierte er nicht. Schließlich versteckte ich mich in einer Toreinfahrt und wartete, bis er vorbeiging. Ich zielte und rief ihm nach: „He, ich hab' dich erschossen, warum reagierst du nicht?" Da erst drehte er sich langsam um und sah mich an: „Ich halte nichts von Gewalt", erwiderte er. „Das tue ich auch nicht, aber das hier ist doch nur ein Spielzeug", versuchte ich mich zu verteidigen. „Und wenn schon, als Gewehr ist es ein Zeichen von Gewalt", meinte er ruhig. „Falls ich dich damit beleidigt habe, tut es mir leid", entschuldigte ich mich. „Ist schon gut. Möchtest du vielleicht einen Tee mit mir trinken?" fragte er mich. Außer während meiner Zeit in Tibet, wo ich lernte, in einem physischen Körper zu leben, hatte ich noch nie Tee getrunken. Doch ich nahm seine Einladung gern an.

Er heiße Stanley, sei Künstler und lebe in Old Town. Er stamme aus einer jüdischen Familie, glaube aber nicht an Gott. All dies erzählte er mir, als wir in einem kleinen Lokal in der Nähe auf unseren Tee warteten. Ich berichtete ihm von meiner Familie und meiner Arbeit. Beim Abschied versprach er, mich abends an meiner Arbeitsstelle zu besuchen und dort einen Kaffee zu trinken. Was für ein seltsamer Zufall: Kenny, ein sympathischer junger Mann, der oft in diesem Lokal verkehrte, wollte mich ausgerechnet an diesem Abend zum Essen einladen, an dem ich mit Stanley verabredet war. Verblüfft stellten wir fest, daß sie sich kannten: Stan und Kenny waren Vettern! Es war für mich offensichtlich, daß irgendeine Verbindung zu dieser Familie bestand, ich konnte zu der Zeit aber noch keine Erklärung dafür finden.

Nach Feierabend begleitete er mich nach Hause. Wieder fühlte ich mich stark zu ihm hingezogen, und er war offensichtlich sehr von meinen Ideen beeindruckt, die er für besonders interessant hielt, weil solche Ansichten nicht auf der Schule gelehrt wurden.

Ich öffnete die Wohnungstür und schaltete das Licht ein. Stanley blieb wie angewurzelt stehen und starrte verblüfft ins Zimmer. Die Lampen hatten ihm einen regelrechten Schock versetzt: An der Decke hingen rote und blaue Blinklichter, im Regal stand ein Leuchtkasten und in einer Ecke eine große gelbe Warnlampe, die ich kürzlich von einer Baustelle hatte mitgehen lassen. Ich hatte zwar eine Heidenangst gehabt, beim Stehlen der Lampe erwischt zu werden, aber sie gefiel mir so gut, daß ich sie einfach für meine Wohnung haben mußte.

Die Beleuchtung wirkte deshalb so stark auf Stan, weil er kurz vorher einen Joint geraucht hatte, aber das gestand er mir erst viel später. Da ich keinerlei Erfahrung mit Drogen hatte und auch niemanden kannte, der Drogen nahm, kam es mir nicht in den Sinn, daß dies der Grund für sein Verhalten war. Schließlich begann er leise zu lachen. „Was ist denn hier so lustig?" fragte ich ihn. „Eigentlich nichts", war seine Antwort, „aber ich hätte nie gedacht, daß du der Typ für Lichteffekte und solche Dinge wärst." – „Was meinst du denn damit?" – „Das kann ich dir später einmal erklären. Ich habe nur gerade bei mir zu Hause eine Collage aufgebaut, eine Art Lichtmaschine. Wenn du magst, zeige ich sie dir gelegentlich." – „Ja, gern, aber was ist eine Lichtmaschine?" – „Das ist eine Anordnung von Lampen und verschiedenen Teilen, die zusammen Muster aus Licht und Farbe entstehen lassen." – „Das hört sich interessant an. Ich glaube, das könnte mir gefallen", meinte ich nachdenklich. Stanley sah sich um. „Schau dir diesen Raum an, du hast hier fast den gleichen Effekt. Das war ein Schock für mich!"

Ein paar Minuten später versetzte er mir dann einen gehörigen Schock. Ich war kurz ins Bad gegangen und kam ahnungslos zurück ins Wohnzimmer. Inzwischen hatte Stanley es sich auf meiner Schlafcouch bequem gemacht. Völlig nackt lag er dort, als sei dies das Normalste von der Welt, und es war nicht zu übersehen, was er von mir wollte.

Männer hatten mich bisher immer zum Essen eingeladen oder

waren mit mir ausgegangen, bevor sie Annäherungsversuche wagten. Stans direkte Art machte mich einfach sprachlos. Obwohl ich schon einige Freunde gehabt hatte und nicht unerfahren war, hatte ich doch Hemmungen, mich auszuziehen und nackt zu zeigen. Das mag seltsam klingen, aber diese Schüchternheit habe ich selbst heute noch.

Ich überlegte fieberhaft, was ich jetzt tun sollte: Weglaufen, seine Nacktheit einfach ignorieren oder was? Ich wollte ihn nicht in eine peinliche Situation bringen, ihm aber auch nicht zeigen, daß sein Verhalten mich schockiert hatte. Schließlich hatte ich ihn ja in meine Wohnung eingeladen. Es war meine Schuld, und ich mußte mit den Konsequenzen zurechtkommen, so dachte ich damals.

Ich versuchte, locker und gelassen zu wirken, als wäre es das Normalste von der Welt für mich, einen nackten Mann in meinem Bett liegen zu sehen. Ich setzte mich einfach zu ihm auf die Bettkante. Meine Kleider hatte ich ebenfalls ausgezogen, nur meine Unterwäsche behielt ich an.

Dann unterhielt ich mich wie mit einem alten Bekannten. Ich erzählte ihm von meinem Baby und all den entsetzlichen Dingen, die ich mit C.L. und Pedro erlebt hatte. Es war merkwürdig, daß ich einem völlig fremden Menschen all diese Einzelheiten anvertraute. Aber irgendwie hatte ich das Gefühl, daß Stan und ich zusammengehörten, ich war meiner Sache ganz sicher. Ich wollte ganz ehrlich mit ihm sein, von Anfang an offen über alles mit ihm sprechen, damit er sich keine falschen Vorstellungen von mir machen konnte. Später sollte es immer schwieriger für mich werden, ihm die Wahrheit zu sagen. Aber auch mein Geständnis, daß ich von der Venus stamme und im Alter von sieben Jahren hier auf die Erde gekommen sei, hörte er sich mit ruhiger Gelassenheit an. Da saß ich nun in meiner Unterwäsche und redete ohne Pause, weil ich nicht wußte, was ich sonst tun sollte. Schließlich meinte er lächelnd: „Du redest zuviel", nahm mich in die Arme und zog mich zu sich ins Bett. Ich konnte es kaum glauben, aber Stan war so frei und offen, daß ich mich zum ersten Mal in meinem Leben bei einem Mann wohl fühlte. Ich genoß das Zusammensein mit ihm sehr.

Bisher hatte mir Sex nicht viel Spaß gemacht. Ich hatte mich immer wieder darauf eingelassen, weil ich meinte, es sei meine Pflicht. Mein Verhalten hatte die Männer sexuell erregt, und ich glaubte, deshalb auch für ihre Entspannung zuständig zu sein.

Bei Stanley war das anders. Ich fühlte mich geborgen und hatte keine Angst vor ihm. Er war so sanft und einfühlsam, gleichzeitig temperamentvoll und stark. Ich genoß seine Zärtlichkeiten und war überrascht, wie lange er sich Zeit ließ, stets darauf bedacht, mir das größtmögliche Vergnügen zu bereiten. Dabei wurde mir klar, daß Stanley anders war als alle Männer, mit denen ich bisher geschlafen hatte. Sie hatten immer nur an sich selbst gedacht, Stan dagegen war rücksichtsvoll und einfühlsam.

Es war das merkwürdigste Gefühl, das wir jemals hatten, aber wir wußten beide von Anfang an, daß wir zusammengehörten. Wir liebten uns, und diese Liebe war tief und echt, sie hatte nichts Besitzergreifendes an sich. Zwei Seelen, die im Laufe vieler Leben bereits viel Liebe miteinander geteilt hatten, waren erneut zusammengekommen.

Bild 12: Hochzeit mit Stan

Bild 13: Omnec mit 20

Bild 14: Omnec mit 22

Kapitel 12

Hippie-Leben • Unsere spirituelle Hochzeit • Woodstock • Brutaler Überfall • Zukunftspläne

Bevor ich Stanley traf, war ich immer auf der Suche nach Geborgenheit und Glück gewesen. Jedes Mal, wenn ich glaubte, dieses Gefühl gefunden zu haben, zerrann es mir wie Sand zwischen den Fingern. Während meines gesamten Erdenlebens hatte ich nie die Art von Liebe kennengelernt, die ich mir so sehr wünschte. Doch jetzt schien mein Leben endlich eine Wendung zum Guten zu nehmen. Ich glaubte fest daran, daß unsere Liebe von Dauer sein würde.

Wir werden heiraten, erzählte ich Margie, weil ich befürchtete, sie würde es nicht gutheißen, daß Stan und ich ohne Trauschein zusammenleben wollten.

Meine Kollegen im Restaurant waren zuerst über sein Aussehen entsetzt: Seine langen Haare, der Bart, die Blume hinterm Ohr, seine Art, sich zu kleiden – all das paßte nicht zu ihrer Vorstellung von einem ordentlichen Studenten.

Diese Leute aus der jüdischen Mittelschicht dachten völlig anders als ich. Sie teilten ihre Mitmenschen in Kategorien ein, und Stanley gehörte für sie in die Abteilung Hippie. Mir wäre es dagegen nie in den Sinn gekommen, jemanden nach seinem Äußeren zu beurteilen, denn der Respekt vor der Einzigartigkeit jedes Menschen ist selbstverständlicher Bestandteil der venusischen Kultur.

Mit der Zeit gewöhnten sich die Leute an seinen Anblick, nur meine Mutter regte sich ständig über Stanley auf. Überglücklich hatte ich ihr von unserer Liebe erzählt, aber sie freute sich nicht mit mir, sondern rief mich fast täglich an, um mir ihre Meinung dazu zu sagen: Er sei ein schrecklicher Mensch, sie könne ihn nicht leiden, er sei ein Taugenichts und werde mich ins Unglück stürzen. Offenbar hatte sie große Angst davor, ich könnte durch ihn mit der Drogenszene in Kontakt kommen.

Schließlich tat sie mir jedoch den Gefallen und willigte ein, Stan persönlich kennenzulernen. Da die Praxis von JoJos Kinderarzt ganz in unserer Nähe lag, würde sie nach dem nächsten Termin dort anschließend zu uns kommen. Dieses Treffen war ein voller Erfolg. Ich war ganz verblüfft und natürlich überglücklich zu sehen, wie die beiden viele Gemeinsamkeiten entdeckten. Stan beschäftigte sich damals gerade mit Meditation und berichtete ausführlich darüber. Schließlich schenkte er ihr sogar ein Buch über Maharishi Yogi. Sie hatte sich mit den Lehren der Rosenkreuzer vertraut gemacht, und so hatten sie eine Menge Gesprächsstoff. Mom und Stanley verstanden sich prächtig.

Am nächsten Tag rief sie mich an, entschuldigte sich für all die häßlichen Dinge, die sie zuvor über ihn gesagt hatte, und meinte: „Jetzt, da ich Stan persönlich kenne, weiß ich, was für ein liebenswerter Mensch er ist!“ Mir fiel natürlich ein Stein vom Herzen.

Es gab nur wenige junge Leute, die so zusammenlebten wie Stan und ich. Die meisten Hippies lebten damals in Kommunen, in denen Partnertausch und harte Drogen an der Tagesordnung waren. Für uns wurde das nie zum Problem, weil ich von Anfang an auf meinen Standpunkt beharrt hatte: keine Drogen!

Er hatte mich eines Abends gefragt, ob ich etwas „Pot“ wolle. Überrascht, daß ich nicht wußte, was er damit meinte, erklärte Stan mir, was Marihuana war, daß es harmlos sei und viele Leute es rauchten. Wir sprachen auch über LSD, und ich erfuhr endlich, daß es sich hierbei nicht um einen Verein, sondern um eine neue, synthetische Droge handelte. Mich überkam ein merkwürdiges Gefühl von Vorwarnung, eine innere Botschaft. Ohne zu zögern teilte ich Stanley mit, was ich fühlte: „Wenn du mit mir zusammenbleiben möchtest, mußt du mir versprechen, kein LSD mehr zu nehmen. Ich will dir keine Vorwürfe machen, aber ich habe das Gefühl, daß diese Droge sehr gefährlich für dich ist. Du bist ein sehr sensibler Mensch und solltest mit Drogen äußerst vorsichtig sein."

Obwohl er sofort verstand, was ich ihm sagen wollte, diskutierten wir noch eine ganze Weile über das Für und Wider von LSD. Stan war der Ansicht, daß ich nicht wüßte, wovon ich spräche. „Das kann gut sein", antwortete ich ruhig, und damit war der Fall vorerst für mich erledigt.

Ich fand es ganz lustig, ab und zu Hasch zu rauchen, aber ich achtete sehr darauf, es nicht zur Gewohnheit werden zu lassen. Durch die Droge werden unsere kindlichen Qualitäten betont, wir sehen unsere alltägliche Umgebung überdeutlich und verzerrt, in unrealistischen Formen und Farben. Dabei können wir uns nur auf das konzentrieren, was wir gerade tun. Es war mir unbehaglich, die Welt so verzerrt zu sehen, ich wollte lieber die Kontrolle über mein Handeln behalten.

Etwas, das mich wirklich an der Hippie-Szene beunruhigte, war ihre Einstellung zum Krieg. Sie waren viel zu sehr damit beschäftigt, die Gesellschaft zu verändern. Das ergab für mich keinen Sinn, wußte ich doch, daß Veränderung nur aus dem Inneren der Menschen heraus entstehen kann und nicht durch Änderung der äußeren Bedingungen. Die physische Welt als unterste Ebene würde immer eine Welt der Polaritäten und der Auseinandersetzungen sein.

Stanley wohnte in einem kleinen, grünen, stuckverzierten Häuschen mitten in Old Town. Seine Wohnung war ziemlich unordentlich, deshalb schlug ich ihm einen Hausputz vor, bevor ich einziehen wollte. Ich hatte schon befürchtet, er könne beleidigt sein und meinen Vorschlag als Kritik auffassen, aber er freute sich darüber. In wenigen Stunden hatten wir unser neues Heim eingerichtet: Im Schlafzimmer lag eine Matratze auf dem Boden, eine zweite diente als Sofa im Wohnzimmer. Wir legten ein Brett über einen großen alten Koffer, stellten einen alten Autositz an ein Ende und meinen Plattenspieler ans andere Ende des Zimmers – das war unser Eßzimmer.

Wir waren übereingekommen, daß ich weiter arbeiten würde, während er zu Hause blieb und an seinen Kunstwerken arbeitete. So lange, bis er damit genug Geld verdienen würde, sollte ich die Familie ernähren.

Bis zu diesem Zeitpunkt hatte ich mich überhaupt nicht für abstrakte Kunst interessiert. Stan erklärte mir geduldig, was seine Skulpturen darstellen sollten, und ich fing an, sie zu mögen und zu verstehen.

Ich glaube, wenn man in jemanden verliebt ist, interessiert man sich automatisch für die Dinge, die der Partner tut. Plötzlich entdeckte ich in Stans abstrakten Farbkompositionen auch die Gefühle, die er beim Malen gehabt hatte: Liebe, Haß, Wut, Freude zum Beispiel. Durch ihn kam ich auch zum ersten Mal auf der Erde mit vielen kulturellen Dingen in Berührung. Stanley hatte viel gelesen und interessierte sich für viele Arten von Kunst und Musik, besonders klassische Musik und Folksongs.

Ich gewöhnte mir an, genauso wie er ständig Kräutertee zu trinken. Nachdem ich mich jahrelang von den denkbar schädlichsten amerikanischen Lebensmitteln ernährt hatte, lernte ich jetzt eine Menge über gesunde Ernährung.

Wie die anderen Hippies, die in Old Town lebten, hatten wir überhaupt kein Zeitgefühl. Oft blieben wir bis fünf Uhr morgens auf, gingen spazieren, trafen Freunde und sahen die Sonne über dem See aufgehen. Wenn ich Feierabend hatte, trafen wir uns regelmäßig in einem Lokal ganz in der Nähe, in dem viele interessante und kreative Leute verkehrten. Es gab Livemusik und Lesungen. Manchmal stellte Stan dort seine neuesten Kunstwerke aus.

Es dauerte nicht lange, bis die Leute in Old Town mich als das

„Mädchen von der Venus“ kannten. Stanley hatte einigen Freunden von mir erzählt, und die Geschichte breitete sich wie ein Lauffeuer aus. Ständig lernte ich neue Leute kennen, und manchmal sprach ich über meine Herkunft, wenn ich das Gefühl hatte, daß ihr Interesse aufrichtig war. Einige Menschen reagierten ganz positiv auf meine Geschichte, andere hielten mich einfach für verrückt. Das war nicht weiter schlimm, denn bei den Hippies galt es als cool, verrückt zu sein.

Eines Nachmittags im Sommer kamen Stan und ich von einem Spaziergang nach Hause, um uns mit einer kalten Dusche von der Hitze zu erholen. Als wir uns wieder anzogen, geschah etwas sehr Merkwürdiges. Wir können uns beide bis heute nicht daran erinnern, wieso wir plötzlich im Badezimmer auf den Knien lagen. Stan sah mich an und fragte: „Sheila, weißt du, was gerade geschieht?“ – „Was denn?“ – „Dies ist unsere Trauung!“ – „Was sagst du da?“ fragte ich ihn völlig verwirrt. „Merkst du das nicht?“ – „Doch, es ist ein seltsames Gefühl“, antwortete ich, „wieso liegen wir hier auf den Knien?“ – „Ich habe keine Ahnung!“ Wir umarmten uns lange, ohne etwas zu sagen. Später fand Stanley heraus, daß dies Mittsommer war, der längste Tag des Sommers.

Offenbar war dies eine spontane spirituelle Zeremonie gewesen, die das Schicksal uns geschickt hatte, um den Bund zwischen uns in einem Maße zu besiegeln, wie es keine Unterschrift auf einem Stück Papier gekonnt hätte. Noch am selben Abend gingen wir in die Stadt, um Ringe zu kaufen. Aber da wir kein Geld hatten, mußten wir uns mit einem Paar aus geflochtenem Schilf begnügen.

Stanley hatte mit seinen Eltern am Telefon über mich gesprochen, doch nun wollten sie mich persönlich kennenlernen. Seine Mutter lud uns zum Abendessen ein und holte uns mit dem Auto ab. Ich war ziemlich nervös, obwohl ich wußte, daß Stan ihr schon alles über mich erzählt hatte.

Clara war eine sehr gutaussehende Frau. Sie hatte die gleichen dunklen, welligen Haare und braunen Augen wie Stanley, und ihr freundliches Lächeln war mir gleich sympathisch. Sie erschien mir als eine sehr kluge, starke und selbstbewußte Frau, die sich durchzusetzen verstand. Die vielen Lachfältchen um ihre Augen zeugten von Humor, und ihre offene Art, Dinge beim Namen zu nennen, gefiel mir auf Anhieb.

Bei Clara und Hans (Stanleys Stiefvater aus Deutschland) ging es zu wie in einem Taubenschlag, den ganzen Abend kamen und gingen Nachbarn und Freunde. Das sei immer so, erklärte mir Stan, und Clara genoß es ganz offensichtlich, so beliebt zu sein. Während des ausgezeichneten Essens hörte Clara nicht auf, mich nach meiner Familie und meinem Leben zu fragen, aber da sie offensichtlich ehrlich an mir interessiert war, antwortete ich ihr gern.

Meine Offenheit über meine Vergangenheit mag sie zuerst etwas verblüfft haben, und mein Aussehen an diesem Tag war ebenso ungewöhnlich. Ich trug einen Overall mit Leopardenmuster, große Ohrringe und einen Armreif in Form einer Schlange am Oberarm, dazu Sandalen und Zöpfe. Ich sähe aus wie ein wildes Go-go-Girl, das ihren Sohn einfangen wolle, meinte sie später. Ruhig erwiderte ich: „Meinst du nicht, daß dein Sohn auch etwas wild aussieht? Du solltest mal hören, wie meine Mutter über ihn spricht." Sie lachte schallend: „An den Anblick der eigenen Kinder gewöhnt man sich mit der Zeit, selbst wenn sie wilder als alle anderen aussehen. Weißt du, er hat mir am Telefon gesagt, daß er zum ersten Mal in seinem Leben wirklich verliebt sei. Verrückt, er ist 23, und du bist erst 18."

„Das stimmt", antwortete ich, „du magst mich für jung halten, aber wie du weißt, mußte ich furchtbar schnell erwachsen werden."

Ich mochte Clara von Anfang an sehr und fühlte mich in der Familie bald zu Hause. Stanley hatte noch einen jüngeren Bruder und eine kleine Schwester, und ihr Verhältnis zueinander war sehr herzlich. Die Familie war sehr wohlhabend, denn Hans gehörte eine bekannte Süßwarenfabrik, Chris Candy. Sogar Präsident Kennedy hatte Hans' Pralinen für das Weiße Haus geordert, weil er sie besonders gern mochte.

Bei einer späteren Gelegenheit lernte ich auch einige Onkel und Tanten kennen. Dabei stellte sich heraus, daß sie Stammgäste in dem Restaurant waren, in dem ich arbeitete. Nichtsahnend hatte ich sie dort seit Monaten bedient. Und ich war nervös und unsicher gewesen, weil ich Stans Familie kennenlernen sollte!

Eines Tages hörten wir vom Woodstock Festival, und Stanley wollte unbedingt daran teilnehmen. Alle möglichen Love-ins kannte ich schon aus den Parks in Chicago. Dort trafen sich verrückt gekleidete Hippies, brachten Instrumente, Decken, Essen und Getränke mit. Manche malten sich Peace-Zeichen ins Gesicht, und alle trugen Blumen und Perlenketten. Bis tief in die Nacht musizierten und sangen sie. Es herrschte immer eine so freundliche Stimmung, daß ich diese Feste sehr gern besuchte.

Stanley meinte, Woodstock werde wohl das größte Ereignis des Jahrhunderts werden, weil so viele bekannte Gruppen und Sänger ihre Teilnahme zugesagt hatten. Damit behielt er recht, und es war tatsächlich ganz anders als alles, was ich bisher erlebt hatte. Mitten auf einem etwa 20 Hektar großen Acker stand eine Bühne mit einer Musikanlage, drumherum Tausende von Menschen aus ganz Amerika. Wir hatten Schlafsäcke und etwas zu essen mitgenommen und fanden nur mit Mühe einen Platz, auf dem wir unsere Decken ausbreiten konnten. Ich hatte Angst, mich zu verlaufen, darum verließ ich Stanley nur, um einen der Toilettenwagen aufzusuchen, die es zum Glück dort gab. Die Leute waren größtenteils betrunken, high oder sonstwie völlig aus dem Häuschen. Einige waren nackt bis auf einige Perlenketten, und ihre Körper hatten sie bunt bemalt. Mittendrin hatten Paare Sex, so etwas wie normales Benehmen gab es nicht.

Alles ist möglich, schien das Motto zu sein, jedenfalls für die meisten. Mir war das Ganze eher unheimlich und peinlich. Ich erinnere mich, daß Jimi Hendrix einen Song über Sheila sang. Obwohl ich wußte, daß nicht ich gemeint war, gab er mir damit ein gutes Gefühl. Trotzdem wollte ich so schnell wie möglich wieder nach Hause. Stanley wäre gern noch geblieben, aber ich sagte ihm klipp und klar, ich wolle zurückfahren, sobald er am nächsten Morgen halbwegs nüchtern sei.

Dieses Fest war mir einfach zu wild! Fremde Männer fragten mich, ob ich „vögeln" wolle. Als Stan mir erklärte, daß dies ein Hippie-Ausdruck für Sex sei, war ich regelrecht entsetzt. Wie konnten die Leute in dieser Art und Weise über solch persönliche Dinge reden, fragte ich mich. Stanley fand das alles sehr lustig. Er schlief mitten in dem Getümmel. Ich dagegen tat die ganze Nacht kein Auge zu. Die Musik dröhnte ohne Pause, die Menschen um uns herum grölten und tanzten, stolperten über unsere Schlafsäcke, boten uns Wein oder Joints an und entschuldigten sich schließlich mit Love and Peace.

Als es endlich hell wurde, wollte ich nur noch weg. Wir brauchten zwei Stunden, bis wir endlich unser Motorrad wiederfanden. Überall lagen leere Bierdosen und Weinflaschen, dazwischen schliefen die Menschen. Betrunkene versuchten, mit uns zu tanzen, uns zu umarmen oder Schlimmeres. Das war zuviel für mich. Ich mochte zwar wie ein Hippie aussehen, aber diese Art zu leben paßte überhaupt nicht zu mir. Das war mir zu abgedreht. Alles in allem war Woodstock ein wirklich unvergeßliches Erlebnis für mich.

Das einzige, was mich an Stanley wirklich störte, war sein Marihuana-Konsum. Wir hatten sehr wenig Geld, er aber rauchte Joints im Wert von fünf Dollar die Woche. Ohne den Stoff konnte er bald nicht einmal mehr malen, und wir liebten uns nur noch, wenn er high war.

Er wurde immer lethargischer, zog sich immer mehr in sich selbst zurück und sprach bald kein Wort mehr mit mir. Es machte mir nichts aus, für unseren Lebensunterhalt zu sorgen und zu arbeiten, während er tagelang im Bett lag und an die Decke starrte. Aber es machte mich verrückt, daß er mich wie Luft behandelte und so tat, als wäre ich überhaupt nicht vorhanden.

In der Hoffnung, so Kontakt mit ihm zu bekommen, begann ich ebenfalls zu malen. Das machte mir großen Spaß, half Stanley jedoch auch nicht weiter. Die wenigen Male, bei denen er sich aufraffte und an einem Bild arbeitete, schloß er sich in seinem Zimmer ein, und ich durfte ihn nicht stören. Ich sehnte mich nach unseren langen Gesprächen am Abend, ich hungerte nach Zärtlichkeit und Liebe, aber er ignorierte mich völlig.

Schließlich hielt ich es nicht mehr aus. „Stanley", sagte ich, „hör' mir bitte jetzt zu! Als du früher schon einmal so krank warst, hat deine Mutter dich in ein Krankenhaus gesteckt, in dem du wie ein Kind versorgt wurdest. Das werde ich aber ganz bestimmt nicht tun, denn ich bin nicht deine Mutter. Ich halte dein Benehmen für Unsinn und für völlig überzogen. Es macht mir nichts aus, dich finanziell zu unterstützen, aber ich will einen Partner, der mich liebt und für mich da ist. Ich habe es satt, all meine Liebe an einen Menschen zu verschwenden, von dem nichts zurückkommt. Ich verlasse dich!"

Mit diesen Worten warf ich ein paar Sachen in einen Koffer und ging zur Tür. Da endlich reagierte er, packte meinen Arm und riß mich so heftig zurück ins Zimmer, daß ich auf meinem Hinterteil landete. „Du gehst nirgendwo hin, du bleibst hier", befahl er und begann endlich, mit mir über seine Probleme zu sprechen. Darüber war ich so glücklich, daß ich sogar meine schmerzende Rückseite vergaß. „Warum suchst du dir nicht einen Job?" schlug ich vor. „Nein, das möchte ich nicht, aber ich werde wieder ernsthaft an meinen Bildern arbeiten", war seine Antwort. „Auch gut", stimmte ich zu. Aber das Schicksal wollte es anders. Kurze Zeit später hatte Stanley allen Grund dazu, sich eine Arbeit zu suchen.

An einem Samstagnachmittag war ich offenbar der einzige Fahrgast, der an der Haltestelle in der Nähe unserer Wohnung ausstieg. Ein großer schwarzer Mann, der fast wie ein Football-Spieler aussah, rannte an mir vorbei die Treppe hinunter. Dann hörte ich ihn zurückkommen, achtete aber nicht weiter darauf, sondern dachte, er habe vielleicht vergessen, eine Fahrkarte zu lösen. Im nächsten Augenblick legte sich eine riesige Hand über meinen Mund, während er mir mit der anderen Hand von hinten zwischen die Beine faßte. Meine Füße berührten den Boden nicht mehr. Mich überkam ein entsetzliches Gefühl von Todesangst, das sich mit Worten nicht beschreiben läßt. Instinktiv biß ich ihm in die Hand. Daraufhin schlug er mich heftig ins Gesicht und warf mich auf den Zementboden. Nach einem brutalen Tritt in meine Rippen verließ er dann im Laufschritt den Bahnhof.

Mühsam versuchte ich, aufzustehen. Einige Leute gingen die Treppe zum Bahnsteig hinunter, ohne von mir Notiz zu nehmen. Unter ihnen war auch ein schwarzer Polizist. „Halten Sie den Mann auf, er hat mich gerade überfallen!" stammelte ich. „Ich bin auf dem Weg zur Arbeit, ich kann Ihnen nicht helfen." Mit diesen Worten setzte er ungerührt seinen Weg fort. Fassungslos starrte ich ihm nach. Was ist das nur für eine Welt? fragte ich mich entsetzt. Mit blutendem Mund und zerrissener Unterwäsche stolperte ich die Treppe hinauf und die Straße entlang. Meine Rippen schmerzten höllisch, ich konnte kaum atmen. Der Schock ließ mich am ganzen Körper zittern. Was sollte ich nur tun? In diesem Moment kam mir ein Streifenwagen entgegen. Ich winkte, um ihn anzuhalten. Die beiden Polizisten hörten sich meine Geschichte an, meinten aber, da ich keine Zeugen für den Überfall hätte, könnten sie nichts für mich tun. Sie fuhren einfach weiter und boten nicht einmal an, mich nach Hause oder zu einem Arzt zu bringen.

Mit letzter Kraft schleppte ich mich bis zu unserer Wohnung. Stanley war völlig außer sich, als ich ihm erzählte, daß die Polizei mir nicht geholfen hatte. Als er den Bluterguß auf meinen Rippen sah, brachte er mich sofort zu einem Arzt. Zum Glück war nichts gebrochen, ich hatte nur eine schwere Prellung. Während er mich verband, sagte der Arzt, ich könne mit dieser Verletzung auf keinen Fall arbeiten, sondern brauche ein paar Wochen Ruhe.

Zu meiner großen Überraschung besorgte sich Stanley daraufhin sofort einen Job als Kurierfahrer für ein Fotolabor.

Nun verstand ich auch, warum Stan so sehr gezögert hatte, sich einen Job zu suchen, denn sein neuer Chef bestand darauf, daß entweder der Bart oder der Mann verschwinden mußten. Diesmal gab Stanley nach: Der Bart mußte ab. Er schloß sich im Badezimmer ein, und als er schließlich wieder zum Vorschein kam, blieb mir der Mund vor Staunen offenstehen. Er sah so unglaublich jung aus! Mit Bart hatte Stan wie mindestens dreißig gewirkt, nun sah er kaum älter aus als ich. Er hatte ein schmales Kinn mit einem Grübchen, hohe Wangenknochen und einen sehr sensiblen Mund. Er war ein wirklich gutaussehender Mann!

Stanleys größtes Problem war meiner Ansicht nach sein Mangel an Verantwortungsbewußtsein. Seine Mutter hatte ihn nie wirklich unabhängig werden lassen. Er war ihr Lieblingskind, und während seines Studiums schickte sie ihm immer wieder Geld, auch wenn sie wußte, daß er es nicht für seinen Lebensunterhalt, sondern zum Beispiel für sein Motorrad ausgab. Schließlich beantragte er sogar noch ein Darlehen von der Regierung, um sein Studium beenden zu können. Mir wurde klar, daß er noch nie auf eigenen Füßen gestanden hatte, aber da ich ihn so sehr liebte und nur den wunderbaren Menschen in ihm sah, glaubte ich, alles würde in Ordnung kommen, wenn er nur diese eine Lektion begriff.

Dazu hatte sich eine Idee in meinem Kopf festgesetzt, und ich fühlte, daß dies der richtige Zeitpunkt dafür war. Ich wollte ein Baby. Ich war mir sicher, daß er sich ändern würde, wenn er erst einmal die Verantwortung für ein Kind zu übernehmen hatte. Wir sprachen lange darüber, und offenbar machte ihn diese Vorstellung ebenso glücklich wie mich.

Wir lebten inzwischen seit zwei Jahren zusammen und wollten endlich einmal meine Familie in Tennessee besuchen. Ich hatte meinem Vater und meiner Großmutter bereits vor einiger Zeit geschrieben, ich wäre jetzt verheiratet. Ich wagte es nicht, ihnen die Wahrheit zu sagen, weil ich sicher war, daß sie dafür absolut kein Verständnis aufbringen würden. Stanley würde meiner Familie zum ersten Mal begegnen.

Kapitel 13

Meine irdische Familie • Tod meines venusischen Vaters Deashar • Martin Luther King wird ermordet • Meine Tochter Tobi wird geboren • Wie ich über die Erziehung von Kindern denke

Ich war überglücklich, meine Familie in Tennessee wiederzusehen. Mein Vater David war ein richtiger Familienmensch. Peggy und er hatten inzwischen für fünf Kinder zu sorgen, und er hatte oft zwei Arbeitsstellen, um genügend Geld zu verdienen. Er hatte sich von meiner Mutter scheiden lassen und Peggy geheiratet, als Sheila noch ein Baby war. Peggy hatte Sheila immer wie ihr eigenes Kind behandelt und für sie gesorgt, bis sie selbst Kinder bekam. Ihr jüngster Sohn war im Oktober des gleichen Jahres geboren worden wie JoJo. Das bedeutete, JoJo hatte einen Onkel, der einen Monat jünger als er selbst war. Natürlich wußte niemand davon, denn die ganze Familie nahm an, daß er Donnas Sohn war.

Sheila war das erste Kind meines Vaters und das einzige aus der Ehe mit Donna. Mit Peggy hatte er im Laufe der Jahre fünf Kinder gezeugt: Johnny Allen, einen hübschen blonden blauäugigen Jungen, der ziemlich verwöhnt war. Dann kam Debra Jean, auch blond, aber mit braunen Augen, danach Michael Wayne, der Daddy mit seinem dunkelblonden Haar sehr ähnlich sah. Er war einfach süß, und ich nannte ihn immer meinen kleinen Prinzen. Kurz bevor ich mit 14 Tennessee verließ, wurde Glenda Sue geboren. Sie sah aus wie eine Porzellanpuppe mit braunen Augen und kupferfarbenen Locken. Vor meiner Abreise hatte ich sie immer hübsch angezogen und überallhin mitgenommen. Und jetzt hatte ich also noch einen kleinen Halbbruder mit Namen Doyle Ray.

Sie waren eine lebhafte Familie, in der es zwar wenig Geld, aber umso mehr Liebe gab. Sie mochten Stanley auf Anhieb. Für sie war er ein freundlicher, sanfter Riese. Peggy und Dad überließen uns ihr Schlafzimmer und schliefen selbst auf der Couch im Wohnzimmer. Das fand ich sehr großzügig, blieben wir doch insgesamt zwei Wochen bei ihnen.

Natürlich besuchten wir auch Großmutter. Sie erzählte Stan, ich sei das seltsamste Kind gewesen, das sie jemals erlebt hätte. Sie hatte sieben eigene Kinder und zwei Enkel aufgezogen, aber keines sei wie ich gewesen. Ständig hatte ich irgendwelche Fragen gestellt, die sie nachdenklich machten, weil sie sie nicht beantworten konnte. Ich war auch immer mit dem zufrieden gewesen, was ich bekam, und hatte mich nie beklagt wie die anderen Kinder. „Sie war wie eine alte Dame in einem jungen Körper. Und sie hatte auch etwas von einem Engel, sie gehorchte so gut", beendete sie ihre Geschichte. Meine Briefe hob sie auf, weil sie ihr so viel bedeuteten. „Danke, Oma", lachte ich, umarmte sie und versicherte ihr immer wieder, wie sehr ich sie liebte. Es war wunderbar, sie endlich wiederzusehen. Auch sie mochte Stan sofort und nannte ihn ihren großen Teddybären.

Kurz nachdem wir wieder in Chicago waren, stellte ich fest, daß ich schwanger war. Stanley freute sich sehr und fand es seltsam, daß unser Kind ausgerechnet im Bett meines Vaters gezeugt worden war. Meiner Überzeugung nach mußte dies eine symbolische Bedeutung haben.

Wenige Wochen später saßen wir eines Abends in einem Lokal in Old Town in Chicago. Stan unterhielt sich angeregt mit einem Astrologen, den wir zufällig getroffen hatten. Er interessierte sich gerade sehr für dieses Thema und besaß sogar drei Bücher darüber. Ich hörte ihnen nur still zu und dachte gerade an das Raumschiff, das wir am Tag vorher beim Wasserturm gesehen hatten. Wir hatten noch versucht, ihm auf unserem Motorrad zu folgen, es dann aber bald aus den Augen verloren. Irgend etwas zog mich zu diesem Schiff hin, ich hatte es schon ein paarmal vorher gesehen und wollte es zu gerne finden. Da plötzlich erreichte mich eine innere Botschaft von meinem Onkel. Sie war ganz deutlich: „Wir haben mehrfach versucht, dich zu erreichen. Dein Vater Deashar war sehr krank, seit er auf der physischen Ebene lebte. Nun ist er hinübergegangen, und er hätte dir gerne noch gesagt, wie sehr er sein Verhalten dir gegenüber bedauert. Er hatte erkannt, daß er selbstsüchtig gehandelt und nur sein Stolz und sein Ego ihn davon abgehalten hatten, sich um dich als sein Kind zu kümmern. Er hat vergeblich versucht, dich zu erreichen, und mußte dann erfahren, daß er dieses Leiden selbst durch sein Handeln verursacht hat. Er hatte so lange nicht mit dir reden wollen, und schließlich war es unmöglich, nachdem er seine Meinung geändert hatte. Aber er war sicher, daß ihr euch auf einer anderen Ebene wiedersehen werdet, und er sendet dir seine Liebe."

Leise begann ich zu weinen, und Stan fragte besorgt: „Sheila, was ist los mit dir?" Ich berichtete ihm jedes Wort, das ich gehört hatte.

Von Anfang an hatte ich mit Stanley offen über meine Herkunft gesprochen. Er fand das faszinierend und zweifelte keine Sekunde daran. Es war für mich eine große Erleichterung, so ehrlich mit einem Menschen reden zu können. Oft hatten wir über die Gesetze der Höchsten Gottheit gesprochen, über die Dinge, die ich auf der Venus gelernt hatte, und natürlich auch über unsere Auffassung von Spiritualität.

Diese einfache Analogie über Reinkarnation mochte er besonders: Das Leben eines Menschen beginnt an einem Punkt eines Kreises. Hilflos steckt er in dem kleinen Körper eines Kindes. Im Laufe seines Weges um den Kreis herum macht er die unterschiedlichsten Erfahrungen und ändert daraufhin Vorurteile und Ansichten. Vielleicht entdeckt er sogar neue spirituelle Möglichkeiten, auf jeden Fall wird er feststellen, daß er ein völlig anderer Mensch ist, wenn er den Kreis vollendet hat und sich am Ende seines Lebens wieder in einem ähnlich hilflosen Zustand befindet wie am Anfang. Wenn er für ein weiteres Leben in den physischen Körper zurückkehrt, beginnt er genau an derselben Stelle wieder von vorn, an der er beim letzten Mal endete. Als die gleiche Persönlichkeit mit den gleichen Ansichten lebt er dann in einer Umgebung, die von denselben Wertvorstellungen geprägt ist wie die in seinem letzten Leben.

Einige Wochen später geschah etwas, das ich nie vergessen werde. Da wir keinen Fernseher hatten, gingen Stanley und ich zu Freunden, um uns eine Dokumentation über Dr. Martin Luther King anzusehen. „Morgen werden sie nach Alabama marschieren", sagte er im Hinausgehen, und ich antwortete, ohne auch nur eine Sekunde zu zögern: „Oh nein, wenn er das tut, wird er erschossen!" – „Wie meinst du das?" fragte Stanley überrascht. „Ich kenne den Süden, und die Menschen dort sind noch nicht bereit für seine Botschaft. Sie werden ihn umbringen!" – „Ach, Sheila, das kann ich mir nicht vorstellen", meinte er kopfschüttelnd und verließ das Haus.

Am nächsten Tag hatte ich einen Termin bei meinem Gynäkologen. Den ganzen Nachmittag verbrachte ich in seiner Praxis, las Modezeitschriften im Wartezimmer oder hörte der Musik zu, die in alle Räume übertragen wurde. Auf dem Rückweg fielen mir die Menschenmengen auf den Straßen auf und die vielen Polizisten, die an allen Kreuzungen Aufstellung genommen hatten. Was war denn hier los? Wir lebten in einer armen Gegend, die von Weißen und Schwarzen bewohnt wurde. Kaum war ich aus dem Bus ausgestiegen und ein paar Schritte die Straße entlanggegangen, als sich plötzlich ein Polizist auf mich stürzte und zu Boden riß. Im gleichen Moment flog ein Stein über unsere Köpfe in das Schaufenster eines Ladens. „Entschuldigen Sie bitte", sagte der Polizist und half mir beim Aufstehen, „aber der Stein hätte Sie sonst getroffen!" – „Um Gottes willen, was ist hier los?" fragte ich ihn entsetzt. „Es gibt überall Straßenschlachten, weil Martin Luther King ermordet worden ist." – „Was? Wie ist das möglich?" fragte ich ihn mit tonloser Stimme. „Offenbar hat ein Weißer ihn erschossen, aber ganz sicher bin ich mir nicht." Er brachte mich bis zu unserem Haus und riet mir, an diesem Tag nicht mehr auf die Straße zu gehen. Ich bedankte mich bei ihm und trat ein. Alle Türen standen offen, und die Scherben der Fensterscheiben waren überall verstreut. Bleich stand Stanley mitten im Raum. „Gottseidank ist dir nichts passiert, ich hatte solche Angst um dich! Ich kann es immer noch nicht glauben, was heute geschehen ist!" Dann fügte er noch leise hinzu: „Du hattest völlig recht mit dem, was du gestern abend gesagt hast."

Ich war tief betroffen, als ich sah, wie die Menschen auf dieses abscheuliche Verbrechen reagierten. Sie machten alles nur noch schlimmer! Martin Luther King hatte versucht, sie Liebe zu lehren, doch sein Tod hatte nackte Gewalt ausgelöst. Das ist ebenfalls ein Verbrechen! Die Menschen haben es offenbar bis heute nicht gelernt, Tragödien mit Würde und Fassung zu ertragen.

In Chicago gab es zahlreiche Verletzte, und in allen großen Städten in den USA waren die Verwüstungen am schlimmsten in den Stadtteilen, in denen überwiegend Schwarze lebten. Ohne ihren großen Anführer fühlten sie sich verloren, sein Vorbild war ihnen kein Trost, sondern sie versanken in Verzweiflung. Viele militante Gruppen nutzten die Trauer und Mutlosigkeit der Menschen aus, um sie für ihre radikaleren politischen Ansichten zu gewinnen.

Im Sommer zogen wir in den Süden Chicagos, in die Nähe des Strandes. In Old Town sollten umfangreiche Sanierungsmaßnahmen stattfinden, deshalb wurde uns eine andere Wohnung zugewiesen – mietfrei. Was für ein Glück für uns, denn wir waren wirklich sehr arm zu dieser Zeit. Damals merkte ich das nicht, im Gegenteil, ich hielt uns immer für wohlhabend. Ich fand die Gegend herrlich, aber nun mußte ich regelmäßig quer durch die Stadt fahren, um meinen Arzt aufsuchen zu können. Eine Freundin, die einen kleinen grünen Karman Ghia hatte, bot an, mich zu ihm zu fahren.

Zuerst dachten wir, es sei eine Polizeisirene, deshalb hielten wir in der Nähe der Bahnschienen an, aber es war kein Streifenwagen zu sehen. Da war wieder das Geräusch! Es hörte sich wie das Jaulen eines Hundes an. Da sahen wir auch schon einen kleinen Schnauzer in Panik über die Gleise rennen. „Wir müssen ihm helfen", rief ich und sprang aus dem Wagen. Zusammen mit meiner Freundin lief ich hinter dem Hund her und versuchte, ihn festzuhalten. Er war offenbar von einem Zug angefahren worden und hatte dabei ein Bein verloren. Immer wieder fiel er hin, rappelte sich auf und versuchte weiterzurennen. Schließlich gelang es meiner Freundin, ihn auf den Arm zu nehmen. Sie zog ihr Hemd aus und wickelte es um den Beinstumpf, um damit die Blutung zu stillen. Ich hatte inzwischen den anderen Teil des Beines gefunden. Der arme kleine Kerl heulte und jaulte vor Schmerzen. Schnell sprangen wir ins Auto und rasten zu dem Tierarzt, bei dem sie schon einmal mit ihrer Katze gewesen war. Wir rannten in die Praxis und baten um Hilfe. Der Tierarzt kannte den Hund und kümmerte sich sofort um ihn. Er informierte dann die Besitzerin, die uns mit Tränen in den Augen dafür dankte, daß wir ihrem Teddy das Leben gerettet hatten. Der Arzt meinte, er wäre ohne unsere Hilfe bald verblutet.

Viel zu spät erschienen wir zu meinem Termin beim Gynäkologen, dem Baby und mir gehe es gut, stellte er fest. Meine Freundin und ich fühlten uns an diesem Tag ein wenig wie Helden, weil wir den kleinen Hund gerettet hatten.

Ich war schon im fünften Monat, und wir fuhren immer noch mit dem Motorrad, um Stans Eltern zu besuchen. Seine Mutter machte ihm aber derartige Vorwürfe, daß er schließlich nachgab und das Motorrad gegen einen VW-Käfer aus dem Jahre 1960 eintauschte. Mir gefiel dieser kleine Wagen auf Anhieb.

Stanleys Familie hatte uns schon mit Geschenken überhäuft, außerdem bezahlten sie die Arztrechnungen und die Kosten für die Entbindung. Unserem Baby würde es an nichts fehlen! Mom war ganz sicher, daß ich ein Mädchen bekommen würde. Ich war so glücklich in dieser Zeit, daß ich mir keine Gedanken darüber machte und auch nichts unternahm, um es herauszufinden. Manchmal besuchte JoJo uns zum Wochenende. Wir gingen mit ihm zum Strand und hatten viel Spaß mit dem kleinen Kerl. Er war jetzt fast drei Jahre alt, und ich war überglücklich, wenn ich sah, wie liebevoll Stanley mit ihm spielte und für ihn sorgte. Besonders seine Pfannkuchen hatten es JoJo angetan. Stan schnitt sie ihm nämlich in kleine Quadrate, damit er sie leichter essen konnte. Am nächsten Tag rief meine Mutter völlig ratlos bei uns an. JoJo wollte seine Pfannkuchen nur genauso wie bei Stan essen. Sie lachte herzlich, als er das Rätsel aufklärte. Ich war mir sicher, daß Stanley ein großartiger Vater werden würde.

Ich war schon im neunten Monat, als Clara uns einlud, sie und Hans zu einer großen Veranstaltung zu begleiten. Stolz trug ich ein wunderschönes rotes Samtkleid mit einem großen weißen Spitzenkragen, das sie mir für diesen Anlaß geschenkt hatte. Es gab Champagner, und sobald ich mein Glas geleert hatte, goß ein Kellner es wieder voll. Es dauerte gar nicht lange, da setzten bei mir die Wehen ein, und wir verließen in aller Eile das Fest und fuhren ins Krankenhaus. Dort stellte sich heraus, daß es falscher Alarm gewesen war, wohl durch den ungewohnten Champagner verursachte Blähungen. Nachdem wir uns von dem Schrecken erholt hatten, lachten wir alle herzlich über dieses Erlebnis.

Aber dann war es soweit: Gegen elf Uhr abends war ich gerade in der Küche und auf dem Weg ins Bett, als die Fruchtblase platzte. Stanley nahm mich auf den Arm, schnappte meinen bereitstehenden Koffer, trug mich zum Auto und brauste mit mir zum Krankenhaus. Ich schwankte zwischen Angst und Aufregung. Stan war sehr nervös, versuchte aber immer, mir Mut zu machen, während er gleichzeitig auf alle Autofahrer schimpfte, die uns den Weg nicht freimachten.

Ich mußte lachen: „Stan, du fährst einen VW. Niemand in den

USA nimmt dieses Auto ernst, weil es wie ein Riesenspielzeug aussieht." – „Ja, du hast recht", lächelte er, „erinnerst du dich noch an neulich, als ich Probleme mit dem Motor hatte? Als ich die hintere Klappe öffnete, um die Ursache zu finden, hielt doch dieser Mann an und rief uns zu: ‚Was ist passiert? Ist das Gummiband gerissen?'" Wir lachten beide über dieses Erlebnis. Neben Stan, der fast eins neunzig groß war, wirkte der Käfer noch kleiner als ohnehin schon.

Im Krankenhaus wurde ich sofort im Rollstuhl auf die Entbindungsstation gefahren, weil es dort aus Sicherheitsgründen den Patienten nicht gestattet ist, selbst zu gehen. Es war ein merkwürdiges Gefühl, so gefahren zu werden, aber auch eine Erleichterung, denn die Wehen waren schon sehr stark. Stan war die ganze Zeit bei mir und hielt meine Hand. Wieder öffnete sich der Muttermund nicht genug, und ich erhielt eine Spritze, die ich aber längst nicht als so schmerzhaft empfand wie die bei JoJos Geburt.

Dann ging alles sehr schnell, und noch bevor die Ärzte die Nabelschnur durchtrennten, legten sie mir meine Tochter auf den Bauch, damit ich sie sehen konnte. Sie sah aus wie ein kleines klebriges Hündchen. Als sie mir später ins Zimmer gebracht wurde, konnte ich kaum glauben, daß ich sie geboren hatte. Sie hatte mandelförmige blaue Augen und lange pechschwarze Haare, ungewöhnlich lang und üppig für ein Neugeborenes, und wog gute acht Pfund. Die Schwestern waren ganz begeistert von ihr und hatten ihr die Haare zu einer lustigen Frisur gekämmt. Ich weinte vor Glück: Meine kleine Tochter war perfekt. Stanley glühte vor Stolz und Freude. Wir nannten sie Tobea Lynn. „Gott, ich danke dir für meinen kostbaren kleinen Engel", betete ich leise. Dann schlief ich erschöpft ein.

In den ersten Monaten sah Tobi, wie wir sie bis heute nennen, sehr orientalisch aus. Mit ihren mandelförmigen Augen und den schwarzen Haaren sah sie weder Stanley noch mir ähnlich. Etwa mit zwei Jahren, als sie begann, allein mit Messer und Gabel zu essen, tat sie etwas Seltsames. Sie drehte das Besteck herum und aß mit den Griffen. Als ich sie fragte, warum sie so essen wolle, meinte sie: „So habe ich früher immer gegessen." – „Wann früher?" „Als ich noch nicht dein kleines Mädchen war", antwortete sie bestimmt. „Wie hast du damals ausgesehen", fragte ich gespannt. Sie sah Mom und mich lange an und schüttelte dann den Kopf: „Nicht so wie du und auch nicht wie Oma!" Diese Antwort ließ mir natürlich keine Ruhe. Ich blätterte in allen möglichen Zeitschriften und bat sie, mir zu zeigen, wie sie in etwa ausgesehen hätte. Schließlich fanden wir in einem Magazin das Foto einer Geisha. „Ja, so habe ich ausgesehen!" rief sie ganz aufgeregt. Donnerwetter, dachte ich, das ist aber interessant. „Denkst du oft an diese Zeit und vermißt du diese Kleider?" fragte ich, und sie nickte mit ernstem Gesicht. Daraufhin kaufte ich ihr japanische Kleidung, Sandalen und Eßstäbchen. Sie benutzte sie eine Weile und war sehr zufrieden mit ihren Sachen, aber dann kam sie eines Tages zu mir gelaufen und verkündete: „Ab jetzt bin ich dein kleines Mädchen. Die Sachen von früher brauche ich nicht mehr!"

Kinder erinnern sich sehr gut an ihr vorheriges Leben, aber diese Kenntnisse gehen in der Regel bald verloren. Die Eltern wissen nicht, wie sie die Seele in diesem Leben willkommen heißen sollen, und durch den rigiden Lernprozeß hier auf der Erde werden die Erinnerungen bald überdeckt. Ihre Erziehung beschränkt sich dann auf die physische Umgebung.

Schon bei der Geburt sollte man Kinder als bewußte Seele behandeln und genau auf besondere Talente oder Gewohnheiten achten. Was essen sie gerne, womit spielen sie und was macht ihnen am meisten Freude? So können Eltern ohne weiteres etwas über das vorherige Leben ihres Kindes in Erfahrung bringen.

Bild 15: Omnec und ihre Kinder
Zandar, JoJo und Tobi.

Bild 16: Jay, JoJo und Donna
Jay ist Donnas dritter Mann, der JoJo adoptierte.

Kapitel 14

Donna erfährt die Wahrheit • Paul Twitchell und Eckankar • Geburt von Zandar • Traumatische Erfahrungen

Kurz nach Tobis Geburt besuchte ich meine Mutter. Wie sie mir bei einem Glas Wein erzählte, beschäftigte sie sich immer noch sehr mit den Lehren der Rosenkreuzer. Während ich ihr zuhörte, erhielt ich plötzlich eine innere Botschaft. Jetzt sei es an der Zeit, ihr die Wahrheit über meine Herkunft zu sagen. Vorsichtig begann ich: „Mom, ich möchte dir schon sehr lange etwas sagen, und heute scheint der richtige Zeitpunkt dafür zu sein. Ich weiß nicht, wie ich es dir am besten erklären soll", druckste ich herum, „du wirst mich vielleicht für völlig übergeschnappt halten." – „Nun sag' schon, was du auf dem Herzen hast. Ich weiß, daß du eine kluge junge Frau und nicht verrückt bist", ermunterte Mom mich. „Also denn: Ich bin nicht deine wahre Tochter. Die echte Sheila starb bei einem Busunglück im Alter von sieben Jahren, als sie auf dem Weg zu Großmutter war. Ich habe ihren Platz eingenommen."

Dann berichtete ich ihr, daß ich von der Venus stamme, und für eine wichtige Aufgabe hierher gekommen sei. Ich schilderte ihr meine Beziehung zu Sheila in einem früheren Leben und meine Bereitschaft, die daraus resultierende karmische Schuld in diesem Leben auszugleichen. Von meinem Leben auf der Venus berichtete ich ihr nur, daß meine Mutter kurz nach meiner Geburt gestorben sei und daß ich sie, Donna, deshalb so besonders liebgewonnen hätte. All dies müsse ich ihr jetzt mitteilen, damit sie in Zukunft, wenn meine wahre Geschichte bekannt würde, nicht schockiert oder verletzt darüber sei, daß ich ihr etwas verheimlicht hatte.

„Bisher war unser Leben immer so chaotisch und hektisch, daß ich gar keine Gelegenheit hatte, in Ruhe mit dir zu reden. Ich hatte auch immer Angst vor deiner Reaktion. Aber nachdem du dich jetzt für spirituelle Themen interessierst, hoffe ich, daß du ein wenig Verständnis dafür aufbringen kannst, was ich dir zu sagen versuche."

Sie antwortete ganz ruhig: „Ja, Sheila, ich weiß, was du meinst. Ich weiß, wovon du sprichst, denn ich habe sofort gespürt, daß zwischen dir und dem Kind, das ich geboren habe, ein großer Unterschied bestand. Doch das konnte ich auch vor mir selbst nicht wahrhaben, denn Sheila war mein ein und alles. Ich liebte sie so sehr, und dich liebte ich ebenfalls. Es war äußerst schwierig für mich, mir einzugestehen, daß du, wie ich spürte, etwas warst, was du nicht bist. Ich bin so froh, daß du mir die Wahrheit gesagt hast. Ich liebe dich wie bisher, und du bleibst genauso meine Tochter, wie sie es war."

Mit Tränen in den Augen umarmten wir uns lange. Dann gingen wir wie immer zum Einkaufen, und sie kaufte mir Dinge wie Schokolade und Milchshakes. Das tat sie immer, wenn wir allein waren, denn Stanley achtete streng auf gesunde Ernährung. Wir aßen zusammen, und ich verabschiedete mich wie üblich von ihr, bevor Pedro nach Hause kam. Freudestrahlend berichtete ich Stanley von dem Gespräch mit meiner Mutter. Er war sehr beeindruckt und freute sich natürlich mit mir.

Als ich Stanley kennenlernte, war er Atheist wie seine Mutter. Clara stammte aus Israel, lehnte aber den orthodoxen jüdischen Glauben an einen Gott ab, der verkündete, daß nichtjüdische Menschen nicht mehr wert waren als Vieh. Dadurch wurde sie zur Atheistin und eifrigen Verfechterin für gleiche Rechte für alle Menschen. Sie gehörte zu den Gründern des ersten Friedensmuseums in Chicago. Wir hatten oft über spirituelle Themen gesprochen, und sie fing an, unsere venusische Lehre von Gott als höchster Quelle der Schöpfung zu akzeptieren.

Als sie 1997 starb, war Stanley bei ihr und hielt ihre Hand. Sie fürchtete sich davor, nach dem Tod nicht mehr zu existieren. Stan versicherte ihr, sie werde danach weiterleben. Unmittelbar nachdem sie ihren letzten Atemzug getan und die Augen geschlossen hatte, erschien sie ihm und flüsterte ihrem Sohn zu: „Du hast recht gehabt, Stan, ich bin immer noch da."

Stanley hatte sich für verschiedene spirituelle Wege interessiert, aber mir fehlte bei allen die grundlegende Wahrheit der Lehren, die ich auf der Venus gehört hatte. Inzwischen interessierte es mich kaum noch, welchen Ansatz er gerade verfolgte, sei es nun Buddhismus, Meditation, Astrologie, die Aussagen von Edgar Cayce oder was es sonst noch alles an esoterischem Gedankengut gab. Ich wußte, daß es auf der Erde wegen der vielen verschiedenen Bewußtseinsstufen auch viele unterschiedliche Lehren geben mußte. Die Seelen, die für ein neues Bewußtsein bereit sind, die wahren Lehren aber noch nicht gefunden haben, beginnen zu begreifen, daß die verschiedenen Religionen, Philosophien und esoterischen Lebensanschauungen lediglich Stufen einer Treppe sind, die sie schließlich zu der wahren spirituellen Lehre führt.

Stanley hatte ein Buch von Paul Twitchell über „Eckankar" gelesen und war wieder einmal überzeugt, meine spirituellen Lehren gefunden zu haben, doch ich hörte ihm kaum zu, da seine spirituellen Ansätze und Vorlieben so schnell wechselten. Nur ihm zuliebe ging ich mit zu einem Vortrag, den Paul in einem Hotel in Chicago hielt. Ich mußte Tobi mitnehmen, die gerade im Krabbelalter war und nichts lieber tat, als allen Leuten die Schnürsenkel aufzuknoten. Als sie müde wurde und einschlief, wickelte ich sie in eine Decke und legte sie unter einen Tisch mit Büchern, der am Ende des Raumes stand. Ich wollte natürlich nicht, daß sie den Vortrag störte, wenn sie aufwachte, deshalb achtete ich viel mehr auf sie als auf den Redner vorn auf der Bühne. Ich bekam im Grunde nichts von dem mit, was er sagte.

Obwohl etliche Leute mit ihm reden wollten, kam Paul Twitchell nach seinem Vortrag geradewegs auf mich zu und bat darum, mich allein sprechen zu dürfen. Sofort bekam ich ein schlechtes Gewissen. War ihm etwa aufgefallen, daß ich nicht zugehört hatte?

Wir gingen hinüber in sein Hotelzimmer, um nicht gestört zu werden. Ich wußte nicht, was ich davon halten sollte, und brachte kein Wort heraus, als er mich bat, Platz zu nehmen, und dabei lächelnd sagte: „Ich weiß, wer du bist. Du heißt Omnec Onec und kommst von der Venus. Ich habe 15 Jahre lang in einem Kloster in Tibet studiert, dort meine Einweihungen und die Erlaubnis erhalten, die Alten Lehren in Amerika bekanntzumachen. Rebazar Tarzs war einer meiner Lehrer in Tibet. Einmal nahm er mich auf eine Seelenreise nach Retz und Teutonia auf der Venus mit. Dort habe ich dich gesehen. Du warst damals ein kleines Mädchen, und er teilte mir mit, daß ich dich auf der Erde wiedertreffen würde. Bei der Verbreitung der Alten Lehren würdest du mir eine große Hilfe sein." Er berichtete von seiner Arbeit: Er schreibe Bücher und versende Studienunterlagen an interessierte Menschen, halte Vorträge und plane die Gründung von Versammlungsorten, wo Menschen gemeinsam meditieren und studieren könnten.

Es tat mir aufrichtig leid, daß ich seinem Vortrag nicht zugehört hatte. Da ich die Alten Lehren schon aus meiner Zeit auf der Venus kannte, bat er mich, ihm bei seiner Arbeit zu helfen. Freudig versprach ich, ihn so gut wie möglich zu unterstützen. Ich hatte allerdings keine Ahnung, wie das gehen sollte, schließlich mußte ich das Baby versorgen und arbeitete obendrein als Kellnerin. Doch als ich Stanley davon berichtete, war er genauso begeistert wie ich und meinte, wir würden schon eine Lösung finden.

Bevor wir jedoch für Pauls Organisation tätig werden konnten, mußten wir erst einige Einweihungen erhalten. Dies sei auf der physischen Ebene eine notwendige Vorbereitung auf spirituelle Arbeit, erklärte er uns.

Paul Twitchell war der erste Mahanta oder Lebende Meister der Neuzeit in der westlichen Welt. Diesen Titel erhielt er von den Aufgestiegenen Meistern, nachdem sie ihn für diese Aufgabe ausgewählt hatten. Das Wissen sollte von einem lebenden Meister verbreitet werden, der mit den Verhältnissen der modernen Welt vertraut war.

Die Alten Lehren enthalten die ursprünglichen Wahrheiten über die Grundlagen der Schöpfung. Alle fortschrittlichen physischen und nichtphysischen Lebewesen richten sich nach diesen Lehren, und die Venusier wurden als die Bewahrer dieser Wahrheiten ausgewählt, weil sie als einzige immer in Harmonie gelebt hatten und es nie zu einer Spaltung ihrer grundlegenden spirituellen Auffassungen gekommen war. Sie waren es auch, die die Alten Lehren auf die Erde gebracht hatten, als diese zum ersten Mal von physischen Wesen kolonisiert wurde.

Nach dem Fall von Atlantis wurden die Lehren verborgen gehalten, um sie vor der Manipulation durch die Machthaber, die damals die Erde regierten, zu schützen. Das geschah lange vor Christi Geburt. Jesus Christus hat übrigens die Alten Lehren in Tibet bei Fubbi Quantz studiert, einem Aufgestiegenen Meister, der damals noch in einem physischen Körper lebte.

Paul Twitchell begann 1965 damit, dieses Wissen unter dem Namen Eckankar der Öffentlichkeit zugänglich zu machen, um das Bewußtsein der Menschen zu erhöhen. Dies war zu allen Zeiten das erklärte Ziel aller Meister während ihres Erdendaseins.

Unsere Arbeit für Eckankar fing damit an, daß wir in unserer Wohnung regelmäßig Treffen zur Meditation und zum Studium der Alten Lehren abhielten. Die Gruppe aus interessierten Menschen wuchs rasch, so daß wir nach einiger Zeit einen kleinen Laden mieteten, dort Informationsabende veranstalteten und auch Bücher verkauften. Einmal pro Woche gab ich Tanzunterricht. Wir drehten sogar einen Film von unserer Tanzgruppe, der auf vielen Seminaren gezeigt wurde. Dann bat mich Paul, für eine große Veranstaltung einen Tanz vorzubereiten, der die Seelenreise darstellen sollte. Ich war sehr gespannt, wie die Menschen darauf reagieren würden, ging doch gerade dieses Thema weit über ihre bisherigen Vorstellungen hinaus. Aber mein Auftritt war ein voller Erfolg.

Danach übernahmen wir die Leitung der Jugendgruppe von Eckankar. Im Rahmen der Seminare boten wir Workshops für junge Leute an: Theaterspielen, Musik, Kunst und viele andere kulturelle Themen standen auf dem Programm. Bald kannte uns jeder innerhalb der Organisation, und wir waren ständig unterwegs. Zu Paul und seiner Frau Gail hatten wir ein freundschaftliches Verhältnis, und sie waren ganz vernarrt in Tobi. Oft verbrachte sie mehr Zeit im Hotelzimmer der Twitchells als bei uns.

Als Paul mich aufforderte, öffentlich über meine Herkunft zu berichten, war ich zunächst sehr nervös. Ich sollte vor etwa 300 Leuten einen Vortrag halten! Aber schon nach wenigen Sätzen merkte ich, daß die Menschen mir wie gebannt zuhörten, und anschließend wurde ich von vielen Zuhörern mit Fragen bestürmt.

Dann wollte Paul, daß ich ein Buch über mein Leben auf der Erde und meine Mission schrieb, das er veröffentlichen wollte. Rainer, ein junger Mann, den ich durch Eckankar kannte, bot seine Hilfe an. Nachts, wenn alle anderen schliefen, sprach ich auf ein Tonband, Rainer schrieb den Text ab und stellte mir anschließend Fragen zum Inhalt.

Er vermittelte mir auch ein Interview bei einem Radiosender. Der Reporter war sehr aufgeschlossen und freundlich. Viele Zuhörer riefen während der Sendung an, um Fragen zu stellen, und als ich später das Gebäude verließ, wartete eine Menschenmenge auf mich. Aus der ganzen Welt erhielt ich anschließend Post, ganze Säcke voller Briefe trafen bei uns ein. Das Interesse war einfach überwältigend. Daraufhin stellten wir von dem Interview Kassettenkopien her und versandten sie für 5 Dollar das Stück. Durch eine dieser Kassetten hörte der Autor Brad Steiger von mir. Er war so beeindruckt, daß er mich während eines esoterischen Kongresses in Chicago interviewte und meiner Geschichte ein ganzes Kapitel in seinem neuen Buch The Gods of Aquarius widmete. Später schickte er mir ein Exemplar mit persönlicher Widmung. Auch der bekannte ehemalige US-Colonel und UFO-Forscher Wendelle Stevens erfuhr durch eine dieser Kassetten zum ersten Mal von mir.

Stanleys Mutter Clara hatte das Interview im Radio ebenfalls verfolgt. Sie gehörte dem Mensa-Club an, einem Verein von Menschen mit sehr hohem IQ. Diese Leute diskutierten lange über das Für und Wider meiner Geschichte, und sie war so stolz auf mich, daß sie allen Leuten erzählte, ich sei ihre Schwiegertochter.

Aufgrund des Radiointerviews wurde ich wenig später zu einer Fernseh-Talkshow bei einem kleinen Lokalsender eingeladen, der Dave Baum Show auf Kanal 32. Hier herrschte jedoch eine ganz andere Stimmung: Zu Beginn der Sendung führten ein paar junge Leute ein kleines Theaterstück auf, in dem sie sich über Außerirdische lustig machten. Der Reporter stellte mir Fragen wie: „Wo ist Ihre Geburtsurkunde?" und forderte mich auf, irgend etwas zu tun, das meine Herkunft von der Venus beweise.

Ruhig antwortete ich ihm: „Ich bin hier nicht zur Unterhaltung, sondern ich möchte Informationen weitergeben. Es ist Zeit- und Energieverschwendung, wenn ich mich hier wie vor Gericht verteidigen soll. Sie kommen mir vor wie jemand, der noch nie in Afrika war und nun einen Afrikaner interviewen soll. Statt interessierte Fragen zu seiner Kultur zu stellen, tun Sie einfach so, als existiere Afrika nicht. Um nicht in einen Konflikt mit Ihnen zu geraten, möchte ich das Interview jetzt beenden. Es ist unter meiner Würde, so von Ihnen behandelt zu werden." Ich erhob mich und verließ die Show.

Die Produzenten der Sendung entschuldigten sich vielmals für Dave Baums Verhalten und kündigten ihm fristlos! All meine Freunde lobten meinen Mut, aber für mich war es ein Schock. Es war das erste Mal, daß jemand versucht hatte, mich lächerlich zu machen, und ich mußte erst einmal lernen, damit umzugehen.

Eines Tages stellte ich fest, daß ich wieder schwanger war. Meine Arbeit für Eckankar setzte ich so lange wie möglich fort, nur meine Tanzauftritte gab ich auf. Zusammen mit Stanleys Bruder Mark drehte ich stattdessen einen Film, in dem die verschiedenen spirituellen Seinsdimensionen dargestellt wurden. Mark besuchte damals gerade eine Schule für Filmemacher und mußte im Rahmen seiner Ausbildung selbständig ein Filmprojekt durchführen. Anschließend wurde dieser Film bei allen Eckankar-Seminaren vorgeführt.

Das Baby ließ auf sich warten. Der Zeitpunkt der Geburt verstrich, und die Ärzte glaubten, es läge ein Rechenfehler vor. Mein Bauch wurde immer dicker, und schließlich konnte ich nicht einmal mehr alleine aufstehen. Ich sah aus wie eine Kartoffel mit Armen und Beinen aus Streichhölzern. Ich wußte, daß etwas nicht stimmte, und als ich hörte, daß durch die Einnahme von Rizinusöl Wehen ausgelöst werden können, schluckte ich eine große Portion davon – und prompt setzten die Wehen ein. Stanley und ich waren gerade bei Blanche, einer älteren Eckankar-Freundin, zu Besuch. Sie rief das Notarztteam, das seine gesamte Schicht damit zubrachte, alles für die Geburt vorzubereiten. Sie stellten fest, daß das Baby ungewöhnlich groß war, und hoben mich vom Bett auf den Küchentisch, um besser arbeiten zu können. Blanche und Stanley sollten derweil meine Beine festhalten. Stan hielt das nicht sehr lange aus, ihm wurde übel, und sie schickten ihn an die frische Luft. Diesmal brauchte ich keine Medikamente, die Geburt verlief ganz natürlich.

Es war ein Junge, und er wog über 12 Pfund! Der Arzt stellte fest, daß er drei Wochen zu spät gekommen und die Plazenta völlig trocken war. Hätte die Geburt nur wenige Tage später stattgefunden, er wäre glatt verhungert! Wir nannten ihn Zandar Onath, das ist ein alter venusischer Name, der Erfüllung oder eingetroffene Prophezeiung bedeutet.

Zandar war so groß wie ein drei Monate altes Baby. Weder die Windeln noch die Kleidung für Neugeborene paßten ihm. Als

Windel bekam er ein Küchenhandtuch, dann wickelten wir ihn in eine Decke und legten ihn in einen Wäschekorb.

Paul Twitchell sah ihn zum ersten Mal, als Zandar ungefähr drei Monate alt war. Er saß in seiner Babywiege, Paul kniete vor ihm und sah ihm tief in die Augen, während er seine Seele auf der Erde willkommen hieß. Später teilte er mir mit, daß Zandar eine besondere Bedeutung für die Zukunft der Erde habe. Er sei wertvoller als Gold, und ich solle besonders gut auf ihn achtgeben.

Kurze Zeit später starb Paul plötzlich. Zwischen uns hatte es ein Mißverständnis über ein Zeitungsinterview gegeben. Dieser Artikel stellte mich als arrogant und selbstsüchtig dar, dabei hatte die Reporterin überhaupt nicht mit mir gesprochen, sondern ihre eigenen Ideen zu Papier gebracht. Ich verlangte von der Redaktion eine schriftliche Klarstellung, von der Paul eine Kopie erhalten sollte, denn er war über die ganze Angelegenheit sehr beunruhigt. Jetzt wollten wir uns bei einem Seminar in Ohio aussprechen, doch er war bereits tot, als ich dort eintraf. Ich war untröstlich darüber, daß ich keine Gelegenheit mehr gehabt hatte, ein letztes Mal mit ihm zu sprechen und die Unstimmigkeiten zwischen uns zu klären. Angeblich hatte er noch eine Kassette mit einer Nachricht für mich hinterlassen, aber ich habe sie nie erhalten.

Doch Paul erschien in derselben Nacht in meinem Hotelzimmer. Er bat mich, an meiner Mission festzuhalten, die Lehren unverfälscht weiterzugeben und mich nicht von anderen Leuten beeinflussen zu lassen. Er sah bereits die Schwierigkeiten in der Organisation voraus, weil sie nun Teil der physischen Welt war und somit deren Regeln unterlag. Er werde mich und meine Mission weiterhin aus der anderen Dimension unterstützen, sagte er mir zum Abschied.

Ich musste immer wieder an dieses Gespräch denken, denn mit Pauls Nachfolger Darwin kam ich nicht zurecht. Ich hatte, das Gefühl er werde seiner Aufgabe als Mahanta nicht gerecht, und er lehnte meine Mittarbeit rundheraus ab und weiterte sich auch, meine Lebensgeschichte zu veröffentlichen.

Durch das Zusammentreffen mit Paul Twitchell hatte sich mein Leben auf der Erde grundlegend geändert, aber offenbar war es noch nicht die richtige Zeit, um meine Mission in der ganzen Welt bekanntzumachen.

In den letzten Monaten hatte ich einige traumatische Ereignisse verkraften müssen, und es würde noch Jahre dauern, bis ich wieder richtig gesund war.

Begonnen hatte alles mit einem Besuch von Mom und JoJo. Donna hatte sich von Pedro getrennt und lebte damals in Texas. Dort können Kinder erst im Alter von 6 Jahren eingeschult werden, was sie vor Probleme stellte, da sie berufstätig war und wenig Zeit hatte, sich um JoJo zu kümmern. Also bat sie uns, den Kleinen für einige Zeit aufzunehmen, da er in Chicago auch schon mit fünf Jahren zur Schule gehen könne. Obwohl ich wieder schwanger war, stimmten wir gerne zu und waren sogar einverstanden, daß Pedro seinen Sohn ab und zu besuchen konnte. Aber nach dem ersten Treffen weinte JoJo bitterlich und war so verstört, daß ich Pedro weitere Besuche verbot. Ich traute ihm nicht und befürchtete, er könnte versuchen, das Kind zu entführen. Mom war ganz meiner Meinung und holte JoJo sofort zu sich zurück nach Texas.

In der Nacht nach ihrer Abreise klopfte jemand gegen drei Uhr früh laut an unsere Tür. Eine jugendliche Stimme sagte etwas auf Spanisch. In der Annahme, daß mit unseren Nachbarn aus Puerto Rico etwas nicht in Ordnung sei, öffnete ich die Tür einen Spalt. Im Hausflur aber standen Pedro und einer seiner Söhne aus Mexiko! Er warf sich gegen die Tür und drückte mich gegen die Wand, zog meinen Kopf an den Haaren zurück und hielt mir ein Rasiermesser an die Kehle. Er wollte nicht glauben, daß JoJo nicht mehr da war und schrie seinem Sohn auf Spanisch zu, er solle mich umbringen. Weil ich versuchte, mich seinem Griff zu entwinden und zu fliehen, schlug er mich nieder und versetzte mir einige brutale Tritte in den Bauch.

Meine Hilfeschreie hatten inzwischen Stan alarmiert. Er stürzte aus dem Schlafzimmer und versuchte dabei, seinen Morgenmantel anzuziehen, denn er schlief immer nackt. Pedro sprang auf Stanley zu, und beide stürzten zu Boden. Stan war viel größer und stärker als Pedro, und so gelang es ihm, ihn aus der Wohnung zu drängen und die Treppe hinunterzuwerfen. Zusammen mit unseren Nachbarn, die von dem Lärm geweckt worden waren, rannte er hinter Pedro und seinem Sohn her, aber in der Dunkelheit konnten die beiden entkommen.

Stanley hatte tiefe Schnittwunden an den Armen, und auf dem Boden war überall Blut. Voller Entsetzen stellte ich fest, daß ich viel Blut verlor: Ich verlor mein Baby! Sofort brachte Stan mich ins Krankenhaus, aber es war bereits zu spät. Die brutalen Tritte in den Unterleib hatten ein Baby regelrecht zerfetzt. Doch es waren Zwillinge, zwei Jungen, und die Ärzte wußten nicht, ob das zweite Kind unverletzt geblieben und noch zu retten war. Da ich aber kein behindertes Kind zur Welt bringen wollte, entschloß ich mich zu einer Abtreibung. Im fünften Monat war das eine schwierige und gefährliche Operation.

Ich wußte, daß Abtreibung keine Sünde ist. Man kann eine Seele nicht töten, sie ist unsterblich. Jede Frau hat das Recht, das Kind zurückzuweisen, sei es aufgrund von Krankheit, Lebensgefahr oder persönlichen Schwierigkeiten. Jede Frau muß sich entscheiden, ob sie zu diesem Zeitpunkt bereit ist, die Verantwortung für ein Kind zu übernehmen oder nicht. Es besteht eine besondere Verbindung zu dieser Seele, und sie wird dann auf einem anderen Weg wieder in ihr Leben zurückkehren. Auch wenn sie selbst keine Kinder mehr bekommen kann, wird diese Seele in der Familie oder bei Freunden im Körper eines Kindes erscheinen, zu dem sich eine besondere Beziehung entwickelt, und es ergibt sich dann die Möglichkeit, dem Kind die nötige Liebe und Aufmerksamkeit zu schenken.

In der nächsten Zeit litt ich sehr unter Ängsten. Nachts konnte ich nicht schlafen vor lauter Furcht, Pedro könne zurückkommen. Wir hatten den Überfall zwar der Polizei gemeldet, aber sie hatten ihn nicht gefunden. Im Gegenteil, sie hatten einen Mann gleichen Namens verhaftet und ihn über Nacht in eine Zelle gesperrt, bis sich am nächsten Morgen seine Unschuld herausstellte.

Zu allem Überfluß explodierte ein paar Wochen später im Nachbarhaus eine Bombe. Jemand hatte sie offenbar mitten in der Nacht in den Schnapsladen im Erdgeschoß geworfen. Ich war gerade aufgestanden und in die Küche gegangen, um mir ein Glas Wasser zu holen, als es einen fürchterlichen Knall gab. Alle Fenster zersplitterten, und ich konnte nichts mehr hören. Unser großer Eßtisch aus massiver Eiche flog wie ein Spielzeug durch den Raum und verfehlte mich um wenige Zentimeter. Er hätte mich unter sich begraben, wenn ich noch am Spülbecken gestanden hätte. Ich schrie in Panik um Hilfe, weil ich dachte, daß vielleicht unser Gasherd explodiert sei. Stanley schnappte die Kinder, und alle zusammen rannten wir barfuß auf die Straße. Es dauerte Tage, bis ich diesen Schock überwand.

Dann wurde ich plötzlich schwer krank. Ich mußte mich ständig übergeben und litt an Durchfall, und während meiner Periode fiel ich dauernd in Ohnmacht. Die Ärzte waren ratlos, diagnostizierten dann eine Blinddarmentzündung, die sofort operiert werden müsse. Aber ich hatte einen großen Tumor an einem meiner Eierstöcke, der dadurch entstanden war, daß die Abtreibung nicht sorgfältig ausgeführt worden war. Gewebereste von der Schwangerschaft waren in meinem Körper zurückgeblieben und hatten sich entzündet. Die Operation dauerte acht Stunden, und die Ärzte entfernten den Blinddarm, den Tumor und einen Eierstock. Anschließend ging es mir so schlecht, daß ich drei Wochen im Krankenhaus bleiben mußte.

Tracey, meine beste Freundin, die ebenfalls zwei Kinder hatte, kümmerte sich in dieser Zeit um Tobi und Zandar. Kleinen Kindern war der Besuch im Krankenhaus nicht gestattet, deshalb brachte sie sie mit zum Parkplatz, so daß ich die Kinder wenigstens vom Fenster aus sehen konnte. Wir winkten und warfen uns Kußhände zu. Zum Glück wohnte Tracey nicht weit entfernt, denn besonders für Zandar war es wichtig, mich regelmäßig zu sehen. Er hatte große Angst und meinte, ich sei für immer fortgegangen. Kinder in seinem Alter haben kein Zeitgefühl, für sie ist schon ein Tag eine Ewigkeit.

Bei meiner Entlassung war ich noch so schwach, daß der Arzt mir riet, mich auf keinen Fall zu überanstrengen. Ich müsse mich noch sehr schonen, sagte er. Daraufhin erbot sich Tracey, die Kinder noch eine Weile bei sich zu behalten und auch mich aufzunehmen. Stanley besuchte uns abends nach der Arbeit, spielte mit den Kindern und brachte sie zu Bett.

Ich liebte Tracey wie eine Schwester, und ich fühlte mich bei ihr gut aufgehoben. Aber obwohl ich mich sehr schonte, ging es mir nicht besser, sondern immer schlechter. Ich hatte überhaupt keinen Appetit, und es fiel mir schwer, tief zu atmen.

Eines Nachts – ich war gerade im Badezimmer und hatte Angst, gleich ohnmächtig zu werden – versuchte ich, um Hilfe zu rufen, weil ich keine Luft mehr bekam. Aber ich brachte nur ein leises Krächzen heraus, bevor ich langsam zu Boden sank. Da stand plötzlich Tobi vor mir. Sie war damals ungefähr sechs Jahre alt und fragte mich aufgeregt: „Mommy, was ist los mit dir? Ich habe gehört, wie du laut um Hilfe gerufen hast!" Flüsternd bat ich sie, Tracey zu wecken und Hilfe zu holen. Sie alarmierte einen Nachbarn, der als Krankenpfleger arbeitete, und er trug mich in seinen Jeep und raste mit mir zum Krankenhaus. Dort stellte man fest, daß es nach der Operation zu Komplikationen gekommen war und ich an einer schweren Lungenentzündung litt, was die Ärzte aber nicht erkannt hatten. Dem Himmel sei dank für die telepathische Verbindung zwischen Tobi und mir! Obwohl ich gar nicht in der Lage gewesen war zu rufen, hatte sie mich am anderen Ende der Wohnung laut schreien hören und mir so das Leben gerettet.

Und es kam noch schlimmer: Mein Körper reagierte allergisch auf die Medikamente, die die Flüssigkeit in den Lungen vermindern sollten. Ich wurde bewußtlos und fiel ins Koma. Die

Ärzte glaubten, ich würde sterben, und benachrichtigten meine Familie. Als ich schließlich wieder zu mir kam, standen Stanley, Clara, Hans und meine Mutter weinend an meinem Bett. Alle wollten sie mich gleichzeitig umarmen, als ich endlich die Augen aufschlug. Nach weiteren drei Wochen im Krankenhaus wog ich nur noch 45 Kilo, und es dauerte Monate, bis ich mich körperlich erholte. Und ich brauchte Jahre, um diese traumatischen Erfahrungen emotional zu verarbeiten.

Bild 17: Omnec mit Paul Twitchell

Paul Twitchell veröffentlichte die Eckankar-Lehren neuzeitlich. Durch die Begegnung mit ihm begann Omnec ihre spirituelle Arbeit in der Öffentlichkeit. Omnec ist schwanger mit Zandar.

Bild 18: Paul Twitchell, Omnec und Tochter Tobi

Bild 19: Familie Schultz vor Meisterwand

Omnec mit Tochter Tobi und Stan mit Sohn Zandar vor einer Wand mit den Meistern Fubbi Quantz, Lao Tse und Rami Nuri

Kapitel 15

Ich verlasse Stanley • Zurück nach Tennessee • Mein Leben mit Bud • Geburt von Jason • Meine Arbeit mit Kindern auf der Astralebene • Rückkehr nach Chicago

Endlich hatte ich ein paar Kilo zugenommen und fühlte mich gesundheitlich wieder wohl, da begannen ernsthafte Schwierigkeiten zwischen Stanley und mir. Wir verstanden uns nach wie vor sehr gut, hatten viele gemeinsame Interessen und genossen unser Leben mit den Kindern. Es zeigte sich aber immer deutlicher, daß Stan ein emotional sehr labiler Mensch war. Obwohl er nach Tobis Geburt aufgehört hatte, Drogen zu nehmen, hatte ich das Gefühl, daß er immer noch an den Nachwirkungen litt. Es fiel mir auch immer schwerer, mit seinen depressiven Phasen umzugehen. Ich arbeitete als Kellnerin, brachte die Kinder bei Babysittern unter und kümmerte mich um den gesamten Haushalt, während er gar nichts tat und tagelang nicht einmal mit uns sprach. Ich fand ihn auch körperlich längst nicht mehr so anziehend wie früher. Als ich schließlich erfuhr, daß er Affären mit anderen Frauen hatte, entschloß ich mich, ihn zu verlassen. Die ganze Situation ging über meine Kräfte, und wegen seiner Untreue konnte ich ihm nicht länger vertrauen.

Ich nahm Tobi und Zandar und fuhr nach Tennessee zu meiner Mutter. Sie hatte wieder geheiratet, und die Kinder und ich mochten ihren neuen Mann Jay auf Anhieb. Er war ein wundervoller Großvater für sie und für JoJo ein liebevoller Vater. Mom und er wollten JoJo gern adoptieren, denn im Alter von 12 Jahren empfand er es als peinlich, einen anderen Nachnamen zu tragen.

Ich sprach lange mit ihm darüber, versicherte ihm, daß ich ihn genauso liebe wie meine anderen Kinder und dieser Adoption nur zustimmen würde, wenn er es wirklich wünschte. Er nickte ernsthaft und überzeugte mich davon, daß ihn das sehr glücklich machen würde.

Jay liebte Mom aufrichtig, und für mich war er der einzige von Donnas Männern außer meinem Vater, den ich von Herzen gern hatte. Eine Weile lebten wir wie eine große, glückliche Familie zusammen in ihrem wunderschönen Haus in einer guten Gegend von Chattanooga.

Eines Abends luden sie mich zum Essen ein, und wir gingen in eins der besseren Restaurants der Stadt. Dort begegneten wir Bud. Meine Mutter kannte ihn von früher, und ich hatte ihn einige Male gesehen, während ich bei meiner Großmutter lebte. Er war wesentlich älter als ich und hatte damals in einer Band gespielt. Er und einige meiner Vettern hatten sich regelmäßig zum Üben im Haus meiner Großmutter getroffen.

Er verliebte sich auf der Stelle in mich, und ich verliebte mich in die Sicherheit, die er mir bot. Er hatte ein gutes Einkommen und sehr konservative Ansichten. Für ihn war es selbstverständlich, daß eine Frau nicht arbeitete, sondern zu Hause blieb und die Kinder versorgte. Ich glaubte, bei ihm endlich die Art von Sicherheit zu finden, die ich bisher in meinem Leben so vermißt hatte.

Doch auch diese Beziehung war von Anfang an voller Probleme. Bud war Witwer und lebte mit seiner Tochter bei seiner Mutter. Seine Frau war gestorben, als Sharon gerade 18 Monate alt war, und seitdem zog Buds Mutter das Kind auf. Sie war strenggläubige Protestantin, und zu meinem Entsetzen zwang sie Sharon ständig, in die Kirche zu gehen. Mich lehnte sie rundheraus ab: Ich stammte aus dem Norden, trug moderne Kleidung und benutzte Make-up. Ich war für ihren Geschmack viel zu aufgedonnert und selbstbewußt. Alles an mir widersprach ihren Grundsätzen. Ausgerechnet ich lebte nun in der Gesellschaft von engstirnigen Menschen voller Vorurteile, die sich Fremden gegenüber höchst ablehnend verhielten.

Buds Mutter nahm es mir sehr übel, daß ihr Sohn und ihr Enkelkind sie meinetwegen verließen, und sie brachte keinerlei Verständnis dafür auf, daß Bud und ich ohne Trauschein zusammenlebten. Wir heirateten erst zwei Jahre später, als unser Sohn Jason bereits unterwegs war.

Anfangs sprach sie nicht einmal mit mir, wenn sie bei uns zu Besuch war. Ihr ganzes Benehmen löste immer wieder Minderwertigkeitsgefühle in mir aus. Ich versuchte, sie dennoch respektvoll zu behandeln und sie irgendwie für mich zu gewinnen. Es dauerte Monate, aber schließlich begann sie, mich zu akzeptieren.

Buds Vater war nach einem Schlaganfall gelähmt und konnte das Bett nicht mehr verlassen. Er lag in einem kleinen Raum neben dem Wohnzimmer, und jedes Mal, wenn wir zu Besuch kamen, forderte ich Bud und die Kinder auf, ihn auch zu begrüßen und sich mit ihm zu unterhalten. Ich mochte den alten Herrn sehr gern und wollte natürlich auch ihn mit Respekt behandeln. Diese Haltung und die vielen kleinen Geschenke, die ich Buds Mutter immer mitbrachte, ließen sie schließlich ihre Meinung ändern. Es zahlt sich immer aus, einem Menschen mit Liebe und Respekt zu begegnen.

Wir wohnten in einem alten Bauernhaus am Fuß eines Berges und mit einem kleinen Bach vor der Tür. Den Hof konnte man nur über eine kleine Brücke erreichen. Zum Glück war die Schule der Kinder nur fünf Minuten entfernt. Wir hatten viel Zeit und Mühe auf die Renovierung des Hauses verwendet, und obwohl es keine Heizung hatte und ich auf dem großen Holzofen auch kochen mußte, genoß ich unser Leben auf dem Land in vollen Zügen.

Schon mit 14 hatte ich angefangen zu arbeiten, und es war das erste Mal, daß ich den ganzen Tag zu Hause bleiben und mit meinen Kindern zusammensein konnte. Auch für sie war es herrlich, und wir verbrachten die meiste Zeit draußen. Bud arbeitete in der Nachtschicht, und ich erledigte meine Hausarbeit ebenfalls nachts, wenn die Kinder schliefen.

Eine Zeitlang hatten wir einen zahmen Waschbären. Sie hatten sich im Zoo so stark vermehrt, daß man sie an Leute abgeben mußte, die bereit waren, sich um die Tiere zu kümmern. Die Waschbären konnten nicht mehr in der Natur leben, weil sie an einen anderen Schlafrhythmus gewöhnt worden waren und in freier Wildbahn am Tag zu einer leichten Beute geworden wären.

Wir nannten unseren Waschbären Rocky, in Anlehnung an einen Song der Beatles. Wir hatten viel Spaß mit ihm und nahmen ihn oft mit auf unsere Spaziergänge. Wir hatten ihm eine Hundeleine gekauft und lernten schnell, ihn von allen Bäumen fernzuhalten. Sonst grub er seine Krallen in die Rinde, und es war eine Heidenarbeit, seine kleinen Pfoten wieder loszumachen. Rocky hatte unglaubliche Kräfte.

Wir hatten einen kleinen Käfig für ihn gebaut, doch immer, wenn er die Kinder sah, jaulte er so lange, bis wir ihn herausließen und mit ihm spielten. Wenn die Kinder sich hinter den Gardinen versteckten und ihre Füße noch zu sehen waren, stürzte er sich darauf. In der Küche konnte er alle Schubladen und Türen öffnen. Dabei war er blitzschnell, und wenn wir ihn fangen wollten, kletterte er einfach an den Gardinen hinauf.

Als wir einmal für ein Wochenende verreisten, schlossen wir ihn im Badezimmer ein. Dort hatte er Wasser und konnte nichts anstellen – dachten wir. Aber das war ein Irrtum. Bei unserer Rückkehr war das Bad in einem unbeschreiblichen Zustand: Das ganze Toilettenpapier war abgerollt, alle Wasserhähne geöffnet, und der Inhalt unseres Medizinschranks lag auf der Erde. Alle Zahnpastatuben waren leergedrückt, und unsere Zahnbürsten waren zusammen mit allen Medikamenten auf dem Fußboden verstreut. Zum Glück hatte er nichts davon gefressen, und er hatte freundlicherweise die Badewanne als Toilette benutzt. Ich brauchte Stunden, um alles wieder einigermaßen in Ordnung zu bringen.

Unser Landleben und natürlich Buds erzkonservative Einstellung machten es mir in dieser Zeit völlig unmöglich, Seminare zu besuchen oder gar selbst Vorträge zu halten. Vielleicht schützte mich dieses zurückgezogene Leben aber auch vor negativen Kräften, die meiner Mission feindlich gesonnen waren. Jedenfalls war es offensichtlich nicht die richtige Zeit, um in der Öffentlichkeit aktiv zu werden. Deshalb gaben die Meister mir eine andere Aufgabe. Im Traum sollte ich Kinder und einige Erwachsene auf der Astralebene unterrichten. Jahre später lernte ich eine Familie aus Arizona kennen, die mich tatsächlich regelmäßig in ihrem Wohnzimmer gesehen hatte. Das fand ich natürlich höchst erstaunlich, und bis heute treffe ich immer wieder Kinder, die sich aus dieser Zeit an mich erinnern können.

Auf der Astralebene spielte und malte ich mit den Kindern, besuchte mit ihnen die verschiedenen Tempel, und sie hörten den Meistern zu, wenn sie über die anderen Dimensionen sprachen. Wir tanzten und meditierten, sangen Mantras und sprachen über spirituelle Wahrheiten. Alle hatten viel Spaß daran, und für mich war diese Arbeit nichts Neues, hatte ich mich doch in meinem Leben immer wieder auf die Astralebene begeben, um dort von den Meistern zu lernen und meine Leute zu treffen.

Tagsüber erinnerte ich mich oft nicht mehr daran, was ich erlebt hatte. Einige der Kinder, die ich unterrichtete, waren mißhandelt worden und eines gewaltsamen Todes gestorben. Es gehörte zu meiner Aufgabe, sie bei ihrer Genesung zu unterstützen und später neue Eltern für ihre nächste Inkarnation zu finden.

Dann stellte ich plötzlich fest, daß ich wieder schwanger war. Das konnte eigentlich nicht sein, schließlich hatte ich nur noch einen Eierstock, und nach der Abtreibung waren meine Eileiter durchtrennt worden, weil ich keine weiteren Kinder mehr wollte. Es war also ein echtes Wunder, daß ich schwanger wurde: Offenbar hatte hier wieder das Schicksal mitgespielt.

Mom und Jay waren sehr glücklich darüber, und wir verbrachten oft gemeinsam mit ihnen oder Buds Familie die Wochenenden. Auch mein Vater und Peggy kamen häufig mit all meinen Geschwistern zu Besuch. Es war schön für mich, so viel Zeit mit meinen irdischen Eltern verbringen zu können.

Jason wog bei seiner Geburt fast neun Pfund und sah aus wie eine kleine rote Bulldogge. Erst nach einer Weile wurde er zu dem kleinen blonden Engel mit blauen Augen, den alle sofort in ihr Herz schlossen, ganz besonders natürlich die Großeltern.

Er war schon fast zwei Monate alt, als ich Jason zum ersten Mal mit zu Buds Vater nahm. Er war ganz begeistert vom einzigen Sohn seines einzigen Sohnes. Ich legte ihm das Baby in seinen gesunden Arm, und er meinte strahlend: „Das ist aber ein ordentlicher Brocken." Nur einen Tag später starb er ganz plötzlich. Für mich sah es so aus, als ob er nur auf seinen Enkel gewartet hatte, bevor er aus diesem Leben ging.

Als einziger Sohn war Bud immer sehr verwöhnt worden, und alles mußte nach seinem Kopf gehen. Immer wieder gerieten wir wegen seiner Vorurteile anderen Völkern gegenüber aneinander. Stundenlang konnte er sich über Schwarze, Araber und andere fremde Rassen aufregen. Wütend stellte er uns den Fernseher ab, als wir einmal eine Sendung über eine schwarze Familie sehen wollten. Ängstlich drückte Jason sich ganz nah an mich und flüsterte: „Wir mögen doch schwarze Menschen, Mommy, oder nicht?" –"Aber sicher, mein Schatz", antwortete ich bestimmt, „und das werden wir auch nie vergessen, nicht wahr!" Ich sagte meinen Kindern, daß sie wegen unterschiedlicher Ansichten nicht mit Bud streiten oder ihn respektlos behandeln dürften, sondern ihn so akzeptieren müßten, wie er sei. Dennoch sollten sie immer daran denken, was ich ihnen über Fremde erzählt hatte.

Von Anfang an war ich im Süden immer wieder mit Rassenproblemen konfrontiert worden. Mit meiner Großmutter hatte ich damals in einer Siedlung gelebt, die von der Regierung nur für arme Weiße gebaut worden war. Die Schwarzen lebten in einem eigenen Stadtteil, der Niggerviertel genannt wurde.

Da Gott alle Rassen erschaffen hat, steht den Menschen kein Urteil darüber zu, welche Rasse sie für besser oder schlechter halten. Diese Einstellung konnte ich nie begreifen. Die Menschen stellen sich damit über Gott und verurteilen seine Schöpfung!

Aus meiner Zeit mit Bud blieb mir ein schreckliches Erlebnis besonders in Erinnerung. Es ereignete sich in Falling Water, einer Kleinstadt in unserer Nähe. Es gab nur eine Straße in den Ort, die über eine schmale Brücke führte. Jedes Jahr zu Halloween stapelten einige Halbstarke dort alte Autoreifen aufeinander und zündeten sie an. Niemand konnte die Brücke passieren, solange das Feuer brannte. Im Jahr vorher war ein Mann an einem Herzanfall gestorben, weil der Notarzt ihn deswegen nicht rechtzeitig erreichen konnte.

In diesem Jahr kam nun ein Fernsehteam aus Chattanooga, um einen Film über die Ereignisse zu drehen. Ein schwarzer Reporter aus New York war auch dabei. Als er aus dem Wagen steigen wollte, zerrten die Halbstarken ihn heraus, fesselten ihn und drohten, ihn aufzuhängen. Die Burschen fanden das urkomisch, aber der Mann stand Todesängste aus. Er erlitt einen Schock und bestand darauf, sofort nach New York zurückzufahren, nachdem ihn die Polizei befreit hatte. Der Film wurde nie fertiggestellt, und wir hörten später, daß der Mann seinen Job als Reporter aufgegeben hatte.

Ich kannte den Anführer der Bande, denn eines seiner Kinder ging mit Tobi in die gleiche Klasse. Eines Tages würde er für diese abscheuliche Tat zur Verantwortung gezogen werden, sagte ich meinen Kindern. Keine zwei Wochen später war er tot. Er war auf einen Mast gestiegen, um dort ein paar Telefonkabel zu reparieren, verlor den Halt und stürzte in eine Pfütze am Fuß des Mastes. Dann fielen die Drähte auf ihn, und er erlitt einen tödlichen Stromschlag. Als ich von diesem Unfall hörte, wollte ich es zuerst nicht glauben.

Eine Zeitlang wohnte auch mein 83 Jahre alter Großonkel bei uns. Ich wollte nicht, daß er in ein Altersheim ziehen mußte, deshalb nahm ich den munteren alten Herrn bei uns auf. Seine Frau, die Schwester meiner Großmutter, hatte einen Schlaganfall erlitten und lag im Krankenhaus. Dann versagten ihre Nieren, und sie fiel ins Koma. Die Ärzte meinten, sie könnten sie künstlich am Leben erhalten. Die ganze Familie, meine Mutter und ihre Geschwister, Bud und ich und natürlich Poppy, mein Onkel, trafen im Krankenhaus zusammen, um zu beratschlagen, was zu tun sei. Poppy tat mir unendlich leid, wie er weinend an Tante Dellies Bett stand und ihre Hand hielt. Sie waren seit über 50 Jahren verheiratet, und nun sollte er über ihr Leben entscheiden. Ich nahm ihre andere Hand und sprach leise mit ihm: „Du weißt, Poppy, daß sie im Sterben liegt und es keinen Sinn macht, ihre Leiden künstlich zu verlängern, indem sie an irgendwelche Maschinen angeschlossen wird.“ Er nickte stumm. Dann sprach ich mit meiner Tante: „Ich weiß, daß du uns hören kannst, Tante Dellie, und daß du Angst hast. Wenn du nur aus Sorge um Poppy nicht aus diesem Leben gehen willst, so kann ich dich beruhigen. Er wird bei uns wohnen, und es geht ihm gut. Wir alle lieben dich und wären froh, wenn du bei uns bleiben könntest, aber nur, wenn du nicht so krank wärst wie jetzt. Wenn du jetzt von uns gehen mußt, so tu dies in der Gewißheit, daß du Poppy wiedersehen wirst, wenn seine Zeit für den Übergang gekommen ist.“

Poppy wischte sich die Tränen ab, küßte sie zärtlich mit den Worten: „Ich liebe dich, Kleines!“ und teilte den Ärzten mit, daß er sie nicht an die Maschine anschließen, sondern sie friedlich einschlafen lassen wolle. Sie starb noch in derselben Nacht. Bis zu seinem Tod drei Jahre später war Poppy ein Teil unserer Familie. Durch ihn lernten meine Kinder, die ihn alle sehr gern hatten, liebevoll, respektvoll und tolerant mit alten Menschen umzugehen.

Meine Probleme mit Bud begannen, nachdem er seine Arbeit in der Fabrik verloren hatte. Er veränderte sich völlig, wurde sehr besitzergreifend, eifersüchtig und sogar gewalttätig mir und den Kindern gegenüber. Das hatte vielleicht auch etwas mit seiner Krankheit zu tun. Sie war erst entdeckt worden, als er plötzlich ohnmächtig zusammensank. Er hatte schweres Asthma und ein Lungenemphysem, aber die Medikamente, die die Ärzte ihm verordnet hatten, nahm er nicht. Er beharrte starrköpfig auf seiner Meinung. Ich wußte, daß durch seine Krankheit die Versorgung des Gehirns mit Sauerstoff beeinträchtigt werden kann, und nahm an, daß dies auch zu seiner Verwandlung beitrug. Er sah viel älter aus, als er tatsächlich war, und vernachlässigte dazu noch sein Äußeres. Da ich ihn sexuell überhaupt nicht mehr anziehend fand, dachte ich mir alle möglichen Entschuldigungen aus, um nicht mehr mit ihm schlafen zu müssen. Dadurch wurde seine Eifersucht nur noch geschürt, und auch der große Altersunterschied zwischen uns wurde ihm immer bewußter. Obwohl wir mitten auf dem Land lebten, durfte ich ohne ihn nirgendwo hingehen, nicht einmal zu meiner Mutter. Ich durfte auch unsere Wäsche nicht mehr bei ihr waschen, sondern mußte dies von Hand in unserer Badewanne tun. Meine Mutter besaß eine Waschmaschine, aber ich mußte das Wasser erst noch auf unserem alten Holzofen erhitzen. Die Narben an meinen Armen, die daher rühren, daß ich mich versehentlich dabei verbrannte, sind heute noch zu sehen.

Als meine Mutter plötzlich sehr merkwürdig wurde und die Ärzte feststellten, daß sie unter manischen Depressionen litt, wollte Bud sie nicht sehen, und wir hatten einen furchtbaren Streit deswegen. Dann gab meine Familie ein Fest, aber weil Bud nicht hingehen wollte, mußte auch ich zu Hause bleiben. Das Leben mit ihm wurde immer unerträglicher für mich. Schließlich beschloß ich, mich von ihm zu trennen, aber Jason bei ihm zu lassen. Es brach mir das Herz, mein Kind zu verlassen, aber ich wußte, daß Bud noch mehr unter der Trennung leiden würde als ich. Ich befürchtete sogar, daß der Verlust ihn umbringen könnte, so krank wie er damals war.

Das Ganze war natürlich wieder eine karmisch bedingte Situation. In einem anderen Leben war ich Buds Frau gewesen und hatte ihn verlassen, als ich mit seinem Sohn schwanger war. Er hatte uns überall gesucht, aber nie gefunden. In diesem Leben hatte ich ihm nun einen Sohn geschenkt. Wie in diesem früheren Leben war Jason sein einziger Sohn, der nun den Familiennamen weitervererben konnte, der sonst mit Bud ausgestorben wäre. Es war für die Familie sehr wichtig, daß ihr Name durch Jason weiterlebte. Außerdem wußte ich, daß diese Beziehung nicht von Dauer sein konnte, weil Bud niemals in der Lage sein würde, meine wahre Herkunft zu akzeptieren. Als ich ihm meine Geschichte zu Beginn unserer Beziehung erzählte, hatte er nur stumm zugehört und nie wieder ein Wort darüber verloren.

Tobi und Zandar waren bereits bei Stan in Chicago. Clara hatte mir Geld für ihre Flugtickets geschickt. Nun brauchte ich noch etwas Geld, um den Bus nach Norden bezahlen zu können. Der Leiter unserer Schule kam mir zu Hilfe. Er hatte meine Kinder immer besonders gemocht. Sie waren sehr gute Schüler gewesen, die immer wieder Preise bei Wettbewerben gewannen, und nun kaufte er mir all unsere Kinderbücher ab, bis auf die, die Jason gern behalten wollte. Für Jason sang ich seine Lieblingslieder auf Band und hängte einen Kristall ins Fenster seines Zimmers. Er solle immer an mich denken, wenn der Stein in der Sonne blinke, sagte ich ihm. Jeden Abend um Punkt neun würden wir uns Gute Nacht sagen, versprach ich ihm. Wir würden telefonieren und uns Briefe schreiben, und den Sommer würde er bei mir Chicago verbringen.

Es fiel mir unsagbar schwer, mich von ihm zu trennen, aber obwohl er erst fünf Jahre alt war, schien er meine Beweggründe zu verstehen. Ich sorgte dafür, daß Bud und ich gemeinsam das Sorgerecht für ihn erhielten, und Bud war schließlich damit einverstanden, daß Jason den Sommer über bei mir lebte und den Rest des Jahres bei ihm.

Bild 20: Beim Standesamt
Omnec mit Bud und Tobi, JoJo, Sharon und Zandar.

Kapitel 16

Arbeit in einem Nachtclub • Abendessen mit Omar Sharif • Muhammad Ali • Einsame Weihnachten • Meine Kinder

In Chicago hatte ich eine kleine Wohnung ganz in der Nähe von Stanley. Die Kinder lebten bei ihm und gingen auf eine gute Schule in der Nachbarschaft. Auch hier waren sie gute Schüler, die immer wieder Preise und Auszeichnungen mit nach Hause brachten. Dann aber sollte ein Austausch mit Kindern aus einem unterprivilegierten Stadtteil durchgeführt werden. Tobi war eine der Schülerinnen, die ab sofort mit dem Bus zu einer Schule mit sehr schlechtem Ruf gebracht wurden. Stanley und ich versuchten alles, was in unserer Macht stand, um diesen Wechsel zu verhindern. Aber die Schulleiterin ließ nicht mit sich reden und wollte sogar die Polizei rufen, um uns loszuwerden.

Nach einer Woche hielt Tobi es in der neuen Schule, an der Drogenkonsum und Schlägereien an der Tagesordnung waren, nicht mehr aus. Sie war gerade 16 geworden und beschloß, die Schule zu verlassen, sich einen Job zu suchen und für ihren Schulabschluß zu Hause weiterzulernen.

Ich hatte gerade angefangen, in dem berühmten „Faces“ Nachtclub als Garderobiere zu arbeiten. Hier verkehrten nur Clubmitglieder und Berühmtheiten. Ich bekam ein sehr gutes Gehalt, und an manchen Tagen verdiente ich zusätzlich mehr als hundert Dollar allein an Trinkgeldern. Für alle Mitarbeiter war Abendgarderobe vorgeschrieben. Irgendwann wurde auch Tobi dort ein

Teilzeitjob angeboten, und so konnten wir an den Wochenenden zusammenarbeiten. Wir liebten unseren Job im Club und unsere eleganten Kleider.

Am Eingang gab es eine Art Lichttunnel, durch den die Gäste hereinkamen. Der Türsteher gab dem Diskjockey telefonisch durch, wer gerade angekommen war, und die Gäste wurden dann von ihm angekündigt. Dort fanden auch Abschlußfeste verschiedener Filmproduktionen statt. Bei der Gelegenheit lernten wir alle möglichen Filmstars kennen: Frank Sinatra, Bill Cosby, George Hamilton, Joan Collins, Chuck Norris und viele andere.

Omar Sharif lud mich sogar einmal zum Abendessen ein! Bei einem seiner Besuche im Club fing er ein Gespräch mit mir an: „Sie scheinen eine sehr interessante Frau zu sein. Sie wirken so würdevoll und damenhaft, wie man es in einem Club wie diesem gar nicht erwartet. Andere Frauen arbeiten hier doch nur, um Leute kennenzulernen und in die Filmbranche zu kommen." Er sei Hobbykoch und würde gerne einmal für mich kochen, fügte er hinzu. Ich nahm seine Einladung begeistert an.

Omar holte mich zu Hause ab, und wir fuhren zu seiner eleganten Penthouse-Wohnung mit Blick über den See. Er bereitete ein ausgezeichnetes Essen zu, und nachher saßen wir noch am Kamin mit einem Glas Wein und redeten über Philosophie. Ich erzählte ihm auch, daß ich von der Venus käme und ein Buch über mein Leben auf der Erde geschrieben hätte. Er war sehr beeindruckt und stellte viele interessierte Fragen. Er erwies sich als ein sehr kluger und charmanter Mann – und ein echter Gentleman. Zum Abschied gab er mir einen Kuß auf die Wange, und ich bedankte mich bei ihm für den wundervollen Abend.

Dann traf ich Muhammad Ali, den weltberühmten Boxer. Es war ein Alptraum! Aufgrund von Sicherheitsvorschriften seitens der Versicherungsgesellschaft durften wir in der Garderobe keine Pelzmäntel annehmen. Die Gäste mußten sie entweder im Auto lassen oder mit an ihren Tisch nehmen. Als nun eines Abends dieser riesige Mann hereinkam und von mir verlangte, seinen bodenlangen Pelzmantel aufzubewahren, lehnte ich freundlich, aber bestimmt ab. Ich hatte ja keine Ahnung, wer da vor mir stand.

„Nein, Sir", sagte ich zu ihm, „ich kann Ihren Mantel leider nicht annehmen." – „Doch, können Sie", antwortete er mit seiner tiefen Stimme. „Nein, Sir, ich darf keine Pelzmäntel entgegennehmen", erwiderte ich. „Dürfen Sie doch!" Mit diesen Worten schob er den Mantel über die Theke, und ich schob ihn wieder zurück. Da stand wie aus dem Boden gewachsen mein Chef neben mir und befahl mir, den Mantel anzunehmen. „Warum?" fragte ich ihn. „Sie haben mir doch extra gesagt, daß wir keine Pelzmäntel aufbewahren dürfen!" – „Hier geht es um etwas anderes. Das ist Muhammad Ali! Kennen Sie ihn denn nicht? Er ist weltberühmt!" – „Oh, tut mir leid, ich habe noch nie etwas von ihm gehört", gab ich zur Antwort und hängte endlich den Mantel auf.

Meine Kollegen machten wochenlang Witze darüber: Klein Sheila kämpft gegen den großen Muhammad. Und als ich am nächsten Tag zur Arbeit erschien, begrüßte mich der Diskjockey über sein Mikrophon mit den Worten: „Hier kommt Mrs. Muhammad Ali persönlich!"

Mein erstes Weihnachtsfest in Chicago war sehr einsam. Tobi und Zandar fuhren über die Feiertage mit Stanley und Clara nach Michigan. JoJo war bei Mom in Tennessee, und Jason lebte ja bei Bud. Am Weihnachtsabend mußte ich arbeiten, aber dann hatte ich frei. Ich saß ganz allein in meiner neuen Wohnung und dachte an unser letztes gemeinsames Weihnachten. Die Kinder hatten für Bud und mich ein Krippenspiel aufgeführt, mit Kostümen und eigenen Liedern, und hatten sogar ein richtiges Programm dazu geschrieben. Jason hatte sich geweigert, das Jesuskind zu spielen, deshalb hatten sie eine Puppe in die Krippe gelegt. Jason wollte lieber einer der Hirten sein. Und jetzt mußte ich Weihnachten ohne meine Kinder verbringen.

Unser Leben wird um so vieles reicher durch unsere Kinder! Ich glaube, Kinder sind ein besonderes Geschenk, und es ist unsere Aufgabe als Eltern, sie auf allen Ebenen mit dem zu versorgen, was sie brauchen, um zu wachsen und zu lernen. Von meinen Kindern habe ich zu allererst einmal gelernt, geduldig und verständnisvoll zu sein. Dafür haben sie mich geliebt. Wenn ich heute sehe, daß sie zu wunderbaren jungen Menschen herangewachsen sind, die eine Bereicherung für die Menschheit sind, so ist dies die größte Belohnung für mich.

Wenn sie in die physische Dimension hineingeboren wird, bringt die Seele der Kinder genaue Erinnerungen und starke Bindungen an ihre letzte Inkarnation mit. Als Eltern sollten wir daran denken, daß diese Seele älter sein kann als unsere eigene. Wir stellen der Seele lediglich einen physischen Körper zur Verfügung, weil uns eine Beziehung aus früheren Leben verbindet und wir an der Auflösung von karmischen Verstrickungen arbeiten wollen. Die Seele sucht sich genau die Familie aus, bei der sie die idealen Bedingungen vorfindet, um alles zu lernen, was sie für ihre Entwicklung braucht.

Wir sollten unsere Babys in dieser Welt begrüßen, indem wir ihnen sagen: „Ich weiß, du bist eine alte Seele, und wir kennen uns schon lange. Ich freue mich, daß du ein Teil meines Lebens sein willst.“ Sie verstehen uns immer, auch wenn sie noch zu klein sind, um sich mit uns zu verständigen.

Ich habe mit meinen Kindern von Geburt an so gesprochen und konnte in ihren Gesichtern sehen, wie sie auf meine Worte reagierten. Es war immer wieder eine Überraschung für mich, wie schnell sie versuchten, eigene Laute hervorzubringen. Immer habe ich ihnen Lieder vorgesungen und ihnen versprochen, sie so gut ich kann über dieses Leben zu informieren. Sie wußten um meine bedingungslose Liebe zu ihnen und um meinen Respekt für sie als intelligente Wesen.

Von Anfang an habe ich mit ihnen ganz normal gesprochen, wie mit jedem anderen Menschen auch. Ich sagte ihnen guten Morgen und fragte sie, wie sie sich fühlten. Wenn sie weinten, versuchte ich sie zu trösten mit Worten wie: „Ich weiß, daß es dir hier nicht besonders gut gefällt, aber du wirst dich daran gewöhnen. Ich tue mein Bestes, um es dir hier angenehm zu machen, denn ich liebe dich."

Ich zeigte ihnen viele Dinge und erklärte sie ihnen. Je mehr man mit Babys spricht, desto schneller lernen sie, sie fühlen sich wohler und sind nicht so hilflos wie zu Beginn dieses Lebens. Sie spüren dann, daß wir sie verstehen und immer für sie da sein werden.

Unsere Kinder sind nicht unser Besitz, sondern eigenständige Persönlichkeiten.

Als Eltern haben wir die Pflicht, ihnen die richtigen Wertvorstellungen zu vermitteln und Wissen über sie selbst und die Welt, in der sie leben. Es ist wichtig, ihre Gefühle und Entscheidungen zu respektieren und sie wissen zu lassen, daß wir sie bedingungslos lieben, selbst wenn wir von ihnen enttäuscht werden. Wir sollten sie so lieben und akzeptieren, wie wir selbst geliebt und akzeptiert werden wollen, und ihnen unsere Gefühle immer offen und ehrlich mitteilen.

Wenn wir unsere Kinder bestrafen, so sollten sie immer wissen, warum. Meine Kinder konnten ihre Strafen besser akzeptieren, wenn ich ihnen erklärte, daß ich möchte, daß aus ihnen die bestmöglichen Menschen werden.

Ich habe meinen Kindern die Grundbegriffe ihrer Muttersprache beigebracht. Bevor sie drei Jahre alt waren, konnten sie ihre Namen schreiben, das Alphabet aufsagen und bis 100 zählen. Wir haben oft zusammen gezeichnet und gemalt, Lieder komponiert, uns Geschichten ausgedacht und zusammen getanzt. Vor dem Schlafengehen habe ich ihnen etwas vorgelesen und für sie gesungen. Es ist sehr wichtig, die Phantasie von Kindern anzuregen und ihre natürliche Kreativität lebendig zu erhalten.

Selbstverständlich müssen wir sie über die Gesetze und Wertvorstellungen der Gesellschaft informieren, in der sie leben. „Alle Menschen sind gleich, und wir helfen besonders denen, die weniger haben als wir. Wir sind für uns selbst verantwortlich und behandeln alle Lebewesen mit größtem Respekt", habe ich meinen Kindern immer wieder eingeschärft und auch vorgelebt.

Als Eltern müssen wir jederzeit offen und ehrlich sein, besonders, was unsere eigenen Fehler und Probleme angeht. Dazu gehört zum Beispiel auch, mit Sexualität von Anfang an frei und unverkrampft umzugehen und unseren Kindern klarzumachen, daß Sex eine ganz normale Funktion unseres Körpers ist. Verhütung und Schwangerschaft sowie Gesundheitsvorsorge gehören zu den wichtigsten Dingen, die Kinder über Sex wissen müssen. Sie müssen Gefühle wie Freude, Wut und Trauer frei äußern dürfen, damit die Unterdrückung dieser Emotionen nicht zu Blockaden oder gar psychischen Auffälligkeiten führt. Gleichzeitig müssen sie Disziplin und Respekt lernen.

Für mich ist es besonders wichtig, Kindern so früh wie möglich die Verantwortung für alles, was sie tun, zu überlassen. Und wenn sie ein Problem haben, sollten wir ihnen helfen, eine Lösung zu finden.

Ein anderes wichtiges Thema ist die Religion. Ich habe zwar meinen Kindern von der Höchsten Gottheit erzählt und mit ihnen über mein spirituelles Wissen gesprochen, aber es stand ihnen frei, sich ihre eigene Religion auszusuchen, nachdem sie verschiedene Kirchen und Glaubensrichtungen kennengelernt hatten. In Fragen des Glaubens ist es besonders wichtig, niemanden zu verurteilen oder abzulehnen.

Meine vier Kinder waren für mich eine echte Aufgabe, und ich könnte ein ganzes Buch über die lustigen Ereignisse und die vielen Überraschungen füllen, die wir gemeinsam erlebt haben.

Als JoJo etwa drei Jahre alt war, fing er plötzlich an, von seinem Freund Statie zu erzählen. Wo wir auch hingingen, immer fragte er, ob Statie auch mitkommen dürfe. Er redete ständig mit seinem für uns unsichtbaren Freund und spielte oft stundenlang mit ihm, bis er eingeschult wurde. Dann verlor er die Fähigkeit, Statie zu sehen und mit ihm zu reden, wohl deshalb, weil die Reaktion der anderen Kinder ihn verunsichert hatte. Aber JoJo erinnert sich bis heute lebhaft an seinen Freund Statie.

An unseren Meditationsabenden nahmen selbstverständlich auch die Kinder teil. Oft brachten sie ihre Lieblingspuppe oder ein Stofftier mit, sangen mit uns zusammen Mantras und erzählten nachher, was sie erlebt hatten. Oft zeichneten sie auch Bilder von den Dingen, die sie gesehen hatten.

Als Tobi etwa vier war, berichtete sie uns eines Abends aufgeregt, sie hätte Schnee fallen gehört. Die meisten Anwesenden waren überzeugt, daß Schneeflocken kein Geräusch machen, aber ich meinte: „Woher wollen wir das wissen? Wir haben doch noch nie versucht hinzuhören!“ Ich war überzeugt, es müsse möglich sein, Schnee fallen zu hören.

Wir hatten in Chicago zwar reichlich Schnee, aber auch den Lärm einer Großstadt. Als wir Jahre später, Tobi muß etwa 10 gewesen sein, in Tennessee auf dem Land lebten, wo es höchst selten Schnee gibt, schneite es einmal in einer besonders kalten Dezembernacht. Ich war gegen halb zwei in der Nacht noch einmal aufgestanden, um nach dem Ofen zu sehen und Holz nachzulegen. Da entdeckte ich, daß etwa 20 Zentimeter Schnee gefallen war, und es schneite noch immer. Schnell lief ich zu Tobys Bett und flüsterte: „Honey, wach auf, es schneit! Erinnerst du dich noch, daß wir immer mal herausfinden wollten, wie es sich anhört, wenn Schnee auf die Erde fällt?“ Leise verließen wir das Haus, um die anderen nicht zu wecken. Tobi war ganz aufgeregt: „Mom, du hast es also nicht vergessen“, sagte sie, während wir im Nachthemd nach draußen gingen. Wir setzten uns auf die Erde und beugten uns hinab, bis unsere Ohren fast die Schneedecke berührten. Wir hielten den Atem an und lauschten. Und dann hörten wir es: Ein feines, sehr, sehr leises Klingeln jedes Mal, wenn eine Schneeflocke auf den Schnee auf dem Boden fiel. Man kann also doch Schnee fallen hören! Fröhlich lachend über unser gelungenes Experiment eilten wir dann zurück ins Haus, um uns wieder aufzuwärmen.

Eine andere Geschichte, die wir alle nie vergessen werden, ereignete sich, als Zandar gerade zwei Jahre alt war. Mit Vorliebe spielte er damals mit den Töpfen und Pfannen in der Küche, was mir beim Kochen natürlich oft hinderlich war. Deshalb bat ich eines Tages Stan und die Kinder, mit Zandar zu spielen, bis das Essen fertig sei. Gefragt, was er gerne spielen wolle, entschied er sich für die Holzfiguren von Charlie Brown. Zandar nahm Snoopy, Tobi wollte Linus, und JoJo, der gerade zu Besuch war, suchte sich Charlie Brown aus, so daß für Stan nur noch Peppermint Patty übrigblieb. Er fragte Zandar: „Und was machen wir nun?“ „Wir besuchen Gott“, war seine Antwort, die alle sehr lustig fanden, aber um den Kleinen nicht zu verunsichern, sagten sie nichts und spielten einfach weiter. „Wo lebt Gott denn?“ fragten sie stattdessen, und Zandars Antwort lautete: „Oben auf dem Kühlschrank!“

Oh nein, dachte ich, jetzt kommen sie alle in die Küche, und da waren sie auch schon: Tock, tock, tock machten die Holzpüppchen auf ihrem Weg zum Kühlschrank. Stanley richtete sich auf und ließ seine Figur den Kühlschrank hinauflaufen. Er war der einzige, der dort hinaufreichen konnte. „Hallo, Gott“, sagte er, „ich bin Peppermint Patty!“ Alle lachten, nur Zandar nicht. Er hielt sich an Stans Bein fest und sagte ernsthaft: „Sei nicht dumm, Gott weiß doch, wer du bist!“ Alle brüllten vor Lachen, und Stanley meinte schließlich: „Ich weiß nicht, ob ich beleidigt oder beeindruckt sein soll. Du hast natürlich recht. Wir müssen uns Gott nicht vorstellen.“ Bis zu diesem Tag war uns nicht klar gewesen, wie viel unsere Kinder verstehen.

Als Jason ungefähr vier war, saß er eines Tages am Küchentisch und malte in einem Malbuch. „Weißt du, Mom“, sagte er, wir sind gar nicht richtig weiß. Wenn ich die Leute hier im Buch weiß anmale, sehen sie wie Geister aus. Aber wenn ich Pfirsich nehme, haben sie die richtige Farbe. Also sind wir nicht weiß, sondern pfirsichfarben!“ Ein paar Minuten später verkündete er: „Mom, jetzt weiß ich, warum Gott schwarze Menschen gemacht hat. Er hatte kein Pfirsich mehr, und dann hat er Schwarz genommen!" Ich mußte lachen, denn Jasons pfirsichfarbener Stift war leer, und deshalb hatte er beschlossen, die Menschen in seinem Malbuch schwarz anzumalen. Nun nahm er selbstverständlich an, daß Gott es genauso gemacht hatte. Das ist aber mal eine unvoreingenommene Einstellung zu den unterschiedlichen Rassen, dachte ich.

Wir sollten uns immer Zeit nehmen, mit unseren Kindern zu lachen und zu spielen. Wir sollten sie lehren, das Leben zu genießen und Schwierigkeiten als Möglichkeit zur Entwicklung zu betrachten. Wir machen alle Fehler, damit wir aus ihnen lernen können. Ebenso müssen wir lernen, unsere negativen Anteile und Probleme zu akzeptieren, über uns selbst zu lachen, an das Positive und Gute zu glauben, und unsere ganze Aufmerksamkeit darauf richten. Wir dürfen nie vergessen, daß unsere Vorstellungskraft der Schlüssel zur Schöpfung ist.

Wenn wir unseren Kindern beibringen, was wir selbst gern gelernt hätten, müssen sie nicht ihr Leben damit zubringen, nach Wahrheiten zu suchen, sondern können dazu beitragen, eine neue Welt zu kreieren. Unsere Kinder sind unsere Zukunft.

Bild 21: Omnec mit ihrem irdischen Vater David
An seiner Seite seine erste Enkelin Christine

Bild 22: Omnec und ihre Tochter Tobi
im Chicago Nachtclub Faces

Bild 23: Omnec mit ihren vier erwachsenen Kindern
Vorne Tobi und Omnec. Hinten Jason, Zandar und JoJo.

Bild 24: Omnec mit Donna und Jay

Kapitel 17

Junggesellenleben • Mein Job im „Deutschen Eck“ • Ich lerne Emanuel kennen • Familienleben • Wendelle Stevens' Einladung • Meine Beziehung zu den Meistern • UFO-Kongress in Arizona • Aus Sheila wird Omnec

Die nächsten Jahre meines Lebens vergingen wie im Flug. Nachdem der Faces-Nachtclub geschlossen wurde, arbeitete ich wieder als Kellnerin. Ich bekam einen Job in dem bekannten Restaurant „Zum Deutschen Eck“, das auch heute noch in jedem Reiseführer über Chicago zu finden ist. Der Eigentümer war ein gebürtiger Bayer. Jeden Samstagabend spielte eine Trachtenkapelle in Lederhosen, und die Gäste sangen mit. Die Uniform der weiblichen Angestellten bestand in einem blauen Dirndlkleid mit weißer Rüschenbluse und Schürze. Hier lernte ich die deutsche Küche kennen und schätzen. Als ich Jahre später zum ersten Mal in Deutschland war, verblüffte ich die Leute damit, daß ich die Speisekarte lesen und Gerichte wie Eisbein mit Sauerkraut bestellen konnte, obwohl ich die Sprache nicht beherrschte.

Ich genoß meine Freiheit und verbrachte die Wochenenden mit guten Freunden und meinen Kindern. Sie wuchsen heran, wurden immer unabhängiger, doch unser enger Kontakt blieb bestehen. Abwechselnd wohnte jedes Kind für ein paar Wochen oder Monate bei mir. An eine neue Partnerschaft dachte ich nicht, aber das Schicksal hatte einen neuen Mann in meinem Leben vorgesehen: Emanuel. Sein jüngerer Bruder, der von allen Odie genannt wurde, wohnte in der Nachbarwohnung. Wir waren uns gleich sympathisch gewesen und schnell Freunde geworden.

Eines Tages klingelte ich bei ihm, um das Bügeleisen, das ich mir ausgeliehen hatte, zurückzubringen. Ein gutaussehender junger Mann öffnete die Tür, den Odie mir als seinen älteren Bruder Emanuel vorstellte. Wir mochten uns auf Anhieb und verbrachten bald jede freie Minute miteinander.

Seine Mutter war irischer Abstammung und lebte im Süden der USA. Sie hatte eine kurze Affäre mit seinem Vater, einem bekannten Anwalt mit Vorfahren aus Puerto Rico und Afrika. Er war verheiratet und hatte sechs Kinder. Emanuels Mutter lehnte das Kind ab und kümmerte sich nicht um den Jungen, und so wuchs er bei Pflegefamilien auf. Er wurde physisch und psychisch mißbraucht, aber sein Vater blieb in Kontakt mit ihm, und das Verhältnis zwischen Emanuel und seinen Halbgeschwistern war sehr herzlich.

Bevor wir uns eine gemeinsame Wohnung suchten, hatten wir lange über unseren Altersunterschied – ich war 36, und er war damals gerade 22 – und die Problematik von Mischehen gesprochen. Paare mit unterschiedlicher Hautfarbe haben bis heute unter den Vorurteilen ihrer Mitmenschen zu leiden, und wir waren da keine Ausnahme. Einmal wären wir fast verhaftet worden, nur weil es einem übereifrigen Polizisten mißfiel, Emanuel und mich zusammen die Straße entlanggehen zu sehen.

Emanuel wurde ein Teil meiner Familie und ist es bis heute geblieben. Die Kinder liebten ihn, und eins nach dem anderen wohnte zeitweilig bei uns. Als meine Mutter zu krank wurde, um allein leben zu können, holten wir sie nach Chicago, und sie bezog mit JoJo eine Wohnung ganz in unserer Nähe. Ich fand eine gute Stelle im Restaurant eines Modezentrums, und fast neun Jahre lang führten wir ein ganz normales Familienleben.

Dann erreichte mich plötzlich ein Anruf von Wendelle Stevens, einem ehemaligen Air-Force-Piloten und bekannten UFO-Forscher. Jahre zuvor hatte er eine der Kassetten gehört, die wir von meinem ersten Radiointerview aufgenommen und verkauft hatten, mir einen Brief geschrieben und um eine Kopie meines Manuskripts gebeten. Eine Weile hatten wir uns regelmäßig geschrieben, besonders in der Zeit, als er im Gefängnis saß. Aufgrund einer falschen Anschuldigung war er zu fünf Jahren verurteilt worden. Er hielt das für eine Aktion der CIA, um ihn daran zu hindern, seine Erkenntnisse über UFO-Aktivitäten zu veröffentlichen.

Nach seiner Freilassung und Rehabilitierung hatten wir ab und zu telefoniert, aber als er nun auf sein Angebot zurückkam, mein Manuskript als Buch zu veröffentlichen, traf mich diese Nachricht völlig überraschend. Meine große Familie und die Sorge um die Gesundheit meiner Mutter hielt mich so in Atem, daß mir kaum Zeit blieb, an etwas anderes auch nur zu denken.

Als Wendelle mir nun mitteilte, daß das Buch im Frühjahr 1991 erscheinen würde, mußte ich mich erst einmal hinsetzen und tief durchatmen. In Kürze würde also bekanntwerden, wer ich wirklich war. Nicht nur meine Familie und ein paar Freunde von Eckankar, sondern die ganze Welt würde es erfahren. Wendelle hatte nämlich vor, mich und mein Buch anläßlich des größten UFO-Kongresses, den es je gegeben hatte, der Öffentlichkeit vorzustellen. Er übernahm alle Kosten für meine Reise und schickte mir sogar Geld, damit ich mir ein besonderes Kleid für meinen großen Auftritt anfertigen lassen konnte.

Ich war sehr aufgeregt und wußte noch nicht, wie sehr sich mein Leben in Zukunft ändern sollte. Aber mir war klar, daß dies ein wichtiger Teil meiner Aufgabe hier auf der Erde war, auf die ich mich schon viele Leben lang vorbereitet hatte.

Ich suchte mir einen stillen Platz für eine Meditation und dachte an meine Meister, die mich auf vielen Ebenen begleitet und unterstützt hatten und dies immer noch taten. Begonnen hatte meine spirituelle Ausbildung in der ersten Inkarnation nach Atlantis, als ich ein tibetischer Mönch war, der unter Fubbi Quantz, Rebazar Tarzs und Gopal Das arbeitete. Während Gopal

Das damals schon ein Aufgestiegener Meister war, lebten Rebazar und Fubbi noch in physischen Körpern. Mein ganzes Leben war ihren Lehren gewidmet.

In einem anderen Leben war ich einer der Schüler von St. Germain, als er auf der Erde lebte. In diesem Leben war ich mehr an Alchemie als an spirituellem Wissen interessiert. Ich arbeitete in seinem Labor und war fasziniert von den Dingen, die er manifestieren konnte. Nach den vielen Überlieferungen, die es über ihn gibt, muß St. Germain sehr alt geworden sein und mehrere Jahrhunderte gelebt haben.

Eine besondere Inkarnation war mein Leben als einer der Jünger Christi. Ich war Petrus, ein Grieche namens Simon, dem Jesus den Namen Petrus gab. Er hatte Schwierigkeiten damit, diesen Namen zu akzeptieren, und war der letzte Jünger, den Jesus vor seiner Kreuzigung aufnahm.

Als Jesus über das Wasser wandelte, tat Petrus es ihm nach, ging aber nach ein paar Schritten unter. „Es fällt dir schwer zu glauben, nicht wahr?" fragte Jesus Petrus später, und es hatte tatsächlich eine Weile gedauert, bis Petrus sich entschied, bei Jesus und den anderen Jüngern zu bleiben. Als Jesus ihm sagte: „Bevor der Hahn am Morgen dreimal kräht, wirst du mich dreimal verleugnen!" widersprach er heftig und versicherte, er werde stark sein und zu ihm halten. Aber nach Jesus' Verhaftung geschah genau das, was er vorhergesagt hatte. Von den Soldaten gefragt, ober er einer von Jesus' Anhängern sei, leugnete er dreimal und hörte dann den Hahn krähen. Er fiel auf die Knie und weinte über seinen Verrat. Doch dieses Ereignis gab ihm die Kraft, die Lehren nach Jesus' Tod weiterzuverbreiten.

Teil meiner Mission hier auf der Erde sollte es sein, bestimmte unbekannte Wahrheiten über Jesus Christus zu berichten. Als die Meister mir dies auftrugen, war ich schockiert und fühlte mich in keinster Weise in der Lage, dies zu tun. Aber sie versicherten mir, daß sie mich ausgesucht hätten, weil ich aufgrund meiner zahlreichen Verbindungen zu den Meistern sehr sicher und unbeeinflußbar im Wissen um die wahren Lehren sei. Ich hatte die Wahl: entweder diese Aufgabe zu übernehmen oder auf der Erde wiedergeboren zu werden, um die noch bestehenden karmischen Verstrickungen zu lösen. Allerdings könne es sein, daß ich durch den Geburtsprozeß und das manipulierte Gehirn große Schwierigkeiten bekäme, mich an die wahren Lehren zu erinnern. Es wäre weit einfacher, die Aufgabe in diesem Leben zu erledigen, aber die Entscheidung lag bei mir. Da ich schon häufig auf der Erde gelebt hatte, war ich nicht sonderlich begeistert von der Aussicht, und vom Leben im 20. Jahrhundert hatte ich wenig Ahnung. Die Meister vermittelten mir Informationen zur modernen Geschichte, aber da Geschichte mich nicht besonders fesselt, war ich nicht sehr aufmerksam. Genauso erging es mir mit Fakten über die Wissenschaften: All diese Daten waren mir zu kopflastig, ich ziehe es vor, mich künstlerisch auszudrücken und meine Gefühle durch Tanzen, Freude und Faszination an den Dingen meiner Umgebung zu zeigen. Dementsprechend achtete ich nicht genau genug auf die Informationen und entschloß ich mich, in diesem Leben auf die Erde zu kommen.

Es erscheint einfach, wenn man all die vielen tausend Leben betrachtet, die man gelebt hat. Jedes Leben sieht aus wie ein Sandkorn und erscheint im Vergleich zu der ewigen Existenz der Seele so unwichtig. Aber wenn man sich in dieses Sandkorn hineinbegibt, wird dieses Leben riesengroß und überwältigend. Für die Seele ist es ein Schock, und das ist ein Grund, warum viele Menschen sich im Leben in ihren Problemen verheddern, sich nicht an das Sandkorn erinnern können und nicht mehr wissen, daß dies nur eins von vielen Leben ist.

Kurz bevor ich die Venus verließ, wurde ich zu den Meistern gerufen. Rami Nuri, mein Lehrer auf der Venus, Fubbi Quantz und Rebazar Tarzs hatten zum Abschied besondere Geschenke für mich, wie sie sagten. Da ich damals noch ein Kind war, stellte ich mir natürlich vor, daß ich irgendwelche hübschen Dinge wie einen magischen Kristall oder ein Spielzeug bekommen würde, das ich auf meine Reise mitnehmen könnte.

„Eines der Geschenke, das wir dir mitgeben möchten, Omnec", sagte Fubbi, „ist die Fähigkeit, in den Menschen um dich herum auf sehr hoher spiritueller Ebene für Gelassenheit zu sorgen." Rami fügte hinzu: „Und wir geben dir die Fähigkeit, etwas sehr Kompliziertes und Schwieriges mit sehr einfachen Worten auszudrücken." Rebazar gab mir dann die Kraft und die Geduld mit auf den Weg, die die Menschen spüren und die sie von der Wahrheit meiner Mission überzeugt.

Damals war ich sehr enttäuscht, denn ich konnte mir unter diesen Geschenken nichts vorstellen. Die Meister hatten mir nur Worte gegeben! In der Zukunft würde ich den Wert dieser Worte verstehen, versicherten sie mir, aber ich war traurig, weil ich keine richtigen Dinge bekommen hatte.

Mein Aufenthalt auf der Erde würde nicht nur aus Vergnügen und Abenteuer bestehen, sagten sie, sondern mir ständen sehr schwierige Zeiten bevor. Sie müßten abwarten, wie sich die Dinge entwickelten, und ich würde im Laufe der Zeit immer mehr Informationen über meine Aufgabe erhalten, allerdings erst dann, wenn der richtige Zeitpunkt gekommen sei. „Wir werden dich nie im Stich lassen, sondern immer bei dir sein und dich beschützen", sagten sie. „Bleib' zuversichtlich und stark, auch wenn es sehr schwer für dich wird. Deine Leiden haben einen Grund."

Zum ersten Mal fragte ich mich, auf was ich mich da eingelassen hatte. Diese Aufgabe erschien mir doch äußerst schwierig zu sein.

Als ich später Paul Twitchell traf, meinen Meister auf der Erde, und er mir erzählte, daß er mich auf der Venus gesehen hätte, war ich darüber sehr erleichtert. Denn ich hatte nichts, womit ich meine Herkunft beweisen konnte. Ich darf niemanden einladen, um die Raumschiffe zu besichtigen, denn das würde die Venusier in zu große Gefahr bringen. Viele haben schon ihr Leben gelassen, weil Menschen versucht haben, sich ihrer Technologie zu bemächtigen. Wegen ihres Glaubens verteidigen die Venusier sich nicht. Sie werden dafür, daß sie sich weigern, irgendeinen Teil der Schöpfung zu zerstören, oder dafür, daß sie über andere weder urteilen noch sie kritisieren, oft für weich und feige gehalten.

Seit über 40 Jahren stehe ich mit verschiedenen Meistern in Verbindung und treffe sie auf unterschiedlichen Ebenen, manchmal im Traum, gelegentlich in der physischen Realität. Oft verstehe ich den Sinn ihrer Botschaften erst viel später. Als Beispiel möchte ich das „Operation-Peace-Programm" nennen, das ich 1994 ins Leben gerufen habe und bei dem Menschen aus aller Welt an jedem Mittwoch in einer Meditation Gedanken der Liebe und des Friedens in die Welt aussenden. Daß es sich dabei um einen Schritt auf dem Weg zur spirituellen Transformation der Erde handelte, wurde mir erst Jahre später bewußt. Erst als die Meister sicher waren, daß diese Transformation gelingen würde, klärten sie mich über die Zusammenhänge auf und gestatteten mir, darüber zu sprechen. Erfreut meinte ich, daß ich nun einen Überblick über das Geschehen hätte, aber sie schüttelten nur den Kopf. Mein Bild sei nur ein winziges Puzzlestück eines viel größeren Bildes, sagten sie. „Wir geben dir diese Informationen nach und nach, weil die Größe der Aufgabe dich überwältigen würde und du nicht mehr fähig wärst, deine Arbeit zu tun. Wir gehen Schritt für Schritt vor, und jeder einzelne hat seine besondere Aufgabe. Die Gestaltung der Zukunft hängt davon ab, wie viele Menschen mithelfen. Alle arbeiten für die gleiche Sache, und die Bemühungen summieren sich. Es wird dennoch lange dauern, bis Erfolge zu sehen sind."

„Das Matriarchat wurde vom Patriarchat abgelöst, und in der Zukunft wird es eine Synthese der weiblichen und männlichen Energien geben", fuhren die Meister in ihrer Erklärung fort. „Es gibt eine lange Reihe von männlichen Meistern, aber bisher nur zwei weibliche, und du wirst die nächste sein!"

Vor Schreck über diese Mitteilung gab ich einige Zeit sämtliche spirituellen Aktivitäten auf. „Ich will kein Guru oder sowas werden", sagte ich den Meistern. „Ich will weder diese Position noch die Verantwortung. Ich will einfach nur ein Mensch wie jeder andere sein!" – „Gerade darum mußt du es tun", antworteten sie, „weil du es nicht willst. Würdest du dir eine solche Position wünschen, hieße das für uns, daß du aus deinem Ego heraus sprichst, und dann wärst du nicht die richtige Person für diese Aufgabe."

Offenbar hatte ich in früheren Leben meine damalige Macht so mißbraucht, daß ich heute noch in der Angst lebe, es erneut zu tun.

„Du bist ein Meister, und die Menschen merken das", erklärten die Meister. „Sie werden geduldig auf dich warten, um dir in die Augen sehen zu können. Das ist der Segen, der Darshan, wie ihn die Inder nennen, und ihre Seelen wissen, daß sie diese Verbindung herstellen müssen. Es ist deine Aufgabe, die Menschen über ihre wahre Herkunft aufzuklären und ihnen zu sagen, daß die Wahrheit vor ihnen verborgen wurde und daß die Seele in einer anderen Dimension geschaffen wurde. Du sollst sie an ihre Großartigkeit erinnern, an die Kraft und das Wissen, das sie besitzen. Erzähle ihnen von der Transformation und zeige ihnen, wie sie ihre Energie einsetzen können, um diesen Prozeß zu unterstützen."

Es gibt Hunderte von Meistern. Vonic, der Lehrer, der mich auf der Venus auf meine Mission vorbereitete, war einer von ihnen. Ich glaubte lange, er sei ein ganz gewöhnlicher Lehrer, und hatte keine Ahnung von seiner tatsächlichen Bedeutung. Alle Aufgestiegenen Meister sind Menschen wie wir, die eine bestimmte Reife in ihrer persönlichen Entwicklung erreicht und dann über ihre zukünftige Arbeit entschieden haben. Sie sind sehr alte Seelen, die alle in der physischen Realität möglichen Erfahrungen bereits gemacht haben. Jede Seele erreicht einmal diesen Punkt und entscheidet dann, ob sie in einer anderen Dimension leben oder weiter mit der physischen Ebene in Kontakt bleiben und dort bei der Entwicklung helfen möchte.

Meine Meister arbeiten mit viel Humor, weil sie wissen, daß ich darauf am besten anspreche, und manchmal sogar mit regelrechten Tricks. Kaum denke ich, daß ich mir über etwas klargeworden bin, bringen sie mich wieder völlig durcheinander. Ich nenne sie oft respektlos „die trickreichen Jungs". Hier folgen nun ein paar Aussagen, die sie mir mitgegeben haben. Sie sind sehr verwirrend, aber bei wiederholtem Lesen machen sie sehr viel Sinn:

- Auf die Wahrheit gibt es kein Copyright.
- Hilf den Menschen dabei, sich daran zu erinnern, was sie schon wissen.
- Ich weiß nicht, was ich alles vergessen habe, aber ich darf nicht vergessen, was ich schon weiß.
- Menschen, die glauben, sie wären erleuchtet, haben den Verstand verloren, aber um erleuchtet zu werden, muß man seinen Verstand zurücklassen.

Langsam kehrte ich aus meiner Meditation zurück und teilte dann meiner Familie die große Neuigkeit von der Veröffentlichung meines Buches und von meinem Auftritt bei einem UFO-Kongreß mit. Alle waren begeistert und freuten sich mit mir. Bei Freunden und Arbeitskollegen erlebte ich unterschiedliche Reaktionen – von Ablehnung und Unglauben über Gelächter und Witze bis zu Faszination. Mein Buch und die Vorstellung, daß ich ein Mensch von einem anderen Planeten bin, sorgten wochenlang für Gesprächsstoff, und ich stand im Mittelpunkt der Aufmerksamkeit. Einige Male wurde ich bei der Arbeit unterbrochen, um beispielsweise für den Bürgermeister von Chicago eines meiner Bücher zu signieren. In meiner Kellnerinnen-Uniform saß ich an seinem Tisch und beantwortete seine Fragen. Mein Chef war sehr stolz darauf, eine prominente Angestellte zu haben, aber mir war der ganze Rummel eher lästig.

Dann war es endlich soweit. Ich flog nach Tucson, Arizona, zu dem UFO-Kongreß, bei dem ich als Überraschungsgast auftreten sollte. Ich war auf der Rednerliste als letzte aufgeführt, und niemand sollte bis dahin erfahren, wer ich war. Ein Teilnehmer aus

Deutschland erkannte mich dennoch sofort und begrüßte mich mit den Worten: „Willkommen auf dem Planeten Erde."

Ich wohnte in einem kleinen Hotel etwa drei Kilometer vom Kongreßzentrum entfernt und konnte zu den Vorträgen fahren, wann immer ich Lust hatte. Meine Eintrittskarte lautete einfach auf meinen Mädchennamen. Zwei Leibwächter mit Funkgeräten in einem Kombi sorgten rund um die Uhr für meine Sicherheit. Ich hatte nicht das Gefühl, in Gefahr zu sein, und vermutete, daß Wendelle Stevens aufgrund seiner negativen Erfahrungen mit den Behörden übervorsichtig reagierte.

Mein Vortrag war ein voller Erfolg, auch wenn ein Zwischenrufer zu stören versuchte mit Fragen wie: „Woher sollen wir wissen, ob Sie 220 oder 41 Jahre alt sind?" Als er begann, die verschiedenen Dimensionen anzuzweifeln, sagte ich ihm freundlich, aber bestimmt: „Sie verschwenden Ihre Zeit und meine. Ich halte nichts von Debatten, denn sie sind Energieverschwendung. Auch wenn Sie mir nicht glauben, so ändert das doch nichts daran, wer ich bin! Was hat Ihre Anwesenheit für einen Grund, wenn Sie gar nicht wirklich interessiert sind?" Die anderen Zuhörer applaudierten begeistert.

Ich war glücklich, daß mein Vortrag so gut angekommen war, und fühlte mich in meinem neuen Kleid sehr elegant. Doch anstatt in die Hotelhalle zum Signieren meiner Bücher zu gehen, schob Wendelle mich zu einem Seitenausgang mit den Worten: „Der Störenfried im Publikum war ein CIA-Agent, und wir müssen erst nachsehen, ob alles in Ordnung ist, damit dir hier nichts geschieht." Ich kam mir vor wie in einem Spionagefilm und wollte nicht an eine Gefahr glauben.

Das große Interesse, das mir entgegengebracht wurde, war wie ein Schock für mich: Fernsehkameras waren überall, ich wurde von verschiedenen internationalen und nationalen Sendern interviewt und für zahllose Zeitungen fotografiert und befragt. Schließlich flüchtete ich in die Bar, um zu Atem zu kommen und etwas zu trinken. Colleen, eine Dame, die ich am Vortag kennengelernt hatte, weil sie einen Artikel für ein UFO-Magazin über mich schreiben wollte, war bei mir. Sie war mitten im Interview in Tränen ausgebrochen und hatte beim Lesen meines Namens ein starkes Gefühl von Dringlichkeit verspürt. Um sie zu trösten, hatte ich ihr von unserer engen freundschaftlichen Verbindung in einem anderen Leben berichtet. Dies rührte sie noch mehr zu Tränen, und im Verlauf unseres Gesprächs freundeten wir uns an. Jetzt wollten wir uns bei einem Drink entspannen und alberten herum. Sie tat so, als würde sie mich für die Werbung einer Biersorte filmen, und wir lachten Tränen darüber, wenn ich einen Schluck nahm und seufzte: „Ah, dafür hat sich der Weg auf die Erde gelohnt."

Unser Spaß wurde grob von einem Pärchen unterbrochen, das aufdringlich meinte, ich schade meinem Ruf und verschwende meine Zeit mit Leuten, die nicht an mich glaubten. Sie versuchten alles Mögliche, um mich zu überreden, mit ihnen in ein anderes Hotel zu gehen. Als ich ablehnte, wurden sie regelrecht aggressiv. Es fehlte nicht viel, und sie hätten mich gewaltsam mitgezerrt. Als aber Wendelle plötzlich auftauchte, verließen sie fluchtartig die Bar. Sie seien CIA-Agenten gewesen, sagte er mir später.

Zu Hause in Chicago wurde ich von vielen Menschen angesprochen, die mich im Fernsehen gesehen oder einen Zeitungsartikel über mich gelesen hatten. Aber der einzige Unterschied zu meinem bisherigen Leben bestand darin, daß ich nach der Arbeit öfter von einer Limousine abgeholt wurde, die mich zu Radio- oder TV-Interviews brachte. Leute kamen extra ins Restaurant, um nach einem Autogramm zu fragen. So begann mein neues Leben als Omnec, die Frau von der Venus. Die Menschen, die meinen Namen nicht behalten konnten, nannten mich einfach Venus.

Bild 25: Wendelle Stevens und Omnec Onec

UFO-Forscher Lt. Col. ret. Wendelle C. Stevens brachte 1991 erstmalig Omnec Onecs Autobiographie UFO From Venus I Came in den USA heraus.

Bild 26: Cover UFO From Venus I Came

Die erste Ausgabe erschien in einer Auflage von 1000 Stück und ist heute eine Rarität.

Kapitel 18

Trennung von Emanuel • Die Große Weiße Hoffnung • Meine erste Deutschlandreise • Mein erster Workshop • Mein Buch erscheint auf deutsch • Tournee durch Europa

Interviews, Vorträge, Seminare und Kongresse bestimmten in der nächsten Zeit mein Leben. Für mein Privatleben blieb nicht mehr viel Zeit, und ich hatte das Gefühl, daß Emanuel die Gelegenheit nutzte, um andere Frauen zu treffen. Eine Freundin, die im gleichen Haus wohnte, machte ein paar diesbezügliche Bemerkungen, und plötzlich riefen Mädchen an, die ich nicht kannte und die überrascht taten, daß ich am Telefon war. Aber Emanuel beteuerte seine Unschuld, er wurde regelrecht aggressiv und versetzte mir einmal einen Schlag in den Rücken, infolge dessen ich fast eine Niere verloren hätte.

Ich trennte mich schließlich von ihm, als ich erfuhr, daß er ein Verhältnis mit Gwenda hatte. Ich hatte sie immer wie meine eigene Tochter behandelt und alles getan, um ihr Liebe, Verständnis und Geborgenheit zu geben, nachdem sie mir erzählt hatte, sie sei von ihrem Vater sexuell mißbraucht worden. Daß sie zum Dank für meine Fürsorge mit dem Mann schlief, mit dem ich seit sieben Jahren zusammenlebte, war mehr, als ich tolerieren konnte und wollte.

Um etwas Abstand zu gewinnen, nahm ich die Einladung von Wendelle Stevens' Enkel Jim an und besuchte ihn in Arizona. Colleen und Wendelle arrangierten in dieser Zeit auch einige

Fernsehinterviews in Kalifornien und meine Teilnahme an verschiedenen Kongressen. Bei dieser Gelegenheit lernte ich auch eine Familie kennen, die sich an Kontakte mit mir auf der Astralebene erinnern konnte. Insgesamt verlebte ich eine erholsame Zeit mit Wendelles Familie.

Jim und ich verbrachten auch ein paar Tage in seinem Wochenendhaus in den Bergen, das mitten im Indianerreservat in den White Mountains liegt. Es gab dort eine Hütte mit Restaurant, die bei Skiläufern sehr beliebt war. Dort saß ich eines Mittags und wartete auf die Rückkehr von Jim, der mit Freunden unterwegs war. Ich hatte mir gerade ein Bier bestellt, als ein älterer Indianer an meinen Tisch trat und mir ein Glas aus seinem Bierkrug anbot. Schon damals trug ich fast ausschließlich weiße Kleidung, und er fragte mich nach dem Grund. Deshalb erzählte ich ihm von meiner Herkunft und zeigte ihm auch mein Buch, das ich an diesem Tag zufälligerweise mitgenommen hatte.

Er bemerkte den silbernen Ring, den mir der Hopi-Indianer vor vielen Jahren geschenkt hatte und den ich seit einiger Zeit ständig trug, und er hörte mir aufmerksam zu, als ich ihm meine Geschichte erzählte.

Dann berichtete er von seinem Leben. Er reiste im ganzen Reservat umher und hielt Ausschau nach besonderen Zeichen. Wenn er beispielsweise irgendwo eine Eule auf dem Grundstück einer Familie entdeckte, meldete er dies sofort, denn Eulen werden von den Indianern als Zeichen dafür angesehen, daß jemand in dieser Familie bald sterben wird. Er kümmerte sich auch um den Schutz der jungen Haustiere vor wilden Tieren und alarmierte die Eigentümer, wenn Gefahr drohte.

Schließlich fragte er mich, ob ich schon einmal von der Großen Weißen Hoffnung gehört hätte, einer uralten Prophezeiung der Sioux. Ihr zufolge sollte nach der Geburt eines weißen Büffels eine weiße Frau kommen, die als ihre Sprecherin auftreten und sie in ihrem Glauben unterstützen werde, und er habe das Gefühl, ich sei ein Teil dieser Prophezeiung. Alle Indianerstämme glauben daran, daß sie ursprünglich von einem anderen Planeten auf die Erde gebracht wurden, und so sprachen wir ein wenig über die verschiedenen Rassen, die in unserem Sonnensystem leben. Nach einiger Zeit verabschiedete der Mann sich höflich und verließ das Restaurant, kurz bevor Jim und seine Freunde zurückkehrten.

Monate später erhielt ich in Chicago einen Anruf von Jim: „Du wirst es nicht glauben, Omnec", sprudelte er aufgeregt hervor, „ich war neulich noch einmal zum Skilaufen in den Bergen, und die Leute haben nach dir gefragt. Der Mann, der durch das Reservat reist, hat überall deine Geschichte erzählt. Du bist bei den Indianern zu einer richtigen Berühmtheit geworden!"

Obwohl ich Wendelle sehr gern hatte und mich in seiner Familie wie eine Tochter fühlte, kehrte ich nach einigen Wochen nach Chicago zurück, um mich wieder um meine eigene Familie zu kümmern. Mom mußte immer wieder zur Behandlung ins Krankenhaus, weil es außerordentlich schwierig ist, Patienten mit manischen Depressionen medikamentös richtig einzustellen. Eine Überdosierung von Lithium führt zu Vergiftungserscheinungen und neuen manischen Anfällen.

Ich unterstützte JoJo, der mit Mom zusammen ganz in meiner Nähe wohnte, so gut ich konnte, während ich wieder im Restaurant des Modezentrums arbeitete. Meine Kinder waren sehr stolz auf mein Buch und ihre berühmte Mutter. Ich fühlte mich überhaupt nicht anders als früher und schon gar nicht berühmt. Da erhielt ich die Einladung, einen Vortrag bei einem UFO-Kongreß in Deutschland zu halten und anschließend ein Tanzseminar zu geben. Zwar war ich seit Jahren nicht mehr als Tänzerin aufgetreten und fragte mich ohnehin, wieso die Leute auf einem UFO-Kongreß ausgerechnet einen Tanzworkshop anbieten wollten, aber ich sagte zu. Ich freute mich sehr darauf, Europa zu sehen. Seit ich auf der Erde lebte, war ich nur in Mexiko und den Vereinigten Staaten gewesen, d. h., wenn ich meine Reisen im Raumschiff nicht mitzählte.

Carmen, eine gute Freundin, die ich durch ein Radiointerview kennengelernt hatte und mit der ich schon zusammen an der Westküste gewesen war, würde mich begleiten. Ihr Mann, der kürzlich gestorben war, stammte ursprünglich aus Deutschland, und sie wollte gern seine Heimat kennenlernen.

Ich übte einen Tanz ein, und Zandar half mir, die Musik auszusuchen. Dazu trug ich mein Kostüm aus der Zeit bei Eckankar.

Der Veranstalter, den ich bereits von einem anderen Kongreß in den USA her kannte, hatte mir versichert, er werde uns selbstverständlich am Flughafen abholen. Doch als wir schließlich in Düsseldorf ankamen, wartete niemand auf uns. Ich wußte weder, wo der Kongreß stattfand, noch in welchem Hotel wir wohnen würden, deshalb geriet ich in Panik und sah mich schon wieder auf dem Rückflug, ohne je etwas anderes von Deutschland gesehen zu haben als dieses Gebäude. Nach einigen aufgeregten Telefonaten quer über den Atlantik erreichte ich endlich jemanden, der mir weiterhelfen konnte. Fast acht Stunden nach unserer Ankunft stiegen wir völlig übermüdet in ein Taxi, das uns zu unserem Hotel brachte, gerade noch rechtzeitig für meinen Vortrag.

In der Halle wimmelte es von Reportern, und als ich hereinkam, zeichnete ein Fernsehteam gerade ein Interview mit Marina Popovich, der berühmten russischen Astronautin, auf. Marina und ich hatten uns bei einer Veranstaltung in den Staaten kennengelernt und waren seitdem befreundet. Als sie mich sah, stürzte sie auf mich zu und umarmte mich herzlich. Die verblüfften Reporter wollten natürlich sofort wissen, wen sie da so freundlich begrüßte, deshalb wurde auch ich einige Male interviewt.

Zum ersten Mal wurde einer meiner Vorträge in eine andere Sprache übersetzt. Es war ein seltsames Gefühl: Ich sagte nur ein paar Worte, und der Dolmetscher redete sehr lange. Meine Angst, etwas könne nicht in Ordnung sein, erwies sich als unbegründet. Peter, mein Dolmetscher, erklärte mir später, daß bei einer Übersetzung aus dem Englischen der Text in deutscher Sprache um ein Viertel länger sei.

Am Ende meiner Rede lud ich die Zuhörer zu meinem Tanzworkshop ein. Das Alter spiele für die Seele keine Rolle, sagte ich ihnen und hoffte inständig, daß sich bei der Vielzahl der angebotenen Veranstaltungen überhaupt jemand für meinen Workshop interessieren würde. Wendelle Stevens war auch da. Er kam zu mir auf die Bühne und überreichte mir einen großen Strauß Rosen mit den Worten: „Ich bin so stolz auf Omnec. Meine Damen und Herren, sie ist zum ersten Mal in Deutschland und hat noch nie im Ausland einen Vortrag gehalten!"

Ich bekam viel Applaus, aber als ich zum Abschied erwähnte, daß ich gerne Bier mag und mich jetzt auf den Weg in die Stadt machen werde, um eins zu trinken, standen die Leute sogar auf. Ich bekam stehende Ovationen bei meinem ersten Vortrag in Deutschland vor etwa 300 Leuten.

Der nächste Tag war zum Glück ein freier Tag für mich. Völlig erschöpft sanken wir ins Bett und stellten den Wecker auf acht Uhr, denn wir hatten vor, uns die Stadt anzusehen. Als wir ausgeschlafen und voller Tatendrang zum Frühstück erschienen, wies die Bedienung nur stumm auf eine Uhr und bedachte uns mit einem Blick, der erhebliche Zweifel an unserer geistigen Gesundheit erkennen ließ. Es war zwei Uhr nachmittags! Wir hatten die Zeitverschiebung vergessen und lebten noch nach Chicagoer Zeit! Lachend verließen wir das Hotel und machten uns auf die Suche nach einer Tasse Kaffee.

Am Abend zuvor war ich mit dem festen Vorsatz zu Bett gegangen, daß ich insgesamt 30 Teilnehmer in meinem Seminar haben würde, auch wenn sich bis dahin nur acht Personen angemeldet hatten. Es stellte sich heraus, daß sich nicht nur mehr Leute für meinen als für alle anderen Workshops angemeldet hatten, es waren auch genau 30!

Carmen machte Fotos von meinem venusischen Tanz, mit dem ich das Seminar begann, und Renato, ein junger Mann, der später ein treuer Freund wurde, nahm alles auf Video auf. Bald tanzten alle mit, Renato mit der Kamera auf der Schulter, und sogar mein

Dolmetscher. Ursprünglich hatte Peter nicht für mich arbeiten wollen, weil er meine Geschichte für eine Lüge hielt und um seinen guten Ruf fürchtete. Aber er hatte schon während meines Vortrags seine Meinung geändert und war der erste, der nach einer Meditation unbedingt uns allen von seinen Erfahrungen berichten wollte. Er bot sogar an, kostenlos für mich zu arbeiten, wenn ich jemals wieder nach Deutschland kommen würde!

Da Carmen und ich noch einige Tage bleiben und die Umgebung erkunden wollten, fragte ich, ob einer der Teilnehmer anschließend bereit sei, uns ein paar Sehenswürdigkeiten zu zeigen. Diese einfache Frage änderte mein ganzes Leben! Es meldete sich nämlich ein gutaussehender junger Mann, der damals in einem Reiki-Center arbeitete und sich ein paar Tage freinahm, um uns zu begleiten. Er zeigte uns den Kölner Dom und fuhr mit uns nach Schloß Burg, weil ich unbedingt ein richtiges Schloß sehen wollte.

Dort überkam mich plötzlich das merkwürdige Gefühl, in einem früheren Leben schon einmal hier gewesen zu sein. Auf einem Wandgemälde, das die Mitglieder der Adelsfamilien zeigte, die dort früher gelebt hatten, entdeckte ich mich und Thorsten, unseren Begleiter! Wir verbrachten die restliche Zeit meines Aufenthalts in Deutschland zusammen, redeten bis tief in die Nacht hinein und verliebten uns ineinander. Es war, als würden wir uns schon lange kennen. Der Abschied fiel uns sehr schwer. Fast hätte ich meinen Flug verpaßt, weil wir mal wieder so in unser Gespräch vertieft waren, daß ich den Aufruf meiner Maschine überhörte und erst aufmerksam wurde, als mein Name über Lautsprecher ausgerufen wurde.

Einige Wochen später rief Thorsten in Chicago an, um mir mitzuteilen, daß er und die anderen Teilnehmer meines Seminars Geld zusammengelegt hatten, um einen Flug für mich zu bezahlen und einen Workshop zu organisieren. Er fand in Eddigehausen statt, im Haus von Eberhard von Hagen, das Teil der dortigen Schloßanlage ist. Es kamen weit mehr als dreißig

Leute, die ich heute meine deutsche Familie nenne und immer noch regelmäßig treffe. Dazu gehören Andrea, Waltraud, Jürgen, Christian, Hildegard, Gudrun und Margret. Inzwischen ist die „Familie“ stetig gewachsen, und ich kann hier gar nicht alle Namen aufzählen. Sie alle haben Anteil an meiner Mission, was mir zu diesem Zeitpunkt aber noch nicht klar war.

Im Februar 1994 erschien mein Buch auf deutsch. An Silvester 1993 hatten meine Verleger Martin und Gisela alle Leute zu sich eingeladen, die bei der Arbeit am Buch mitgewirkt hatten, um auf die Fertigstellung des Werks anzustoßen. Kurz vor Mitternacht machten wir uns zu Fuß auf den Weg zum Rhein, um von dort aus das Feuerwerk zu beobachten. Da entdeckten wir einen großen orangefarbenen Ball, der lautlos über den nächtlichen Himmel schwebte. Es war ein UFO, davon ließen wir uns nicht abbringen, auch wenn Manfred, der das Buch layoutet hatte, sich am nächsten Morgen alle erdenkliche Mühe gab herauszufinden, ob es sich um einen Heißluftballon oder ähnliches gehandelt haben könnte. Aber wer fährt schon mit einem Ballon mitten in der Nacht durch ein Feuerwerk? Wir alle hielten es für ein gutes Omen für den Erfolg meines Buches Ich kam von der Venus.

Nach Erscheinen meiner Autobiographie gab ich einige Zeitungsinterviews und wurde zu mehreren Auftritten in bekannten Fernseh-Talkshows eingeladen. Anschließend gingen im Verlag so viele Anfragen von interessierten Lesern und Menschen ein, die mich im Fernsehen gesehen hatten, daß die Idee entstand, eine Tournee durch Deutschland zu arrangieren. Anfangs war ich mir unsicher, was ich den Menschen bei dieser Tournee erzählen sollte. Ich bat Onkel Odin und meine Meister um Hilfe: „Erzähle ihnen, was du weißt, und lege ihnen deine Sichtweise und dein Verständnis dar“, war ihre knappe Antwort. Wieder einmal mußte ich etwas Neues lernen, indem ich begann, es einfach zu tun.

Mit meiner ersten Tournee durch Europa im Sommer 1994 begann wieder ein neuer Lebensabschnitt für mich. Ich traf unzählige Menschen, und mit den Abenteuern und Wundern, die ich dabei erlebte, könnte ich leicht ein weiteres Buch füllen.

Inzwischen komme ich sehr häufig nach Deutschland, Österreich und in die Schweiz, wo ich zahllose Freunde gewonnen habe. Jetzt, wo dieses Buch in Druck geht, wohne ich bei meiner Freundin Gabi in Düsseldorf, die mit mir an diesem zweiten Teil meiner Lebensgeschichte gearbeitet, sie ins Deutsche übersetzt hat und die weitere Europa-Tourneen für mich vorbereitet. Dabei berichte ich den Teilnehmern unter anderem von der spirituellen Transformation der Erde und ihrer Bewohner, die seit vielen Jahren im Gange ist und das Leben hier langfristig in ein ebensolches Paradies verwandeln wird, wie es auf der Venus bereits Wirklichkeit ist. Die transformierende Kraft der bedingungslosen Liebe spielt dabei eine wichtige Rolle.

Ich bin meinen Meistern, meinen Schutzengeln und unsichtbaren Begleitern sowie all meinen irdischen Freunden unendlich dankbar für ihre Liebe und Unterstützung. Mit ihrer Hilfe konnte sich mein Leben als spirituelle Lehrerin wie ein Lotusblüte Stück für Stück entfalten, und meine Mission erreicht somit weit mehr Menschen als ich jemals zu hoffen wagte.

Ich möchte noch viele Jahre auf dem Planeten Erde verbringen, zusammen mit meinen vier Kindern und meinem ersten Enkel Trystan, dem Sohn meiner Tochter Tobi.

Jeden Augenblick meines Lebens genieße ich in vollen Zügen und in der Gewißheit, daß mir immer der richtige Weg gezeigt wird und die Zukunft eine abenteuerliche Inspiration wird.

Bild 27: Erster öffentlicher Auftritt auf einer UFO-Konferenz in Düsseldorf, 1992

Bild 28: Beim Signieren ihres ersten Buches in Deutschland

Bild 29: Omnec tanzt den „Tanz des Universums“

Bild 30: Mit Workshop-Gruppe in Deutschland, 1994
im Mutter Erde Zentrum in Forst-Seifen

Bild 31: Omnec mit ihren Söhnen Zandar und Jason

Bild 32: Omnec mit ihrem Sohn Joe, 2007

Bild 33: Von der Venus mit Liebe in den Blumen, 2000

Bild 34: Venus Love Workshop
Omnec mit ihrer „deutschen Tochter" Anja Schäfer, Landshut, 1999

Bild 35: Omnec liebt die Höchste Gottheit und dankt ihr täglich

Bild 36: In Missouri, 2007

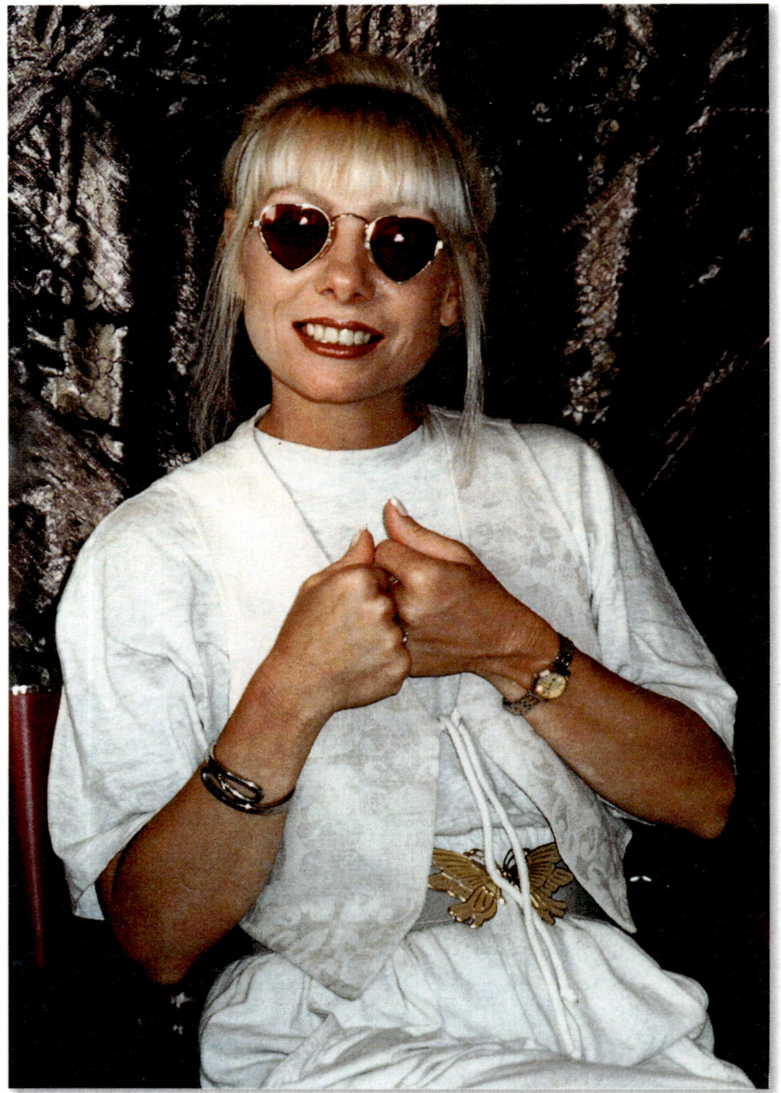

Bild 37: Eine wunderschöne Frau mit einem großen Herzen.

Biographische Daten[1]

1948 (nach irdischer Zeitrechnung) auf der astralen Venus geboren
1955 Reise zur Erde und Aufenthalt in Agam Des in Tibet
1956 Reise von Tibet nach Tennessee zur Großmutter von Sheila
1962 Reise nach Sanibel Island, Florida zu Donna und C.L.
1963 Erste Vergewaltigung durch C.L.
1964 Umzug nach Chicago
1965 Vergewaltigung durch Pedro
1966 Geburt von JoJo
1967 Zusammenleben mit Stan
1968 Geburt von Tobi
1969 Begegnung mit Eckankar und Paul Twitchell; Manuskript From Venus I Came entsteht
1971 Geburt von Zandar
1974 Überfall von Pedro; Verlust der Zwillinge; schwere Krankheit
1975 Trennung von Stan
1977 Hochzeit mit Bud; Geburt von Jason
1984 Trennung von Bud
1986 Zusammenleben mit Emanuel

---

1 Diese Autobiographie endet mit Omnecs Weg in die Öffentlichkeit und der Erstveröffentlichung von *Ich kam von der Venus* 1994. Die biographischen Daten sind ergänzt um Meilensteine bis zur Neuveröffentlichung dieses Buches im Jahr 2024. (Anm. d. Verlages)

1991	*From Venus I Came* erscheint in den USA; erster öffentlicher Auftritt auf UFO-Kongress in Tucson, Arizona
1992	Erster öffentlicher Auftritt auf UFO-Kongress in Deutschland; der erste Workshop
1993	Auftritt in der in den USA sehr bekannten Jerry Springer Show (TV), zusammen mit JoJo, Tobi und Zandar
1994	*Ich kam von der Venus* erscheint in Deutschland; erste Tournee durch Europa
1996	Tod von Donna
1997	*Handbuch venusischer Spiritualität* erscheint
1998	Doppel-CD *Message From Venus* erscheint. Heute erhältlich als zwei separate CDs *Meine Mission auf der Erde* und *Seelenreise-Erfahrung*
2000	CD *From Venus with Love* und zweiter Teil der Autobiographie *Engel weinen nicht* erscheinen
2009	Schlaganfall und Rückzug
2011	Neuveröffentlichung aller drei Omnec-Bücher überarbeitet als Sammelband *Die Venusische Trilogie* durch den Verlag DAS GUTE BUCH, Kouki G. Wohlwend, Liechtenstein. Lesereise und Buchpräsentationen
2014	Besuch in Deutschland mit Vorträgen und Workshops
2015	Erste Teilnahme an der Mount Shasta Sommerkonferenz organisiert von Robert Potter. Testament notariell beglaubigt zur Fortführung der Mission und Rechteübergabe nach Omnecs Transition an Anja Schäfer
2016	Rückkehr nach Deutschland, Veröffentlichung von *Einfach Weisheit und Liebe – Venusische Spiritualität*
2018	Zweite Teilnahme an der Mount Shasta Sommerkonferenz
2023	Dritte Teilnahme an der Mount Shasta Sommerkonferenz
2023	Rückkehr aller Buchrechte vom Verlag DAS GUTE BUCH zu Omnec Onec. Neuveröffentlichung der

	Buch-Originalausgaben auf Englisch und Deutsch durch Anja Schäfer, DISCUS Publishing
2024	Rückkehr nach Deutschland. Beteiligung an der *UFO-Konferenz* und der *Von der Venus mit Liebe Konferenz* zusammen mit dem Venus-Historiker Dr. Raymond Keller „Cosmic Ray“ (Reise und Events zum Zeitpunkt dieser Buchveröffentlichung in Planung)

Bildverzeichnis

Cosmic Education – Unsere Bücher

Ich kam von der Venus
Omnec Onec
Autobiographie einer Frau, die mit einer Mission der Liebe auf die Erde kam
Omnec Onec kam 1955 als Kind mit einem Raumschiff von der astralen Venus zur Erde und wuchs hier in einer irdischen Familie auf. In ihrer Autobiographie berichtet sie über die Geschichte, Spiritualität und Kultur der Venusier, die seit langer Zeit auf der Astralebene leben und die zu unseren Vorfahren gehören. Omnec erzählt von ihren ersten Lebensjahren dort, erklärt, warum und wie sie hierher kam und welche Aufgabe sie auf der Erde zu erfüllen hat.
Dieses Buch ist ein in seiner Art einzigartiges Dokument über die märchenhafte Welt des Astralen.
Als Schwesterplanet der Erde ist die Venus bereits durch einen ähnlichen Transformationsprozess in eine höhere Frequenzebene gegangen, wie ihn die Erde mitsamt ihren Bewohnern gerade durchläuft. Die durch Omnec Onec überbrachte Geschichte der Venus mitsamt ihren spirituellen Lehren ist ein Geschenk reiner Liebe und zeigt, wie die Transformation in ein erweitertes Bewusstsein im Einklang mit den universellen Gesetzen der Höchsten Gottheit gemeistert werden kann.
Autorisierte Neuausgabe der deutschen Übersetzung von 1993. Dieses Buch erschien 1991 als Erstes auf Englisch unter dem Titel UFO-From Venus I Came durch Lt. Col. Ret. Wendelle C. Stevens in den USA.
DISCUS Publishing, ISBN: 978-3-910804-05-0

Engel weinen nicht
Omnec Onec
In der Fortsetzung ihrer Autobiographie erzählt Omnec von ihren Lebenserfahrungen auf der Erde. Ihre klare Erinnerung an ihre Herkunft und die telepathischen und teilweise physischen Kontakte mit ihren Raumfreunden und Meistern gaben ihr die Kraft und den Mut, sehr herausfordernde und leidvolle Erfahrungen inmitten einer noch unerwachten Gesellschaft zu meistern. Immer mit offenem Herzen und der göttlichen Liebe verbunden erfüllt Omnec ihre Mission als Botschafterin der Venusier und als Überbringerin bedingungsloser Liebe im Dienst für die Transformation der Erde.
DISCUS Publishing, ISBN: 978-3-910804-06-7

Handbuch venusischer Spiritualität
Omnec Onec
Ein spiritueller Führer für die Meisterschaft des Lebens aus der Perspektive der Seele
Omnec Onecs erstes Buch *Ich kam von der Venus* berührte bereits Tausende von Lesern weltweit und weckte in ihnen latente Erinnerungen an ihre Essenz als Seele.
Dieses kleine Handbuch venusischer Spiritualität entstand aus dem Wunsch der Menschen, mehr darüber zu erfahren, wie sie spirituelle Heilung und wahre Liebe in sich selbst finden können.
Es enthält die Essenz der Botschaft, mit der die Venusier schon seit langer Zeit im Einklang mit den Gesetzen der Höchsten Gottheit leben. Aufgrund ihres Mitgefühls, ihres Einheitsbewusstseins und ihrer Liebe zu allem, was ist, sind sie mit den Schlüsseln zur Anhebung ihrer Frequenz ausgestattet.
Da die Erde derzeit einen dimensionalen Aufstieg erlebt, können wir von dem Wissen unseres Schwesterplaneten Venus profitieren, der diese Transformation bereits durchlaufen hat.
DISCUS Publishing, ISBN: 978-3-910804-07-4

Einfach Weisheit und Liebe – Venusische Spiritualität
Omnec Onec und Anja Schäfer
Die Idee zu diesem Buch entstand im Jahr 2011, als Omnec Onec und Anja Schäfer auf einer Buchpräsentationsreise waren. Anja nahm die öffentlichen Veranstaltungen auf und transkribierte sie später. Ergänzt um bisher in Büchern unveröffentlichte Texte entfaltete sich dieses gehaltvolle Buch, das die lebendige Kraft venusischer Spiritualität vermittelt. **Inhalte:** Die unbekannte Geschichte unseres Sonnensystems und die spirituelle Transformation der Erde aus venusischer Sicht* — Die wahre Geschichte von Jesus Christus — Venusischer Brief — Transkriptionen öffentlicher Veranstaltungen mit Fragen und Antworten.
DISCUS Publishing, ISBN: 978-3-9817441-1-8
* Auch als Hörversion erhältlich.

Venus und ich
Anja Schäfer
Wie ich durch die Begegnung mit Omnec Onec Botschafterin der Venusier wurde.
Eine Geschichte über Einweihungen, die Transformation der Erde und die Liebe.
Inhalte: Venus-Botschafter, Omnec Onec, Dr. Raymond Keller „Cosmic Ray", Diskus von Phaistos, Atlantis, zyklische Zeit – lineare Zeit, die Venus-Deutschland-Verbindung, Transformation der Erde, Zukunft der Erde, künstliche Zeitlinie (2D) und natürliche Zeitlinie (5D), Aufstieg, Erwachen, spirituelle Praktiken, Ebenen des Bewusstseins, Zwillingsflammen, Jo Conrad Interview mit Omnec Onec.
„Ich bin mir heute darüber sicher, dass ich als eine von den Seelen inkarniert bin, um verkrustete Strukturen aufzubrechen und um sowohl mir selbst als auch den Menschen dabei zu helfen, die wahre, göttliche Liebe in sich aufsteigen zu lassen und zu verkörpern. Wir sind hier, um durch die Heimkehr in die göttliche Liebe Mutter Erde dabei zu helfen, sich in eine höhere Schwingungsfrequenz anzuheben und das Zeitalter der Dunkelheit und Unwissenheit zu beenden." Anja Schäfer
DISCUS Publishing, ISBN: 978-3-910804-00-5

Bild 38: Omnec Onec und Dr. Raymond Keller

Die Botschafterin und der Historiker der Venusier, 2023. Im Hintergrund eine Illustration der venusischen Tempelstadt Teutonia.

Dr. Raymond Keller „Cosmic Ray“ ist Historiker der Venusier, Kontaktler, UFO-Forscher und Autor der in den USA erfolgreichen „Venus Rising-Buchreihe“ (bisher auf Deutsch: „Aufsteigende Venus“). Seit 1967 beschäftigt er sich mit aktiver UFO-Forschung und hat zahlreiche Exkursionen zu UFO-Hotspots auf der ganzen Welt unternommen. Bei vielen Gelegenheiten hat Ray direkt mit Außerirdischen kommuniziert. Über den Jahreswechsel 2012/2013 durfte er anläßlich einer Zeremonie 10 Wochen auf der Venus verbringen. Über dieses besondere Erlebnis schreibt er im letzten Kapitel des Buches „Aufsteigende Venus“ sowie in seinem Buch „Cosmic Ray's Excellent Venus Adventure“ (noch nicht auf Deutsch).

Aufsteigende Venus

Facettenreiche Verbindungen und Freundschaften mit unserem Schwesterplaneten

Dr. Raymond Keller und Anja Schäfer (Co-Autorin)

Dr. Raymond Kellers „Venus Rising-Buchreihe“ erforscht den Planeten Venus und seine vielseitigen Verbindungen mit der Erde. Sehr gut dokumentiert und basierend auf persönlicher Forschung und jahrzehntelanger Erfah-

rung enthüllen diese Bücher Zusammenhänge aus den Perspektiven von Geschichte, Mythologie, Theosophie, Weltraumforschung, Ufologie, Filmveröffentlichungen, Comicliteratur, Wissenschaft, „Verschwörungen", Politik, Exopolitik, Kontaktpersonen, Venusiern, Spritualität und aktuellen Ereignissen.*Inhalte:* Venus in Kunst und Kultur • Theosophie • Kontaktpersonen • Venusier unter uns • Geschichte und Politik • Einflüsse der Venusier auf das Weltgeschehen • UFOs und fortgeschrittene Technologie • Außerirdische und unsere eigenen Verbindungen mit unserem Ursprung • Spiritualität und Wissenschaft • Dimensionaler Aufstieg
DISCUS Publishing, ISBN: 978-39817441-7-0

Die Evangelien von Thomas und Maria Magdalena
Dr. Raymond Keller
Das Thomasevangelium und das Evangelium der Maria Magdalena wurden im Dezember 1945 in der ägyptischen Wüste in Nag Hammadi gefunden, zusammen mit einigen anderen Büchern, die als „Nag Hammadi Bibliothek" bezeichnet werden. Diese Texte waren durch das Alter stark fragmentiert und befanden sich in einem Zustand fortgeschrittenen Verfalls. Bis heute konnten diese heiligen Texte von Gelehrten nur teilweise interpretiert werden, da nie eine vollständige Aufzeichnung dieser Texte gefunden wurde. Selbst wenn es diese Texte gäbe, könnten sie nicht so vollständig oder genau sein wie die jetzt hier vorliegende Version von Dr. Raymond Keller.
Diese „Morgenstern-Ausgabe" ist ein übernatürliches Geschenk an die Menschen durch die Hierarchie des Lichts.
DISCUS Publishing, ISBN: 978-3-9817441-8-7

CDs von Omnec Onec

In Zusammenarbeit mit dem Musikproduzenten Wulf Wemmje entstanden drei CDs unter venusischer Inspiration. „Die Seelenreise" und „Meine Mission auf der Erde" gibt es auch in der englischen Originalfassung mit Omnecs Stimme.

Die Seelenreise-Erfahrung

Eine geführte Meditation mit abwechslungsreicher Musik für eine Erfahrung der Ebenen des Bewußtseins und Seelenerkenntnis. Mantras und Visualisierungen unterstützen die Erfahrung der verschiedenen Dimensionen von der physischen über die astrale, kausale, mentale, ätherische und Seelenebene bis zur göttlichen Ebene. *„Das Seelenreisen ist eine Kunst und Wissenschaft, bei der du zeitweise den physischen Körper verläßt, um im Seelenkörper einige oder alle der Welten jenseits des physischen Universums zu besuchen und zu erforschen. Du reist mit Licht und Klang und hast Zugang zu Ebenen des Bewußtseins, in denen du Wissen erlangen und eine innere Erfahrung zu deinem Wohle machen kannst."*
Länge: ca. 71 Min. Deutsche Stimme: Anja Schäfer

Meine Mission auf der Erde

Omnec erzählt die Geschichte ihrer Herkunft und gibt universelles Wissen weiter. Lauschen Sie Omnecs faszinierender Geschichte, eingebettet in Klangsphären und venusisch inspirierter Musik. Omnec erzählt von der Verbindung der Venus zur Geschichte der Erde und vom Zweck und Ziel ihres abenteuerlichen Transfers von der Astralebene der Venus auf die physische Erde.
Länge: ca. 53 Min. Deutsche Stimme: Anja Schäfer

From Venus with Love

Omnec spricht und singt über Liebe mit sphärischer musikalischer Untermalung. „Wenn du Liebe in allen Formen erfahren hast, dann lernst du bedingungslose Liebe kennen. Venus

Liebe ist bedingungslose Liebe". Diese Musik- und Poesie-CD ist mit Omnecs Stimme gesungen und gesprochen.
Das deutsche Booklet enthält alle Texte auf Deutsch und auf Englisch.
Länge: ca. 65 Min. Englisches Original

Die unbekannte Geschichte unseres Sonnensystems und die spirituelle Transformation der Erde*
Omnec Onec erzählt die Geschichte der Besiedelung unseres Sonnensystems, spricht über die Gründe der derzeit stattfindenden spirituellen Transformation der Erde und vermittelt wertvolle Hinweise, wie jeder Einzelne sich an diesem Prozess der Schwingungserhöhung bewusst beteiligen kann. Liebevoll lehrt Omnec die universellen Gesetze der Höchsten Gottheit. Zeitlos und aktuell unterstützen diese Informationen die eigene Bewusstseinserweiterung und Hinwendung an die bedingungslose, göttliche Liebe in uns selbst.
Länge: 162 Min. Deutsche Stimme: Anja Schäfer
* Die Transkription dieses ursprünglich von Omnec frei gesprochenen Vortrages ist in unserem Buch „Einfach Weisheit und Liebe – Venusische Spiritualität" enthalten.

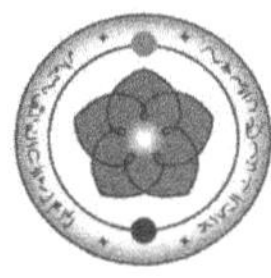

Alle Bücher und CDs/mp3s sind in unserem Venus-Spirit Online-Shop erhältlich. Du findest dort auch Lese- und Hörproben.

Kontakt

Anja Schäfer

- Website **venus-spirit.com**
- E-Mail **contact@venus-spirit.com**
- YouTube **youtube.com/@venus-spirit**
- Telegram **t.me/venus_spirit**

Mögen universelle Liebe und Segnungen sein.

Anja ♥